Über dieses Buch Im Alter von 40 Jahren beschließen die Autorin und ihr Mann, Kinder zu adoptieren. Nach dem ersten Kontakt mit der Adoptionsbehörde sollte es vier Jahre dauern, bis das Adoptionsverfahren abgeschlossen war. Diese Zeit hat die Autorin in ihrem Buch dokumentiert. Sie berichtet darin über die Gespräche mit den zuständigen Behörden, über die ersten Begegnungen mit dem sechsjährigen Peter und dem dreijährigen Michael, die im Heim aufwachsen, da man ihren leiblichen Eltern die Erziehungsberechtigung abgesprochen hat. Es ist aber vor allem ein Bericht über das Hineinwachsen in die Elternrolle und die damit verbundenen psychischen Belastungen, bis es gelingt, das Vertrauen der Kinder zu gewinnen. Umgekehrt erzählt sie von den Konflikten der Kinder, ausgelöst durch den Verlust der leiblichen Eltern, den Aufenthalt im Heim und der Angst, auch von den »neuen« Eltern wieder verlassen zu werden. Darüber hinaus werden hier auf sehr anschauliche Weise die Schwierigkeiten der Eltern-Kind-Beziehung geschildert, so daß über den Kreis von adoptionswilligen Eltern hinaus für alle Eltern, aber auch für Psychologen, Erzieher und Lehrer wichtige Einsichten vermittelt werden.

Die Autorin Franziska Wolters, geboren 1943, ist Lehrerin in einer norddeutschen Großstadt. Zehn Jahre lebte sie in der Nähe von Stuttgart und schloß dort auch ihr Studium in Pädagogik-, Germanistik- und Politikwissenschaften ab. Zwei weitere Jahre verbrachte sie in Frankreich und den USA. Bis zur Annahme der Kinder unterrichtete sie im beruflichen Schulwesen. Sie und ihr Mann sind zu diesem Zeitpunkt seit 16 Jahren verheiratet. Ihr Leben wurde bis dahin neben dem Beruf von ihrem Hobby Musik geprägt.

Franziska Wolters

Abenteuer Adoption

Leben mit verletzten Kindern

Fischer
Taschenbuch
Verlag

Lektorat: Heide Kobert

Originalausgabe
Veröffentlicht im Fischer Taschenbuch Verlag GmbH,
Frankfurt am Main, Oktober 1989

Umschlaggestaltung: Thomas & Thomas Design, Heidesheim
Gesamtherstellung: Clausen & Bosse, Leck
Printed in Germany
ISBN 2-596-23398-4

Inhalt

Vorwort

Über vier Jahre ist es nun her, daß mein Mann und ich zwei Kinder im Alter von drei und sechs Jahren angenommen haben. Davor lag ein etwa fünfmonatiger Zeitraum, in dem Vermittlungsgespräche geführt wurden, d. h. in dem festgestellt wurde, ob wir zu einer Adoptionspflege geeignet seien. Über diesen ganzen Zeitraum habe ich Tagebuch geführt, zunächst für mich selber, um die emotionsgeladenen Ereignisse zu verarbeiten. Sobald die zwei Kinder zu uns ins Haus kamen, schrieb ich dieses Tagebuch auch für die beiden, damit sie in späteren Jahren diese Phase ihres Lebens einmal nachvollziehen können. Aber schon bald wurde in mir der Wunsch wach, aus diesen Aufzeichnungen ein Buch zu machen, womit ich nach etwa drei Jahren begann. Dabei schrieb ich nebenher weiterhin am Tagebuch.

Als wir uns entschlossen, Kinder zu adoptieren, taten wir das in dem Bewußtsein, eine Familie ganz besonderer Art zu gründen: eine Familie, in der sich Menschen zusammengetan haben, die alle eine *eigene* Vergangenheit haben, anders als in einer sog. *normalen* Familie, in der zumindest die Vergangenheit der Kinder mit der der Eltern verschmolzen ist. Uns leitete nie der Wunsch, zu werden wie alle anderen Familien, eben eine »Normalfamilie«.[1] So ist meine am Anfang des Buches beschriebene Bitte nach Kindern eine Bitte um soziale Elternschaft, nicht um biologische. Ich wünschte, Kinder zu haben und nicht zu bekommen. Uns war immer klar, daß die Trauer um die nicht erlebte leibliche Elternschaft durch die Adoption nicht überwunden werden könnte, sondern daß dieser Schmerz bleiben würde. Sobald die Kinder da waren, stellte sich heraus, daß dieser Schmerz dem Schmerz der Kinder entspricht, nicht unsere leiblichen Kinder zu sein. Adoptiveltern und -kinder verbindet kein biologisches Band, sondern sie verbindet – so merkwürdig es klingt – gerade das Fehlen dieses Bandes. Es ist die gemeinsam getragene Trauer um die fehlende biologische Elternschaft. Diese Trauer besteht zum einen aus dem Schmerz, keine gemeinsame Vergangenheit zu haben, und zum anderen aus dem Schmerz über die tatsächliche durchlittene Vergangenheit, die für die Kinder der Verlust der leiblichen Eltern bedeutete. Diese Zerstörung des Urvertrauens, das Kinder zunächst durch die Geborgenheit des Elternhauses erfahren, möchte ich als sozialen Tod bezeichnen. An die Stelle der biologischen Elternschaft tritt nun für die Adoptiveltern neben der üblichen sozialen Elternschaft

eine weitere soziale Aufgabe, die Aufgabe, den Kindern eine soziale Wiedergeburt zu ermöglichen.
Von dieser doppelten sozialen Elternschaft handelt dieses Buch, indem es die Schwierigkeiten zeigt, die sich bei der Adoption von zwei größeren Kindern ergeben. Dabei möchte ich versuchen, zu zeigen, wie Menschen mit ihren Problemen fertigwerden, wenn sie an die Möglichkeiten in sich glauben und psychische Arbeit leisten. Gelingt es, die *Schwierigkeiten* zu meistern, vollzieht sich im Inneren des Menschen eine *Wandlung*.
Ein Blick auf das Inhaltsverzeichnis zeigt, daß das Buch sowohl Tagebucheintragungen als auch reflektierende Kapitel enthält. Die Tagebucheintragungen dokumentieren die *Schwierigkeiten*, die mit dem Adoptionsverlauf verbunden waren. Der bei uns so ungewöhnlich lange Zeitraum bis zum Abschluß der Adoption ist allerdings nicht normal, zeigt aber die typische Problematik, die mit jeder Adoption verbunden ist, besonders deutlich. Diese Eintragungen habe ich thematisch geordnet und mit entsprechenden Hauptüberschriften versehen. Die weiteren Kapitel, die einen größeren Zeitraum rückblickend zusammenfassen, bringen zum Ausdruck, wie sich im Menschen eine innere *Wandlung* vollzieht. Wir alle vier, die Kinder und die Eltern, sind nach vier Jahren nicht mehr die gleichen, wir haben uns weiterentwickelt.
Bekannte, die das Buch lesen, könnten denken, das seid ihr doch gar nicht. Das liegt nicht daran, daß wir etwas verheimlichen wollen oder hier wissentlich etwas falsch dargestellt wurde. Es liegt daran, daß der Alltag eben wirklich anders aussieht: fröhlich und munter. Und es liegt daran, daß hier Situationen dargestellt werden, die sich im intimen Bereich der Kleinfamilie abspielen. Inhalt des Buches ist also nicht unser Durchschnittsalltag, der für andere nicht relevant sein kann, sondern Krisensituationen, die mit der Adoption, mit der Erziehung und mit der Entwicklung – auch der Erwachsenen – verbunden sind. Diese Situationen werden aber nicht nur beschrieben, sondern es wird auch den Ursachen von Problemen nachgegangen, über die nicht gerne gesprochen wird und denen man selber so gern ausweicht.
Beim Schreiben des Buches habe ich niemals nur die relativ kleine Zielgruppe von Eltern, die größere Kinder adoptiert haben oder sie adoptieren wollen, vor Augen gehabt. Ich habe immer an alle Menschen gedacht, die an Erziehung interessiert sind, da die Erziehung von Adoptivkindern prinzipiell nichts anderes ist als die Erziehung leiblicher Kinder, nur daß sich alle Probleme deutlicher zeigen.

Wie es anfing

3. November 1983
Seit einigen Wochen bin ich in der Schule krankgeschrieben und bereite mich auf eine Operation vor. Dazu gehört u. a. Atemtherapie. Noch nie vorher habe ich bei einem körperlichen Vorgang so starke seelische Auswirkungen gespürt. Täglich übe ich mit oder ohne Therapeutin etwa eine Stunde und fühle mich danach körperlich und seelisch erfrischt. Und dann passiert etwas Ungewöhnliches. Seit Tagen sitzt mir etwas »auf der Brust«. Ich habe das Gefühl, als seien die Jochbeine fest und unbeweglich beim Atmen. Die Therapeutin zeigt mir verschiedene Übungen hierfür. Ich mache sie fleißig zu Hause, obwohl sie schmerzhaft sind. Und dann bricht das Eis. Schluchzend falle ich in der Übung um. Der ganze Körper wird durchgeschüttelt. Mit bald 40 Jahren stellt sich mir unerwartet die Frage, warum ich keine Kinder habe. Oh, Gott hilf mir! Ich möchte so gerne Kinder haben. Zum ersten Mal in meinem Leben kann ich diese Bitte aussprechen. Nun kommt sie wie von selber. Immer habe ich mich gezwungen, zu unserem kinderlosen Leben Ja zu sagen. Uns ging es doch sonst so gut, wir lebten in gesicherten menschlichen, wirtschaftlichen und politischen Verhältnissen. Da gibt es doch ganz andere Schicksale, und ich fühlte mich nicht berechtigt zu klagen. Nun plötzlich bricht es aus mir heraus. Erst nach langer Zeit beruhige ich mich, stehe auf und gehe in die Küche, um mir mein Mittagessen zu machen. Und dann passiert wieder etwas, was ich noch schlechter beschreiben kann. Ich bekomme eine Antwort: Dieser Wunsch ist leicht erfüllbar, gehe in ein Heim und hole dir die Kinder, es gibt sie. Diese Antwort ist der Felsen, auf dem ich nun stehe, und keine kleinherzigen, sorgenvollen Einwände können mich davon abhalten. Wenn mich jemand gefragt hätte, ob ich mir das auch gut überlegt habe, müßte ich sagen: Das war und ist keine Entscheidung des Verstandes, das war eine Eingebung und enthebt mich sorgenvoller Überlegungen.
Am Abend erzähle ich Frank, meinem Mann, davon. Ob ich auf Widerstand stoße? Nein, überhaupt nicht. Frank kann sich sofort mit diesem Gedanken anfreunden. Wir haben Haus und Garten, Katzen, uns gegenseitig und Berufe, die uns Freude machen. Wir sind gerade noch jung genug, um für 15 bis 20 Jahre eine neue soziale Aufgabe zu übernehmen.

24. November 1983

Nach drei Wochen Bedenkzeit rufe ich die Adoptionsstelle an. Frau Kühne, mit der ich verbunden werde, teile ich unseren Wunsch mit, der inzwischen Form angenommen hat. Wir möchten gern drei Kinder adoptieren. Also das sei nicht üblich, ist die Antwort. Zwei, das sei schon mal möglich, aber drei nicht. Da es uns aber nicht darauf ankommt, das Übliche zu tun, wiederhole ich unseren Wunsch, daß wir hofften, drei Geschwister zu finden, die auf eine gemeinsame Adoption warteten.

Frau Kühne nimmt unsere Personalien auf und lädt uns zum nächsten monatlich stattfindenden Gespräch mit anderen adoptionswilligen Eltern ein.

9. Januar 1984

Frank geht allein zum ersten Informationsgespräch, da ich schon einen lange festliegenden Termin habe.

Seine Notizen:

- Adoptivpflegeeltern bekommen kein Pflegegeld, erhalten Kindergeld;
- Pflegekinderaufsicht durch Sozialarbeiter, Pflegezeit keine Probezeit;
- jüngere Bewerber 21–25 Jahre haben Vorrang;
- geringe Chance für Bewerber über 35 Jahre für Säuglinge;
- Religionszugehörigkeit kein Thema, wird nur bei Wunsch der leiblichen Eltern beachtet, kommt selten vor, die meisten Kinder sind nicht getauft;
- Auskünfte über adoptionswillige Eltern werden eingeholt: polizeiliches Führungszeugnis, Vorstrafen, Schulden usw.;
- etwa sechs Monate Vorbereitungszeit, in der Zeit drei bis vier Gespräche mit Sozialarbeiter(in), nach Pflegegenehmigung selbständige Bewerbung bei anderen Adoptionsstellen möglich, hiesige Adoptionsstelle versucht, auch von sich aus zu vermitteln;
- vor dem ersten persönlichen Gespräch müssen von beiden adoptionswilligen Elternteilen Lebensläufe eingereicht werden.

10. Februar 1984

Da sich bisher keine Sozialarbeiterin für ein Gespräch gemeldet hat, rufe ich bei der Adoptionsbehörde an und frage nach dem weiteren Zeitablauf. Frau Kühne, die Sachbearbeiterin, erklärt uns, die Akte sei nun vollständig mit Führungszeugnis usw., und sie wolle sie jetzt weiterleiten. Wenn das geschehen sei, würde sie mich wieder anrufen und mir die Telefonnummer der Sozialarbeiterin geben. Wenn ich nach zwei Wo-

chen nichts gehört hätte, solle ich mich selbst um einen Termin bemühen.
Nachmittags Anruf von Frau Kühne. Sie hat die letzten Unterlagen erhalten und gleich an das Ortsamt weitergeleitet. Ich bekomme die Telefonnummer der zuständigen Sozialarbeiterin, Frau Kleine. Mit dem Anruf warte ich allerdings nicht zwei Wochen.

17. Februar 1984
Anruf bei Frau Kleine. Wir verabreden den ersten Gesprächstermin. Sie will sich zunächst mit Frank und mir einzeln unterhalten. Nach den Einzelgesprächen in ihren Amtsräumen kommt sie zu einem gemeinsamen Gespräch zu uns nach Hause.

Vorgespräche

20. Februar 1984
Gespräch bei Frau Kleine im Ortsamt. Ich versuche, so offen wie möglich zu sein, und gebe in zwei Stunden einen Abriß meines bisherigen Lebens: späte und schwierige Lösung vom Elternhaus, berufliche Entwicklung, Ehe. Erst am Tag darauf merke ich, wie sehr mich diese Lebensbeichte angestrengt hat. Ich bin wie ausgelaugt. Besonders die vielen Fragen, was tun Sie, wenn..., haben mich sehr gefordert. Da ich von Spekulationen im luftleeren Raum nichts halte, versuchte ich mein Verhalten in vergleichbaren Situationen in der Schule darzustellen. Frau Kleine schien von allen Ausführungen sehr angetan.

24. Februar 1984
Frank bei Frau Kleine. Er erzählt mir später, ähnlich hypothetischen Fragen ausgewichen zu sein. Auch er hat versucht, so viel wie möglich von sich zu erzählen, denn sie muß sich ja von uns ein Bild machen und dieses in einem Bericht zum Ausdruck bringen – keine leichte Aufgabe für sie.

29. Februar 1984
Am Nachmittag hat uns Frau Kleine zu Hause besucht. Nach dem Gespräch war ich zu erregt, um zu schreiben. Ein Gefühl der Verdrossenheit und des Ausgeliefertseins hat von mir Besitz ergriffen. Hatte ich beim ersten Gespräch das Gefühl, mich »entkleiden« zu müssen, um Frau Kleine ein wirkliches Bild von mir zu geben (ich tat es freiwillig, sie forderte mich nicht dazu heraus), so hatte ich beim gestrigen Gespräch zu dritt das Gefühl, mich verkaufen zu müssen. Frank und ich haben den Eindruck, daß Frau Kleine mit uns und unserem etwas ungewöhnlichen Adoptionswunsch überfordert ist.
Einleitend erklärte sie uns, die Adoptionsstelle hätte mitgeteilt, es sei viel leichter, zwei statt drei Kinder zu adoptieren. Uns kam es so vor, als habe sie den Auftrag, uns darauf festzulegen. Im ersten Gespräch hatten wir als Höchstalter acht Jahre genannt. In den letzten Tagen habe ich aber doch Bedenken bekommen. Bei uns läuft doch manches anders als in der Durchschnittsfamilie und ganz bestimmt anders als in den Familien, aus denen die Adoptionskinder gewöhnlich kommen.
Erstens entspricht unser Essen nicht der Durchschnittskost: kein Zuk-

ker, wenig Fleisch, viele Gerichte aus selbst gemahlenem Korn, viel Salate, Gemüse usw.
Zweitens kann ich die Kinder nur christlich erziehen, da ich für mich selbst keinen besseren Maßstab kenne. Für die Praxis habe ich nur vage Vorstellungen, denn ich kenne keine Familie, die mir Vorbild sein könnte.[2]
Drittens ist unser Umgang mit den Unterhaltungsmedien sehr gezielt. Es gibt keine dauernd laufende Musik. Wenn wir etwas hören – und das sehr selten –, hören wir zu. Meistens aber machen wir selbst Musik. Auch das Fernsehen wird nur zu ausgesuchten Sendungen eingeschaltet. Sicher werden wir den Kindern sehr viel seltener erlauben fernzusehen, als es Kinder durchschnittlich tun.
Das ist alles nicht leicht für Kinder, die etwas ganz anderes gewöhnt sind und sowieso schon persönliche Schwierigkeiten zu verarbeiten haben. Deshalb sagen wir Frau Kleine, daß wir das Adoptionsalter von acht Jahren doch heruntersetzen wollen. Diese Einschränkung ist für Frau Kleine Anlaß, uns zu erklären: Es dürften eben keine drei, sondern nur zwei Kinder sein, dann wäre das mit dem Alter auch einfacher, denn wahrscheinlich würden die Heimkinder ihre Störungen und alten Gewohnheiten, Unsicherheiten und Ängste nie ablegen. Frank hakt ein, ob es also überhaupt nicht sinnvoll sei, auch nur ein Kind zu adoptieren? Er denke, daß es für drei Geschwister, die auf eine Adoption warten, doch besser sei, gemeinsam adoptiert zu werden, als einzeln oder in einem Heim zu leben. Vielleicht sei sie der Meinung, daß wir als Adoptiveltern überhaupt nicht geeignet sind. Das schon, aber drei Kinder zu adoptieren, sei eben zu schwierig. Ich muß an mein erstes Telefongespräch mit der Adoptionsbehörde denken, zwei Kinder, das sei schon mal möglich, aber drei, das sei nicht üblich. Und da unser Wunsch nicht üblich ist, soll die arme Frau Kleine uns diesen Wunsch ausreden. Ich preise wieder meine großartigen pädagogischen Fähigkeiten an, was ich alles für schwierige Situationen gemeistert habe – scheußlich.
Frau Kleine fügt bedauernd ein, daß es ihr bisher nicht gelungen sei, uns von den Schwierigkeiten zu überzeugen, die drei Kinder mit sich bringen würden. Haben wir uns ihr gegenüber zu optimistisch und selbstbewußt gezeigt? Durch ihre Fragen, was täten Sie, wenn..., verlangt sie doch von uns, daß wir uns dauernd preisen! So versuche ich klarzumachen, daß wir wissen, was auf uns zukommen kann: Bettnässen, Kopfschlagen, Brechen, verschiedenste Arten von Aggressionen. Wir wollen aus Unterschichtkindern keine Genies oder Heilige machen. Aber selbst wenn wir annehmen, daß unsere Eigenschaften auf Vererbung zurückzuführen seien, so sind doch z. B. Prostitution, Kriminalität, Alkoholismus und sonstige Drogenabhängigkeit, mit denen diese Elternhäuser häufig

zu kämpfen haben, nicht vererbbar. Zudem glauben wir an die heilenden Kräfte im Menschen. Wenn wir den Kindern dabei behilflich sein werden, diese zu nutzen, müssen sich doch auch schon so früh verletzte Kinder zu glücklichen, selbständigen und verantwortungsbewußten Menschen entwickeln können. Entwickeln zu Menschen, die ihre dunklen Seiten – ihren Schatten – kennen, die wissen, was sie können und nicht können, einfach zu selbstbewußten Menschen. Zu Menschen, die durch die Erfahrung von Geborgenheit und Vertrauen fähig sind, mit anderen Menschen zusammenzuleben und sich für sie verantwortlich zu fühlen. Wir wollen einfach versuchen, einigen unglücklichen Kindern etwas von unserem Glück abzugeben. Immerhin könnte ich mir vorstellen, für einige Zeit meinen Beruf aufzugeben. Frau Kleine kann anscheinend das Ausmaß dieses Entschlusses für mich nicht einschätzen. In zwei Gesprächen kann man Menschen eben nicht kennenlernen. Ich wurde bisher mit 30 Schülern fertig, warum sollte ich jetzt mit drei Kindern überfordert sein. Natürlich ist die Intensität der Beziehung eine andere, aber die wünschen wir uns ja gerade. Ich will nicht immer wieder mit jeder neuen Klasse mit riesigem Kraftaufwand Anläufe nehmen müssen, um dann, »wenn der Wagen rollt«, wieder auszusteigen. Wir wollen einmal alles erleben, was passieren kann, »wenn der Wagen rollt«. Die verschiedenen Pannen, die engen Straßen und die zahllosen Serpentinen.

Nach dem allem noch einmal die Frage nach dem Erziehungsstil. Für Frank und mich ist das nur Spekulation. Wenn man ein bißchen belesen ist, kann man doch sprachlich großartig in schwierigen Situationen reagieren. Jeder weiß aber, daß unser spontanes Handeln besonders in schwierigen Situationen weit von unseren Überzeugungen entfernt sein kann.

Frank wurde während seines ersten Gesprächs gefragt, ob er strafen würde. Darauf konnte er keine Antwort geben. Jetzt geht es ihm auch nicht viel besser, mir auch nicht. Ich sage spontan: »Warum nicht strafen. Ein Kind muß doch die Konsequenzen seines Handelns kennenlernen.« Ich suche ein Beispiel. Ein Kind hat das Spielzeug eines seiner Geschwister zerbrochen. Ich finde, nun muß es helfen, dieses wieder heilzumachen oder ein Spielzeug von sich abgeben... Das sei kein Strafen, sondern... – hier fehlt der Sozialpädagogin das Wort. Mit dieser Maßnahme sei sie sehr einverstanden. Mir fällt dabei der Titel von Hans Zulliger ›Helfen statt strafen‹ ein. 15 Jahre ist es sicher her, daß ich einige seiner Bücher am Anfang meines Studiums gelesen habe, die mich sehr prägten, ähnlich wie die ›Antiautoritäre Erziehung‹ von Alexander Sutherland Neill. Ich werde sie mir gleich noch einmal vornehmen. Sie werden eine gute Ergänzung zu der Adoptionsliteratur sein, die im Mo-

ment unser einziger Lesestoff ist. Ach, wie wenig weiß ich über Kindererziehung.
Frau Kleine hat aber noch eine weitere Gewissensfrage auf Lager: »Wurden Sie von Ihren Eltern geschlagen?« Frank erinnert sich an Ohrfeigen seines Vaters, ich erinnere mich sogar an eine Tracht Prügel von meiner Mutter. Oh, unglückliche Ehrlichkeit. Nun bekommen wir eine Lektion. Wie sich unsere Eltern verhalten haben, so würden wir es auch tun. Die Ablehnung unseres Antrages auf Adoption schien uns danach fast sicher, wenn ich nicht sofort wieder meine tollen pädagogischen Maßnahmen in der Schule herausgestrichen hätte: immer nur mit Überzeugung, nie mit Druck, Angst, Drohen, Belohnen usw. arbeiten. Frau Kleine scheint die Auffassung zu vertreten, daß die Erlebnisse in Kindheit und Jugend – und dabei besonders das Elternhaus – prägend für das Leben sind, ob es sich jetzt um uns oder die zu adoptierenden Kinder handelt. Prägend schon, da stimme ich zu, aber doch nicht für ewig festgeschrieben. Das wäre nicht Leben, wenn sich der Mensch nicht wandeln und entwickeln kann.
Abschließend erklärt uns Frau Kleine, wenn überhaupt, würde sie unseren Wunsch nach drei Kindern nur befürworten, weil ich pädagogische Erfahrung hätte. Das habe ich auch nicht anders erwartet, denn ich glaube, gerade mein Beruf, aber auch unser »hohes« Alter geben uns den Mut zu diesem Entschluß. Bleibt aber Frau Kleine bei ihrer Meinung, wenn sie über ihrem Bericht sitzt? Hat sie dann noch den Mut, die Verantwortung für unseren außergewöhnlichen Wunsch zu übernehmen?
Nach dem Gespräch habe ich das Gefühl, so viel undeutlich gelassen und so manches falsch gemacht zu haben. Besonders bedrückt mich das Gefühl, daß ich versucht habe, mich gut zu verkaufen. Scheußlich, daß man sich im Leben immer wieder in unehrliche Verhaltensweisen drängen läßt.

6. März 1984
Anruf von Frau Kleine. Sie kann den Bericht noch nicht schreiben. Sie hat das Gefühl, die Schwierigkeiten, die auf uns zukommen, seien uns noch nicht klar. Sie spricht von einem Buch, das sie gerade gelesen hat. Da sei von der Adoption zweier Kinder die Rede. Das sei schon problematisch, und wir wollten drei. Sie möchte mit uns noch einmal über unsere Reaktionen auf schwieriges Verhalten der Kinder reden. Ob wir das Buch nicht lesen könnten. Mit einem so ausgefallenen Adoptionswunsch sei sie noch nie konfrontiert worden und daher noch unsicher. Das finde ich sehr ehrlich. Wir machen für Freitag – heute ist Montag – einen Termin bei ihr aus. Die Buchhandlung, bei der ich anrufe, hat das Büchlein

vorrätig: Christa Dericum: ›Fritz und Flori‹. Frank liest es noch am Abend durch, ich im Laufe des Dienstags. Beide mit großer innerer Anteilnahme.

10. März 1984
Gespräch bei Frau Kleine im Ortsamt. Sie macht diesmal einen sicheren Eindruck, weiß, was sie will. Sie bittet um Verständnis, daß sie noch ein Gespräch wünsche, da unser Wunsch nach drei Kindern doch recht ungewöhnlich sei. Sie wolle ihn unterstützen, müßte das aber auch gut in ihrem Bericht vertreten können.
Noch einmal stellt sie Fragen nach unserem Verhalten in schwierigen Erziehungssituationen. Dabei geht sie von dem von uns gemeinsam gelesenem Buch aus. Was machen Sie, wenn Ihre Kinder auf den Teppich koten? Wenn sie Porzellan zerschmeißen? Leider werden im Buch die Reaktionen der Eltern verschwiegen. Nur am Ende des Buches schildert Christa Dericum, wie sie nach einem halben Jahr unglaublich nervender pädagogischer Arbeit dem besonders aggressiven ihrer beiden Söhne einmal den Hintern verhaut. Danach ist der Junge wie verwandelt. Er akzeptiert die Strafe, die Stärke der Mutter. Sie selbst meint, daß ihre Schwierigkeiten auf ihre »relativ milden Strafen« zurückzuführen seien. Ich denke, daß es ohne Strafen und Verhauen gehen muß. Die Aggressionen, die ein Kind dazu bringen, auf den Teppich zu koten, werden ja durch eine Strafe nicht geringer. Ich denke, man muß die Ursachen für die Aggressionen der Kinder herausbekommen. Aus meiner Unterrichtserfahrung weiß ich, daß der feste Wille und die ihn tragende Überzeugung, eine Situation in einer bestimmten Richtung lösen zu wollen, Berge versetzen kann. Das kostet, wie ich aus dem Beruf weiß, unendliche Kraft. Wehe, die destruktive Kraft der Kinder ist größer!
Bisher alles bloße Theorie, über die sich schön reden läßt. Die Lösungen, die wir für die Eingangsfragen fanden, scheinen mir darum hier nicht so wichtig. Ich bin selbst viel neugieriger, wie wir in ähnlichen Situationen später tatsächlich reagieren werden. Nach diesem Gespräch scheint Frau Kleine zufrieden zu sein. Sie weiß nun, was sie schreiben soll. Wird es in unserem Sinne sein?

29. März 1984
Rufe bei der Adoptionsbehörde an und frage, ob unsere Akte aus der Sozialbehörde schon zurück sei. Nein, wir müssen weiter warten.

6. April 1984
Wage es, noch einmal bei der Adoptionsbehörde anzurufen. Unsere Akte ist zurück. Ich bitte um einen Termin. Frau Kühne nennt mir einen

in zwei Wochen. Ich hole tief Luft. »Geht es nicht etwas früher?«, frage ich. »Mein Mann hat dann Ferien.« Ja doch, das gehe auch. Nächste Woche habe sie noch einen Nachmittag frei.

12. April 1984

Gespräch mit Frau Kühne in der Adoptionsstelle. Frau Kleine habe zwar einen ausführlichen Bericht geschrieben. Wir müßten aber leider z. T. die gleichen Fragen noch einmal über uns ergehen lassen, sie selbst müsse sich ja auch ein persönliches Bild von uns machen. Frank muß hart schlucken. Ich bin so erregt und verärgert, daß die ganze Fragerei und Rechtfertigung noch einmal losgehen soll, daß ich mich entschließe – um die innere Spannung loszuwerden –, darüber zu sprechen. Es falle uns wirklich schwer, uns ein zweitesmal einem uns völlig fremden Menschen gegenüber vorbehaltlos zu öffnen. Wir hätten es getan, weil uns klar war, daß es für zur Adoption zur Verfügung stehende Kinder wichtig sei, die »richtigen« Eltern zu finden. Mit dieser Belastung beginnt das Gespräch und geht dann 2½ Stunden unproblematisch weiter. Das ist sicher Frau Kühne zu verdanken, die gut zuhören kann, aber auch genau weiß, was sie will und sehr vorsichtig und verständnisvoll fragt. Sie erkundigt sich danach, warum wir erst so spät, mit etwa 40 Jahren, den Wunsch haben, Kinder zu adoptieren. Ich berichte von einem Versuch vor etwa zehn Jahren, der scheiterte, weil ich im Gegensatz zu heute nicht bereit war, meine damals gerade erst errungene Selbständigkeit wieder aufzugeben. Unsere bisherigen 16 Ehejahre waren so erfüllt vom zweimaligen Studium meinerseits und der Ausübung meines Berufs, von interessanten und wechselnden Tätigkeiten bei Frank, von Hobbys, zweijährigem Auslandsaufenthalt und Hausbau, daß der Wunsch nach Kindern in den Hintergrund getreten war und wir längst glaubten, auch ohne Kinder ein sinnvolles Leben führen zu können. Dieser Meinung sind wir immer noch, denn wir möchten unser Leben durch Kinder nicht ändern, sondern um die Erfahrung mit Kindern bereichern.
Wir fragen noch einmal, warum sie uns auf zwei Kinder festlegen wollen und es keine drei sein dürfen. Die Antwort ist eindeutig, sie hätte es noch nie erlebt, daß von den Heimen drei Kinder angeboten würden. Nach der Vereinbarung eines neuen Termins gehen wir diesmal zufrieden aus diesem Gespräch. Das nächste Mal wird Frau Binder, die Psychologin der Adoptionsstelle, dabei sein. Sie wird bei der Vermittlung aller »großen« Kinder hinzugezogen.

19. April 1984

Gespräch mit Frau Kühne und Frau Binder in der Adoptionsbehörde. Das Gespräch beginnt recht stockend. Frau Kühne schlägt vor, wir soll-

ten über Erziehungsfragen sprechen. Wer beginnt? Gibt es von uns dazu Fragen? Nein, noch nicht, die kommen sicher noch zur Genüge.
Mir kommt jedoch ein Gedanke. Es gibt doch zwischen uns und Eltern, die biologisch ein Kind erwarten, einen wesentlichen, die Erziehung betreffenden Unterschied. Normalerweise wächst man mit seinem Kind in viele Probleme hinein. Adoptiveltern müssen aber sofort auf so vielen Gebieten sozusagen unvorbereitet Frage und Antwort stehen: Essen, Trinken, Spielen, Anziehen, Singen, Basteln, Fragen auf religiösen, sexuellen und anderen Gebieten. Darauf muß man sich doch vorbereiten. Das tun wir, indem wir viel dazu lesen. Aber auch praktisch bereitet man sich vor. So probiere ich im Moment Tees aus, die Kinder auch trinken mögen. Wir essen seit Jahren zum erstenmal wieder Spaghetti mit einer selbstgemachten Tomatensoße.
So habe ich doch schon im voraus Fragen. Wie soll man sich den »schlechten« Gewohnheiten der Kinder gegenüber verhalten; z. B. bei übermäßigem Süßigkeitskonsum? Ihnen zunächst nachgeben, um sie nicht zu verunsichern, oder es gleich unterbinden? Das müsse man von Fall zu Fall entscheiden. Ich wage, noch eine zweite Frage zu stellen, die mich beschäftigt hat: »Soll man ein nachts weinendes Kind zu sich ins Bett lassen, oder darf man solche Angewohnheiten gar nicht erst einführen.« Antwort: »Das hängt von Ihnen und den Umständen und Ihren in der Erziehung erworbenen Wertvorstellungen ab, von denen Sie unbewußt geleitet werden.« Mit dieser Antwort läßt sich nicht nur nichts anfangen, sie ruft auch meinen heftigen Widerstand hervor. Wieder das Argument, daß der Mensch so erzieht, wie er selbst erzogen wurde. Natürlich ist jeder Mensch von seinem Elternhaus geprägt. Aber Erwachsenwerden bedeutet doch eine äußere und innere Loslösung vom Elternhaus. Leben ist doch Wandlung und Entwicklung. Ich erzähle ein wenig von Einflüssen, die mir in diesem Selbstwerdungsprozeß geholfen haben. Nenne auch verschiedene Bücher, u. a. von Erich Fromm ›Die Kunst des Liebens‹. Von Büchern halten aber die beiden Damen nicht viel. Wir sollten uns den Kopf nur nicht mit Wissen vollstopfen, das würde uns später beim Handeln nur im Wege sein. Ich habe aber eine andere Vorstellung von dem, was Bücher leisten können und sollen. Nicht Wissensvermittlung erwarte ich in erster Linie, sondern Bücher treten für mich anstelle von Handeln und Erfahrung. Wir müßten doch alle die unendlich lange Zeitspanne der Menschheit leben, wenn wir alle Erfahrungen – und auch Überlegungen –, die möglich sind, allein machen wollten. Lesend lernend kann sich unser Verhalten wie nach jedem gelebten Tag wandeln und entwickeln.
Wir bitten die Psychologin, Frau Binder, noch um einen Literaturtip zur neueren Entwicklungspsychologie. Da gäbe es Verschiedenes, aber alles

nicht recht brauchbar. Wir sollten uns den Kopf damit nicht belasten. Innerlich zerreißt es mich fast. Und so jemand soll unsere Erziehungsfähigkeit mitbeurteilen.
Wir erfahren aber doch noch einiges über typische Verhaltensweisen von Adoptivkindern:

- nächtliche Ängste und Unruhe;
- im Anfang starkes Angepaßt- und Bravsein in der Familie, Auftreten von Erziehungsschwierigkeiten erst nach Wochen;
- besonders während der Heimbesuchszeit stärkere Bindung an den Vater;
- Idealisieren des ehemaligen Elternhauses.

Uns erscheint es hilfreich, auf häufig auftretende Verhaltensweisen vorbereitet zu sein. Überraschungen wird es noch genug geben. So werden wir uns auch weiterhin – gegen den Rat der Damen – den Kopf mit Büchern vollstopfen.
Das Gespräch endet mit der offiziellen Aussage, daß wir die Pflegeberechtigung bekämen. Schriftlich würde das in etwa drei Wochen erfolgen. Wir könnten uns dann auch in anderen Bundesländern bei den Jugendämtern bewerben. Von jetzt ab würden wir bei ihnen direkt zu den Bewerbern gehören. Zwei Jahre würde so eine Bewerbung laufen, dann würde sie gestrichen. Wir betonen, daß wir auf eine baldige Vermittlung hoffen.

Michael und Peter

24. April 1984
Da auch Frank heute am Osterdienstag noch Urlaub macht, stehe ich erst gegen 9 Uhr unter der Dusche, als das Telefon klingelt. Frank geht ran und berichtet mir, Frau Binder, die Psychologin der Adoptionsbehörde, habe angerufen. Da seien zwei kleine Jungen. Michael und Peter, drei und sechs Jahre alt. Donnerstag um 15 Uhr könnten wir zu einem Vorgespräch kommen. Ich halte das einen Augenblick lang für einen schlechten Scherz. Direkt vor Ostern war doch erst unser letztes Gespräch. Frank muß alles noch einmal wiederholen. Ich muß erst mal heulen. Daß wir so ein Glück haben sollen und es ohne Aktivitäten unsererseits weitergeht! Und das Alter der Kinder: So wünschen wir sie uns. Wir vergessen, daß es ja drei sein sollten und nun zwei sind. Sofort beginnen wir, über unsere Zukunft zu phantasieren, sogar der nüchterne Frank. Er juchzt vor Freude. Das habe ich noch nie erlebt. Beide befinden wir uns in einem Freudentaumel.

26. April 1984
Frau Junghans, eine uns bis jetzt unbekannte Angestellte der Adoptionsbehörde, und Frau Binder erzählen uns die Vorgeschichte der Kinder. Glücklicherweise sind beide an einem schnellen Ablauf interessiert. Frau Junghans verzichtet auf ein weiteres Kontaktgespräch, sie will die Sache vorantreiben. Sie berichtet die Familiengeschichte, angefangen bei den Urgroßeltern. Ich habe für die Kinder alles, was wir davon behalten haben, aufgeschrieben und versiegelt. Der Behörde gegenüber haben wir uns zum Stillschweigen verpflichtet, um die Persönlichkeitsrechte der Familie und der Kinder zu wahren.
Frau Binder liest uns dann Heimberichte aus den Akten der Kinder vor:
Peter, sechs Jahre, hübsch, braune Haare, graugrüne Augen, hilfsbereit den Kleineren gegenüber, setzt sie z. B. aufs Töpfchen, deckt den Tisch mit. Er ist aufgeschlossen und wißbegierig, guter Taucher, sehr ausdauernd bei Spaziergängen, kennt viele Bäume und Pflanzen.
Michael, drei Jahre, stämmiger als Peter, fast schwarze lockige Haare, braune Augen, etwas verschlossener, sehr temperamentvoll, weiß, was er will.
Ähnliche Beschreibungen wiederholen sich über mehrere Berichte.

Frank fragt, was denn der Haken bei den Kindern sei? Es wäre ja nur Gutes zu berichten. Der Haken sei das Alter von Peter und die Tatsache, daß sie zu zweit seien.
Wir haben natürlich nur einen Wunsch, die Kinder so schnell wie möglich zu sehen. Von morgen, Freitag bis Dienstag, machen wir mit unserem Chor eine Konzertreise. Müssen wir bis Mittwoch warten? Heute ist Donnerstag, eine furchtbar lange Zeit. So wage ich zu sagen: »Am liebsten würden wir sie heute noch sehen.« Kein Widerstand, ich kann es nicht glauben, sondern Ermunterung. Frau Binder will sofort mit uns hinfahren, die Heimleiterin wisse Bescheid und erwarte uns. Wir sind beide sehr erregt.
Im Heim bittet uns die Leiterin erst zu einem kurzen Gespräch in ihr Zimmer. Dort lassen wir auch vorsichtshalber die mitgebrachten Teddybären. Zusammen gehen wir in den Garten, wo die Drei- bis Sechsjährigen mit ihrer Erzieherin Angelika an der Rutsche spielen. In der Behörde hatten wir Paßbilder von den Kindern gesehen. Ich erkenne sie sofort. Was für einen Eindruck machen sie auf mich? Die beiden sehen nett aus, aber ich empfinde keine besondere Zuneigung zu ihnen. Da die Kinder in der Gruppe spielen, sprechen und spielen wir auch mit allen sechs Kindern. Alle wollen gelobt werden, wenn sie ihre kleinen Kunststücke auf der Rutsche machen. Einige wollen sofort auf den Schoß und produzieren sich vor uns. Peter und Michael sind deutlich zurückhaltender. Frank läßt sich von Peter ein Kaninchen zeigen, Michael backt in der Zeit für mich »Kuchen« und füttert mich, ich bin das Baby. Dann nimmt er mich bei der Hand und bringt mich ins Bett. Dabei spaziert er über den ganzen Spielplatz und weist mir ein »Bett« im Spielhaus zu. Darauf verläßt er mich und kommt auch nicht wieder.
In der Sandkiste, in der auch noch viele Kinder aus anderen Gruppen spielen, versuchen wir, uns besonders mit Peter und Michael zu beschäftigen. Das ist sehr schwierig, da alle hungrig nach Kontakten sind. Peter macht einen freien und selbständigen Eindruck. Michael wirkt sehr verschlossen. Er kämpft die ganze Zeit mit den anderen Kindern um seine Förmchen. Beim Abschied springt Peter plötzlich auf meinen Arm. Als er merkt, daß ich ihn sehr aufmerksam betrachte, teilt er mir stolz mit, und ich muß ihm dabei in den Mund sehen, daß er gerade beim Zahnarzt war. Es habe gar nicht wehgetan, nur gekitzelt.
Wir glauben nicht, daß die beiden mitbekommen haben, daß wir ihretwegen da waren. So rät uns die Heimleiterin, Frau Rathke, ihnen die Teddys erst beim nächsten Besuch zu schenken. Bei dem kurzen Abschlußgespräch erklären Frank und ich, wir seien sicher, daß dies unsere Kinder wären. Es seien nette Kinder, für die wir zwar keine besondere Zuneigung empfänden, aber auch keine Abneigung. Wir treffen die

Entscheidung mit dem Kopf, und unsere Herzen zittern. Bei diesen fremden Kindern sollen nun unsere Sehnsüchte nach eigenen Kindern enden.
Auch wenn Frank und ich abends sehr durcheinander sind – ich habe Kopfschmerzen und schlafe miserabel –, wissen wir eines sicher: Vom heutigen Tag an übernehmen wir für diese beiden Kinder die Verantwortung. Was auch kommen mag, wir werden zu ihnen halten und ihnen helfen.
Irgendwelche Zärtlichkeiten können wir für sie nicht empfinden. Unser Fürsorgebedürfnis ist noch nicht geweckt, dafür sind sie uns noch zu fremd. Aber die Entscheidung, Verantwortung zu übernehmen, haben wir getroffen. Wenn Liebe wirklich aus den vier Grundelementen »Fürsorge, Verantwortungsgefühl, Achtung vor dem anderen und Erkenntnis«[3] besteht, fangen wir tatsächlich an, die Kinder zu lieben. Eine sehr nüchterne Liebe, mehr vom Willen und vom Verstand als vom Herz bestimmt.

2. Mai 1984
Heute nachmittag können wir endlich die Kinder wieder besuchen. Die Heimleiterin teilt uns mit, daß sie schon auf uns warten würden. Sie wüßten, daß wir »ihr« Besuch wären. Auch der Grund eines solchen Besuches sei ihnen klar, da sie gerade erst wieder erlebt hätten, wie ein kleines Mädchen von ihren Adoptiveltern zum ersten Mal zu einem Ausflug abgeholt wurde. Sie selbst möchten auch sehr gern adoptiert werden. So ist es wohl nicht erstaunlich, wie offen die beiden heute zu uns sind. Sie spielen draußen allein auf der großen Terrasse und kommen gleich auf uns zu, als sie uns sehen. Sie haben auch unsere Namen behalten und sprechen uns mit Frank und Franziska an. Wir schenken ihnen als erstes die beiden Bären. Strahlend können sie sich freuen. Lange können wir vier uns mit den Stofftieren beschäftigen. Michael spielt ausgiebig Baby auf Franks Arm, und beide benutzen uns als Reitpferd. Dabei vertragen sie sich gut. Sie wirken sehr frei und fröhlich, ja glücklich und ausgeglichen.
Als Michael auf die Toilette muß, läßt er mich nicht los. Ich soll überall mit hingehen. Nach dem Baden dürfen sie die ›Sesamstraße‹ sehen. Wir sind jedoch viel wichtiger. Keines der Kinder hört zu. Michael spielt lieber mit meiner Kette. Peter schwatzt die ganze Zeit mit Frank. Zum Abschied winken uns beide nach. Wir haben versprochen, morgen wiederzukommen. Peter wünscht sich, daß wir direkt nach dem Mittagessen kommen. Da Frank einen beruflichen Termin hat und sicher nicht vor 17 Uhr im Heim sein kann, halten wir ersten »Familienrat«. Wir einigen uns darauf, daß ich um 15 Uhr komme.

3. Mai 1984
Diesmal warten die beiden nicht auf mich. Sie brauchen einen Moment, bis sie mich sehen. Zunächst wird in aller Ruhe meine Handtasche untersucht. Besonderen Anklang finden zwei Fettlippenstifte. Wir alle drei sind bald im Gesicht und an den Händen fettbeschmiert. Als ich ihnen erlaube, je einen zu behalten, ist Peters erste Frage: »Und du, was machst du dann ohne?« Beide haben behalten, daß Frank später kommt, und sie erwähnen es mehrfach. Er kommt, während ich Peter aus ›Oh, wie schön ist Panama‹ vorlese. Michael ist weggegangen und spielt allein. Frank geht zu ihm, schenkt ihm zwei Glasmurmeln und zeigt ihm, wie er mit ihnen spielen kann. Michael möchte aber lieber schaukeln. Als Frank darauf nicht reagiert, schmeißt er die Murmeln ins Gebüsch und rennt zur Schaukel. Kleiner Mißerfolg. Peter und ich sind dazugekommen. Auch er bekommt Glaskugeln. Ihm gefallen sie viel besser. Mit seinen sechs Jahren kann er auch schon etwas damit anfangen.
Abends dürfen wir beide Kinder baden. Sie zögern den Abschied so lange wie möglich hinaus. Michael weint fast bei der Trennung. Er will mich nicht loslassen: »Du sollst nicht gehen!« Wir müssen sie auf morgen vertrösten. Ein Ausflug in einen nahe gelegenen Park ist geplant, den die Kinder gut kennen. Schon heute am dritten Tag scheint uns eine vierwöchige Kontaktaufnahme völlig unrealistisch zu sein.

4. Mai 1984
Heute sind wir schon um 10 Uhr im Heim, um die Kinder zu unserem Spaziergang in den Park abzuholen. Vor dem Haus wird erst mal unser Auto bestaunt. Noch nie haben beide einen Fahrradgepäckträger gesehen, den wir auf dem Wagen haben. Auf einmal fragt Peter, ob auch vier Fahrräder auf unser Auto passen würden. Wir schmunzeln und fragen, für wen denn vier Fahrräder auf dem Wagen sein sollten. »Ja, für euch und für eure Oma und Opa«, ist Peters Ausrede. Wir erklären ihm, daß sie selbst ein Auto hätten. Aber vielleicht hätte er an jemand anderen gedacht. Wir hätten uns auch schon überlegt, daß wir noch zwei Zusatzständer kaufen müßten, denn sie würden bestimmt auch Fahrräder bekommen.
Im Park kennen sich beide gut aus und können uns alles zeigen. Wir fragen sie, ob sie uns mal besuchen möchten. Da sagt Peter: »Ich habe Helga (die Heimleiterin) schon gefragt, die aber hat gesagt, das soll nicht so schnell gehen, ein Schritt nach dem anderen.« Oh, was ist das für ein vernünftiges, braves Kind. Das wird sich hoffentlich noch ändern.
Während die Kinder im Heim zu Mittag essen, führen wir ein Gespräch mit der Heimleiterin. Wir bitten sie, daß die Kinder morgen zu uns kom-

men dürfen, da sie es selbst schon möchten. Sie ist mit uns einig, daß wir die Kinder nicht bremsen und es ruhig versuchen sollten. Wir meinen, vier Wochen zum Kennenlernen seien für uns zu lang. Die Heimleiterin will am Nachmittag mit Frau Junghans von der Adoptionsbehörde darüber sprechen und uns abends Bescheid geben. Sie erzählt uns noch, daß Peter den anderen Kindern schon von »seinem Papi« erzähle. Sie habe ihm aber gesagt, es gehe nicht so schnell, daß man Papi und Mami bekomme. Er solle uns weiterhin Frank und Franziska nennen. Bei mir fällt es ihm auch nicht so schwer. Er hängt aber besonders an Frank und umgeht darum jede Anrede.
Beim Abschied kommen die Kinder mit Frau Rathke an die Tür zum Winken. Michael sagt immer wieder: »Du sollst nicht gehen, meine Franziska.« Peter zieht Frank zu sich herunter und flüstert ihm etwas ins Ohr. Er will mitgehen und bei uns schlafen und fragt, ob wir mit Helga darüber gesprochen haben. Wir versprechen, daß wir morgen eine Autofahrt machen. Ob wir auch schon zu uns nach Hause fahren, können wir noch nicht versprechen, da wir erst die Erlaubnis der Adoptionsbehörde abwarten müssen.
Am Nachmittag laufe ich durch einige Möbelgeschäfte und sehe mir das Angebot von Etagenbetten, Kinder- und Jugendzimmern an. Außerdem suche ich hohe Stühle, damit die beiden wie »Erwachsene« am Tisch sitzen können. Bis jetzt sind sie ja nur Möbel für Kinder gewöhnt. Was ich suche, finde ich in einem spanischen Korbgeschäft und kaufe gleich zwei Hochstühle. Außerdem erstehe ich für beide einen Autokindersitz. Glücklich laufe ich mit meinen Paketen durch die Stadt und verstaue alles im Auto. Ich muß dauernd lächeln. Endlich darf ich planen, kaufen, einrichten, handeln für die Kinder, d. h. Verantwortung für sie tragen. Ein Traum wird Wirklichkeit. Das ist wohl das unglaublich Aufregende an der Sache.
Ich bin die ganzen Tage wie aufgeputscht, zum Teil so erregt, daß ich meine Gefühle gar nicht sortieren kann. Sobald ich über alles nachdenke, sitzen meine Tränen sehr locker. Sind wir aber mit den Kindern zusammen, ist meine rührselige Stimmung verflogen. Ich muß handeln und werde wieder nüchterner.
Gegen Abend Anruf bei der Heimleiterin. Frau Junghans ist der Meinung, die vier Wochen Anbahnungszeit sollten auf jeden Fall eingehalten werden. Die Kinder bekämen sonst Heimweh. Das Heim sei ihr Zuhause und die Erzieherinnen seien ihre Bezugspersonen gewesen. Das leuchtet uns ein. Außerdem käme der Vormund der Kinder erst am 21. Mai aus dem Urlaub zurück, und erst dann könnte ein Abschlußgespräch stattfinden. Dennoch dürfen die Kinder uns morgen nachmittag besuchen. Wir beschließen, das auch in der folgenden Zeit so zu handhaben. Die Kinder können sich so langsam an ihr neues Zuhause gewöhnen.

5. Mai 1984
Heute nachmittag holen wir zum erstenmal die Kinder zu uns nach Hause. Vormittags beim Einkaufen erzähle ich in unserem Reformhaus, in dem wir gut bekannt sind, daß wir zwei kleine Jungen adoptieren wollen. Wieder kann ich nur schwer meine Tränen zurückhalten. Ich bin so aufgeregt, daß mir jedes Wort schwer fällt. Noch nie haben wir eine so emotionsbeladene Zeit durchlebt.
Vor dem Heim klettern beide Kinder glücklich ins Auto in ihre neuen Kindersitze. Während der Fahrt sind beide voll gespannter Neugierde. Michael ist noch nie Auto gefahren, Peter erst einmal mit einem Taxi zu einem Kinderfest. Nun will er alles erklärt bekommen. Warum blinkt das Auto? Was bedeuten die Pfeile auf der Straße und vieles mehr. Michael will wissen, wohin wir fahren. Wir erklären es ihnen ausführlich. Wir fahren zu unserem Haus, das nun auch ihr Haus sein wird; es liegt in einem Garten, der auch ihr Garten sein wird. Bisher leben wir zusammen mit zwei Katzen. Nun werden auch sie mit uns und den Katzen zusammenleben. Beide Kinder hören sprachlos, staunend zu, neugierig auf das, was sie erwartet.
Da Peter den Heimkindern gegenüber schon von seinem Papa erzählt hat, schlagen wir den beiden vor, uns von heute ab Papa und Mama zu nennen. Uns kostet es etwas Überwindung, weil diese Anrede für uns so fremd ist und es uns viel natürlicher erscheinen würde, wenn die Kinder uns mit Vornamen anreden. Da es aber, wie uns erzählt wurde, der Herzenswunsch aller Heimkinder ist, Mama und Papa zu haben und Peter diesen Wunsch schon deutlich genug gemacht hat, sollen die beiden ihn so schnell wie möglich erfüllt bekommen. Sie nehmen unseren Vorschlag ganz natürlich auf. Michael ist allerdings schon ganz auf »meine Franziska« festgelegt, und so bleibt er heute noch dabei. Peter wechselt zwischen unseren Vornamen und Papa und Mama. Hätten wir noch länger gewartet, wäre die Umgewöhnung wohl noch schwieriger geworden.
Zu Hause angekommen, klettern die Kinder schnell aus dem Auto. Peter stürzt sich sofort auf einen vor der Garage liegenden Gartenschlauch und muß spritzen. Dann betreten sie zum ersten Mal ihr neues Zuhause. Aneinandergedrängt gehen sie neugierig ins Haus hinein. Mit offenem Mund bleiben sie in der großen Wohnhalle, die Wohnzimmer, Eßzimmer, Musikdiele und Arbeitszimmer auf drei Wohnebenen vereinigt, stehen. Sie staunen wie bei einer weihnachtlichen Bescherung. Michael zeigt ängstlich nach unten in das Wohnzimmer und sagt: »Da ist ein Mann.« Als ich ihm erkläre, wir wären allein im Haus, und es gehöre uns auch ganz allein, uns Vieren – Mama und Papa, Michael und Peter –, ist er sofort beruhigt.
Auch ihr eigenes Zimmer wird aufmerksam betrachtet. Die einzigen Kin-

dermöbel, die wir schon haben, sind ein Tisch und zwei Stühle. Auf dem Tisch steht ihr erstes Spielzeug, für Peter eine Hochgarage, für Michael ein Bauernhof. Wir stellen fest, daß sie schlecht zusammen spielen können. Es gibt sofort Streit, weil jeder immer gerade das haben will, was der andere hat. Da sie sicher zunächst allein aufeinander angewiesen sein werden, werden sie lernen müssen, miteinander auszukommen.
Aufgeregt und glücklich laufen sie durch den Garten. Es gibt viele blühende Tulpen zu bestaunen, aber interessanter ist ein zweiter Gartenschlauch. Als ich ankündige, daß es gleich Kuchen gibt, fragt Peter, ob sie auch Eis haben könnten. Schnell laufen wir in die Küche und machen mit den Kindern Schlagsahneeis. Noch nie haben sie einen Tiefkühlschrank gesehen. Auch der Herd wird bestaunt, und ich muß vor den Schaltern warnen, da sie alles ausprobieren wollen. Ihre beiden Hochstühle nehmen sie stolz an, da sie so wie Erwachsene am Tisch sitzen können.
Bei dem anschließenden Spaziergang durch den Garten zeigen wir den Kindern, wo unser Grundstück zu Ende ist. Auf dem vorderen Teil des Grundstücks wohnt Franks alte Tante Anna. Die Gärten gehen ohne Zaun ineinander über. Wir gehen bis zu Tante Annas hübschem alten Siedlungshäuschen und erzählen den Kindern, daß sie im Haus gegenüber zusammen mit Papas Mutter – ihrer neuen Oma – bei ihrer Schwester Hertha zum Geburtstagskaffeetrinken sei. Da sie das erstemal bei uns seien, würden wir aber keinen Besuch machen. Peter ist ganz anderer Meinung. Er will sofort auch in das Haus auf der anderen Straßenseite, in dem Oma und Opa und Tante Hertha wohnen.
So machen wir einen kurzen Besuch. Die Kinder lernen neben Franks Eltern und Tanten auch noch unsere Schwägerin mit dem 10 Monate alten Bodo kennen. Michael schmiegt sich an mich und bleibt auf Distanz. Aber auch die Verwandtschaft verhält sich sehr zurückhaltend. Bis auf die Gastgeberin, Tante Hertha, steht keiner auf, um die Kinder zu begrüßen. Nur Peter ist neugierig, und will unbedingt die Küche sehen und riskiert schnell noch einen Blick in die Schränke.
Erst gegen halb sieben sind wir wieder im Heim. Michael ist im Auto eingeschlafen. Ihn haben die vielen neuen Erlebnisse müde gemacht. Nach dem Waschen bringen wir die Kinder ins Bett. Ich habe mir vorgenommen, mit den Kindern abends noch zu beten. Schaffe ich es, diesen Vorsatz in die Tat umzusetzen? So sitze ich an Michaels Bett und versuche zu beten:
»Lieber Gott, habe vielen Dank für diesen schönen Tag. Wir sind das erste Mal bei Papa und Mama zu Hause gewesen, wo wir auch bald wohnen werden. Wir haben im Garten mit dem Gartenschlauch gespritzt, haben Ball gespielt und Oma, die neuen Tanten und den kleinen Bodo zum ersten Mal gesehen. Auch die Autofahrt war aufregend. Habe vielen Dank

für die schönen Erlebnisse. Jetzt freuen wir uns auf morgen, wenn Papa und Mama wiederkommen.«
Michael schaut mich nur mit großen Augen an. Seine Reaktion ist unerwartet: »Nicht morgen wiederkommen. Du sollst bleiben.« Peter, der sonst eine Stunde länger aufbleibt, ist auch so müde, daß er schon ins Bett geht. So setze ich mich auch zu ihm und bete mit ihm. Auch er hört mit weitaufgerissenen Augen zu, als ich den Nachmittag noch einmal an ihm vorbeilaufen lasse. Ihn tröstet mein Versprechen, daß wir sie morgen nachmittag wieder abholen. Michael nörgelt noch, als ich gehe. Das Problem überlasse ich den Erzieherinnen, meine Anwesenheit würde den Abschied nur noch schwerer machen.

6. Mai 1984
Gleich nach dem Mittagessen holen wir die Kinder ab. Auf der Fahrt nach Hause muß wieder viel erklärt werden. Wir versuchen ihnen zu helfen, langsam Fixpunkte auf der Strecke zu bekommen, die sie wiedererkennen können. Eine Brücke, eine Kreuzung, eine lange gerade Straße und vieles mehr. Zum Schluß kommt dann »unsere Straße«, die Straße von Michael, Peter, Papa und Mama. Ein bißchen gehört sie auch noch anderen Leuten, aber eben nur ein bißchen. Dann kommt aber die Auffahrt zu unserem Grundstück, ein achtzig Meter langer Weg, und der gehört uns dann völlig allein. Wieder kommt die Aufzählung: Papa, Mama, Peter und Michael. Zum Kaffeetrinken kommen meine Eltern. Sie werden als Oma und Opa vorgestellt und wie selbstverständlich angenommen. Die Kinder – aber auch die neuen Großeltern – sind völlig frei und glücklich. Die Jungs verbringen die meiste Zeit auf dem Schoß von Oma und Opa. Es wird gealbert, gelacht und erzählt. Onkel Uwe, der Bruder von Frank und Vater des kleinen Bodo, kommt, um uns zu fotografieren. Wir brauchen doch Bilder für die »Geburtsanzeige«.
Heute fahren wir etwas früher zurück und gehen gleich nach dem Baden, um den Abschied leichter zu machen. Die ›Sesamstraße‹ soll die Kinder noch etwas ablenken.

Schwierigkeiten

7. Mai 1984

Heute morgen Anruf von Frau Junghans von der Adoptionsbehörde. Sie fragt: »Wie fühlen Sie sich?« Da ich mit der Frage nichts anfangen kann, erzähle ich ihr ausführlich, wie die Besuche bisher verlaufen sind. Ich sage ihr nun selbst, daß wir die Besuchszeit von vier Wochen für zu lang halten. Schon jetzt, nach gut einer Woche, betteln die Kinder, bei uns auch schlafen zu dürfen. Frau Junghans geht das bei weitem zu schnell. Sie meint, die Kinder könnten Heimweh bekommen. Im Grunde leuchtet mir das ein, aber die Kinder machen einen so anderen Eindruck. Sie kann sich aber auch nicht entscheiden und will noch einmal mit einer Kollegin darüber sprechen.
Am Nachmittag erobern die Kinder sich einen besonderen Teil des Hauses: die Lichtschalter. Da wir in der Wohnhalle wohl 30 Lampen haben, ist das ein faszinierendes Spiel. Draußen baut Frank dann mit beiden unser Zelt auf. Sie sind sehr eifrig dabei und können schon recht geschickt mit einem Hammer umgehen. Das Abendbrot wird wie alle Mahlzeiten zusammen vorbereitet. Es gibt Kräuterquark. Peter bedient die Küchenmaschine, und Michael wirft die im Garten gepflückten Kräuter hinein. Alle Kräuter und Gewürze werden von beiden probiert, ob frisch aus dem Garten oder Pfeffer und Salz aus der Streudose. Michael ist von seinem Quarkbrot leider nicht begeistert. Nach wenigen Happen krabbelt er auf meinen Schoß und will Honigbrot. Auch der Eisbergsalat ist für ihn zu hart. Peter dagegen schmeckt alles prima.
Im Heim haben wir noch ein sehr nettes Gespräch mit Frau Rathke. Sie erzählt uns etwas über die Geschichte des Heims. In den 60er Jahren wurden nur Kinder von Studentinnen zur Adoption gegeben. Die andern kamen alle in Heime außerhalb der Stadt, da sie nicht adoptionsfähig waren. Inzwischen sei das anders. Ihr gelingt es, alle Kinder in Adoptions- oder Pflegestellen zu vermitteln. Sicher wissen die Kinder später nicht mehr, was sie ihr damit zu verdanken haben. Wir sprechen auch das Problem der uns zu lang erscheinenden Besuchsanbahnung an. Sie meint, nächste Woche könnten die Kinder auch schon mal bei uns schlafen.

8. Mai 1984

Noch vor 10 Uhr bringe ich Frau Junghans eine von ihr erbetene Erklärung über die ärztliche Schweigepflichtsentbindung für meine Ärztin.

Sie wirkt ausgesprochen sauer. Also so schnell ginge das nicht, die Kinder würden überfordert. Wir hätten sie zu früh mit nach Hause genommen. Ich versuche klarzustellen, daß das in Absprache mit der Heimleiterin erfolgt sei. Belehrend erklärt sie mir, auch wenn man frisch verliebt sei, würde man nicht sofort mit dem Partner zusammenziehen, auch da täten Distanz und Pausen zwischen dem Beisammensein gut. Ich denke mir, da werden wohl manche Leute anderer Meinung sein, aber ich bin ja gutwillig, und mir leuchtet das ein. Nur sind wir vorher über den Verlauf der Anbahnung völlig anders informiert worden. Es hieß immer, alles sei von den Kindern abhängig.
Frau Kühne von der Adoptionsbehörde hatte vom Zeitablauf der Besuchsphase viel offenere Vorstellungen: In der Regel seien es vier Wochen, das hinge eben ganz von den Kindern ab, aber es könnten auch zwei oder sechs Wochen sein. Einleuchtend. Bei Frau Junghans müssen es aber gerade vier Wochen sein. Nicht einleuchtend. Oder doch? Es ist genau die Zeitspanne, nach welcher der Vormund der Kinder und die Psychologin wieder aus dem Urlaub zurück sind. Ärgern tue ich mich besonders, wie Frau Junghans, die uns nie mit den Kindern zusammensah, über uns urteilt. Die Kinder könnten nachts in Panik geraten. Oh, wenn sie wüßte, wie weit die beiden von Panik entfernt sind.
Heute holen wir die Kinder den ganzen Tag zu uns. Frank hat sich frei genommen, und es scheint noch immer die Sonne. Sie gehen erst einmal mit Papa auf dem Markt Obst einkaufen. Frank kommt ganz erfüllt zurück. Alles ist den Kindern neu, alles bestaunen sie. Die Marktstände und was sie anbieten, die vielen Menschen, Bagger, Laster, Autos, Motorräder und vieles mehr. Ich mache mit ihnen gemeinsam das Mittagessen. Ihr Lieblingsessen wie das fast aller Kinder: Spaghetti mit selbstgemachter Tomatensoße. Vor dem Essen fassen wir uns bei den Händen, und ich sage: »Lieber Gott, wir freuen uns, daß wir so viele Dinge nun gemeinsam haben, ein Haus und einen Garten, aber besonders freuen wir uns, daß wir nun eine Familie sind. Hilf uns dabei, daß wir gut miteinander leben. Guten Appetit!«
Am Nachmittag ruft Frau Junghans wieder an. Frank geht an den Apparat und setzt ihr unsere Sichtweise noch einmal in aller Ruhe auseinander. Sie spricht wieder von der Panik, in die die Kinder geraten könnten. Als Frank erzählt, wie gut er mit Peter zurecht käme, sagt sie abwertend, das sei ja nur natürlich, da er keinen Vater gekannt habe. Soweit ich mich an die Familiengeschichte erinnere, stimmt das nicht. Auf jeden Fall ist die ganze Aussage taktlos. Wenn sie wüßte, wie lieb der Peter mit Frank und auch mit mir schmusen kann.

9. Mai 1984
Heute nachmittag bin ich allein mit den Kindern. Frank muß arbeiten. Wie alle bisherigen Tage verläuft auch dieser Nachmittag harmonisch. Die Freude über die Kinder ist wieder da, der Ärger mit der Behörde vergessen. Mit ihrer Lieblingserzieherin Rosi spreche ich den Streit an. Sie ist meiner Meinung, die Kinder könnten schon ohne Probleme bei uns schlafen.
Wie fest für Peter unsere gemeinsame Zukunft steht, zeigt folgende kleine Unterhaltung: Er fragt mich, ob ich auch einmal sterben müsse. Als ich es bejahe, überlegt er ein paar Sekunden, dann erkundigt er sich: »Und was wird dann aus uns?« Ich erkläre ihm, daß ich dann hoffentlich schon sehr alt und er ein großer Mann sei und vielleicht schon selbst Kinder habe. Nachdenklich gibt er sich mit der Antwort zufrieden. »Aber wo kommen die Menschen hin, wenn sie tot sind?« fragt er weiter. Natürlich bin ich in dem Moment nicht auf die Frage vorbereitet, und so antworte ich, der Mensch sei dann bei Gott im Himmel. Oh, dieser unglückliche Begriff »Himmel«, warum mußte er mir entschlüpfen? Ich brauche einige Zeit, um das wieder gutzumachen, und versuche, ihm zu erklären, daß Gott uns überall nahe sei. Wo wir auch seien, könnten wir mit Gott sprechen, wir könnten ihn nur nicht sehen. »Dann ist Gott so ähnlich wie Luft, die ist auch überall, und die können wir auch nicht sehen«, erläutert Peter.
Auf dem Rückweg ins Heim holen wir Frank von der Firma ab, damit die Kinder ihn wenigstens noch einmal kurz sehen. Es war ein glücklicher und schöner Nachmittag. Zwei Wochen kennen wir die Kinder nun. Eine Zeit wie eine Ewigkeit. Müssen wir noch einmal so lange warten, bis sie zu uns dürfen?

12. Mai 1984
Ein rundherum glücklicher Tag mit den Kindern. Michael und ich gehen allein auf den Markt einkaufen. Er stellt ununterbrochen Fragen. Ich kann mich ihm in aller Ruhe widmen, da sonst Peter die Unterhaltung mehr bestimmt.
Beim Kaffeetrinken mit Oma und Opa von gegenüber sitzt Michael neben dem Opa. Das klappt nicht so gut, da er zu viel erklärt bekommt. Das verkraftet der kleine Kerl noch nicht. Eine beruhigende Hand ist bei ihm noch wichtiger als viele Worte.

13. Mai 1984
Ein turbulenter Tag. Bestimmt nicht ideal für die Kinder, aber sie überstehen ihn vorbildlich. Frank holt sie allein ab, damit ich das Mittagessen vorbereiten kann. Bei ihrer Ankunft sind drei Nachbarskinder da,

Lars, Rolf und Katrin. Sie haben ein altes kleines Fahrrad und einen Roller dabei. Michael und Peter sind sehr schüchtern und verkriechen sich hinter meinem Rock. Peter taut langsam auf, als alle zusammen Frank im Keller helfen, das Fahrrad fahrbereit zu machen. Frank und Lars helfen Peter bei seinen ersten Fahrversuchen. Nach einer Viertelstunde schafft er schon einige Meter allein. Dann will er sich nicht mehr helfen lassen und nimmt tapfer Stürze und blutige Knie in Kauf.
Heute verziehe ich mich nach dem Essen für eine halbe Stunde, um zu schlafen. Davon ist Michael allerdings nicht begeistert. Im Garten von Oma und Opa treffen sie zusammen mit Frank nicht weniger als acht ihnen schon bekannte, aber auch unbekannte Verwandte. Zu uns zum Kaffeetrinken kommen später meine Eltern und die »neue« 16jährige Kusine Bärbel und der 13jährige Vetter Mathias. Michael erkennt den Opa sofort wieder und umarmt ihn stürmisch. Peter ist zurückhaltender. Sie schließen aber schnell Freundschaft mit Mathias, der es sogar schafft, daß Michael von dem Traubenkuchen probiert. Anschließend beschäftigen sich die Vettern und die Kusine allein miteinander. Wir genießen zum erstenmal einen Moment, entlastete Eltern zu sein.
Heute abend fällt uns der Abschied so schwer wie noch nie. Warum müssen die Kinder wieder fort? Michael weint herzzerreißend an der Heimtür. Wir laufen ganz schnell weg, um den Schmerz nicht zu verlängern.

14. Mai 1984
Frank telefoniert lange mit Frau Junghans. Ich habe ihn darum gebeten, da ich kein Vertrauen mehr zu ihr habe. Darum kann ich ihr nicht mehr – wie sie es immer wünscht – meine persönlichen Gefühle mitteilen. Leider kommt sie wieder auf das leidige Thema. Frank, der sonst im Gegensatz zu mir sehr überlegt redet und handelt, regt sich diesmal furchtbar auf. Auch ihm fällt es schwer, seine Gefühle mitzuteilen. Man kann zwar von den Erlebnissen mit den Kindern berichten, aber was für eine Berechtigung hat Frau Junghans, uns nach unseren Gefühlen zu fragen? Berichten wir etwas, teilt sie uns sofort mit, daß die Bindungen und Erlebnisse von uns falsch gesehen würden. Wir hätten einfach keine Erfahrung mit Adoptionen und sollten uns nur auf sie verlassen. Frank ist anscheinend sehr aggressiv geworden. Zum Schluß hat er wohl klein beigegeben. Auf jeden Fall machen wir mit ihr die unangenehmsten Erfahrungen. Welchen Sinn hatten die langen Gespräche mit Frau Kleine und Frau Kühne, wenn wir es nun mit jemandem zu tun haben, der uns nicht kennt und somit auch kein Vertrauen zu uns haben kann?

15. Mai 1984

Heute bin ich schon gegen halb neun im Heim. Frau Rathke, die Heimleiterin, bittet mich gleich um ein Gespräch. Sie möchte keinen Ärger. Frau Junghans habe schon heute morgen bei ihr angerufen und ihr ihre Sorgen mitgeteilt. Was ich nun höre, macht mir das Verhalten von Frau Junghans verständlicher. Die Kinder – also auch wir – hätten leider mit dem zuständigen Adoptionsrichter einen nicht »sehr entscheidungsfreudigen Mann« bekommen. Damit uns der Vormund vor ihm gut vertreten könne, wäre es besser, wenn wir die Regelbesuchszeit von vier Wochen einhalten würden. Warum konnte Frau Junghans uns das nicht selbst sagen? Die Wahrheit wäre einfacher und verständlicher gewesen.

Frank erwartet uns zu Hause. Er ist dabei, die neuen Doppelbetten aufzubauen. Zusammen mit den Kindern klappt die Arbeit aber nicht. Da wir heute kein Programm haben, hängen wir ein bißchen herum. Die Kinder mögen das, wir kommen uns leer vor. Peter übt wieder Fahrradfahren, Michael spielt im Auto Autofahren, sein Lieblingsspiel. Da wir aber immer dabeisein müssen – allein beschäftigen sie sich keine zwei Minuten –, ist das etwas mühsam. Wir hoffen, daß sie mit dem Verpakkungsmaterial von den Möbeln spielen können, aber nach zehn Minuten haben sie das Interesse daran verloren. Wir alle können uns wohl nur sehr schwer auf etwas konzentrieren.

Zum Mittagessen gibt es wieder Spaghetti mit richtig roter Tomatensoße, da ich festgestellt habe, daß Michael meine – durch Pilze – schwarzen Soßen nicht mag. Er sagt sofort, als ich ihm etwas auf den Teller tue: »Kein Aa!« Des Rätsels Lösung: Alles dunkel Schwarzbraune assoziiert er mit Aa.

16. Mai 1984

Heute besuche ich die Kinder nur kurz im Heim. Peter darf sein Fahrrad vorführen, das ich im Kofferraum mitgebracht habe. Er wird von allen gebührend bewundert. Als ein Griff vom Fahrrad abfällt, sagt Michael sofort »Aa«, sein Lieblingswort.

17. Mai 1984

Michael hat sich bei Rosi, seiner Lieblingserzieherin, beschwert, daß ich sie gestern nicht mit nach Hause genommen habe. Für ihn wird der Abschied von uns immer schwerer. Heute hole ich sie von 13–19 Uhr. Viel zu spät kommen wir zurück. Michael will sich nicht ausziehen lassen, da er zu müde ist und den Abschied fürchtet. Als er sich an mich klammert, werde ich ärgerlich, da er mein Mitleid herausfordert, und übergebe ihn lieber einer Erzieherin. Morgen abend müssen wir früher zurück sein, damit die ›Sesamstraße‹ den Abschied leichter macht.

18. Mai 1984

Die Adoptionsbehörde schreibt uns: »Wir teilen Ihnen mit, daß die Adoptionsprüfungen abgeschlossen sind und Sie für die Aufnahme eines Adoptivkindes grundsätzlich als geeignet angesehen werden.«

Ein neues Zuhause

19. Mai 1984

Heute bringen die Kinder zum ersten Mal Spielsachen aus dem Heim mit, die sofort in die neuen Kinderzimmerschränke eingeräumt werden. Der Umzug hat begonnen. Mein und dein spielt eine große Rolle. Jedes Auto, jedes Buch, alle Spiele werden getrennt in die Schränke sortiert. Jeder hat für sich zwei Schränke, den mittleren müssen sie sich teilen. Ich hoffe, sie werden bald den Vorteil von Gemeinsamkeiten feststellen.

Beim Erobern ihres neuen Etagenbettes stelle ich fest, wie gering ihr soziales Verhalten ausgeprägt ist. Sie erobern nicht mit-, sondern gegeneinander ihre Schlafstätte. Dabei krabbeln beide rücksichtslos übereinander. Ob sie dabei auf Bein, Arm oder Bauch des anderen treten, scheint keine Rolle zu spielen. Natürlich gibt es Gezeter.

Ich erinnere mich dabei an die Situation am ersten Tag auf der Rutsche. Die Rivalitätskämpfe wurden alle von einer Erzieherin gelenkt. »Nein, jetzt ist Meike aber dran. Paßt auf den kleinen Uwe auf. Danach kommt erst Michael. Vorsicht, da liegt einer unten!« Die Erfahrung, durch die der Mensch soziales Verhalten lernt, wird den Kindern so abgenommen, da Konflikte von anderen gelöst werden. Also, was soll ich nun machen? Gar nichts? Wäre wahrscheinlich das beste. Ich entscheide mich aber anders: »Michael, frag Peter doch mal, ob er dich durchläßt!« Er tut es, und es klappt. Ein kleiner erster Erfolg auf dem Weg, die persönliche Freiheit des anderen zu respektieren.

20. Mai 1984

Am Vormittag machen wir eine kleine Radtour. Peter fällt diesmal nicht mehr hin, da Frank auf ihn achtet. Michael sucht immer nur Bagger. Zum Glück sichten wir sechs verschiedene Exemplare.

Auf der Rückfahrt ins Heim bekommt Peter, weil er hungrig ist, ein Butterbrot auf die Hand. Michael wollte zunächst keines. Als ihm im Auto der Brotduft in die Nase steigt, fordert er: »Ich will auch ein Brot.« Woher nehmen...? So mache ich den Vorschlag: »Michael, frag doch Peter, ob er dich abbeißen läßt!« Er fragt: »Peter, darf ich auch mal abbeißen?« So einen langen Satz haben wir von ihm bisher noch nicht gehört. Dieser Bitte kann sich Peter nicht entziehen. Und so essen sie beide ganz friedlich ein Butterbrot, während sie sonst dauernd sagen: »Das ist meins.«

Bisher leben sie nicht miteinander, sondern nebeneinander, wenn nicht sogar gegeneinander. Sie sprechen auch so gut wie überhaupt nicht miteinander, außer wenn sie sich um etwas zanken. So ist das gemeinsame Butterbrot ein kleiner Fortschritt.

21. Mai 1984

Frau Junghans von der Adoptionsbehörde ruft an. Nach vielem Hin und Her soll das Abschlußgespräch endgültig am Freitag vormittag stattfinden. Ich nehme noch einmal die Gelegenheit wahr, um ihr etwas von unseren gemeinsamen Unternehmungen zu erzählen. Auch das Heim lobe ich gebührend. Viel haben die Kinder – und somit auch wir – der Atmosphäre des Heims, den Erzieherinnen und der reizenden Heimleiterin zu verdanken. Wir waren immer willkommen, und sie hatten immer ein offenes Ohr für uns. Heute bremst Frau Junghans mich nicht, sie scheint mir zu glauben. Allerdings betont sie bestimmt fünfmal, wie gut es doch sei, daß die Kinder diese Erlebnisse im Heim erzählen und damit besser verarbeiten könnten.

22. Mai 1984

Am Nachmittag hole ich die Kinder allein ab, da Frank auswärts zu einem Lehrgang ist. In den letzten Tagen habe ich von Dreikurs/Stolz das Buch ›Kinder fordern uns heraus‹ gelesen. Ich fand meinen Erziehungsgrundsatz Freiheit und Gleichheit hier wieder. Ich fühle mich in meinen neuen und alten Einsichten bestätigt und glaube, alles richtig machen zu können. Was für ein Irrtum! Wie viele Fehler mache ich an diesem Nachmittag.

Ich bin unruhig und ungeduldig, weil ich an die folgenden Tage denke. Der Termin zur Übersiedlung der Kinder ist lange überfällig. Außerdem habe ich Angst vor dem Abschlußgespräch. Ich will keine offene Aussprache, ganz gegen meine Gewohnheit. Sie würde viel zuviel Ärger bringen, für den ich jetzt keine Kraft habe.

Draußen im Garten schneiden wir gemeinsam verblühte Blumen ab. Dabei fallen auch Knospen. Ich zeige nicht nur Trauer, sondern verstärke sie zu Vorwürfen. Erster Fehler. Im Haus werden die Legosteine ausgepackt und beide spielen. Ich spiele zunächst mit, dann setze ich mich strickend neben die Kinder. Peter baut einen Bauernhof. Michael sucht sich alle Tiere heraus. Schon geht das Geschrei los: »Der nimmt mir meine Hühner weg, die brauche ich zum Hof.« Peter sitzt verzweifelt und weinend da. Er rührt sich nicht. Ich soll helfen. So ist er es gewohnt. Da ich aber gerade gelernt habe, mich nicht in einen Streit verwickeln zu lassen, sage ich nur: »Das müßt ihr unter euch ausmachen. Ich gehe jetzt in die Küche. Wenn ihr euch geeinigt habt, komme ich wieder.« Peter sitzt immer noch tatenlos und weinend da. So mache ich den überflüssigen Vorschlag: »Nimm dir die Hühner doch wieder.« Nächster Fehler. Ich lasse mich also doch in den Streit verwickeln. Darauf verlasse ich das Kinderzimmer. Natürlich kommt Michael mir brüllend in die Küche nachgerannt. Peter hat wohl meinen Rat befolgt. Ich nehme aber Michael nicht wie gewünscht auf den Arm, um ihn zu trösten. Er soll doch jetzt nicht noch »belohnt« werden. Mit dem Spielen ist es vorbei, und so machen wir eine kleine Fahrradtour um den Block.

Wieder zu Hause, entdeckt Michael meine Schreibmaschine. Natürlich will Peter auch gleich tippen. Mein Vorschlag, nacheinander zu schreiben, bleibt unbeachtet. Als mir das gemeinsame Hämmern zu heftig wird, schlage ich vor, daß zum Schluß jeder seinen Namen schreibt. Schon bevor Peter das P gefunden hat, hat Michael wieder kräftig in die Tasten gegriffen. Da Michael trotz meiner Bitten nicht wartet, bis Peter fertig ist, ergreife ich ihn kurzerhand und trage ihn ins Kinderzimmer mit der Bemerkung: »Wenn Peter seinen Namen geschrieben hat, kannst du kommen und deinen schreiben.« Das ist nun wirklich zuviel für ihn. Er brüllt herzzerreißend. Im Prinzip habe ich wohl richtig reagiert, aber für diese verunsicherten Kinder verlange ich sicher zuviel. Ich versuche ihn, nachdem Peter fertig ist, durch gutes Zureden wieder an die Maschine zu bekommen. Unter Schluchzen schreibt er mit meiner Hilfe seinen Namen.

Mit dem Auto im Heim angekommen, versucht Peter die Kindersicherung an seiner Tür zu entriegeln. Dabei verstellt er das Türschloß so, daß die Tür nicht mehr zu schließen ist. Ich brauche lange, bis das Schloß wieder in Ordnung ist. Und wieder werde ich ungeduldig. »Peter, du mußt auch nicht überall mit deinen Fingern herumfummeln.« Schon der Vorgang selbst hatte ihn so erschrocken, daß die Vorwürfe völlig überflüssig waren. Wieder ein Fehler von mir. Kann ich mein Verhalten wirklich mit der mich so belastenden Besuchssituation entschuldigen, oder fehlt mir Frank heute nachmittag? Da die Kinder nichts ohne mich machen, mich aber auch nichts ohne sie machen lassen, bin ich dauernd gefordert. Ob Schreib-, Wasch- oder Geschirrspülmaschine, alles müssen sie kennenlernen und untersuchen, alles wollen sie bedienen und gebrauchen wie wir. Wir möchten sie nur ungern in ihrem Eroberungsdrang bremsen, nicht dauernd sagen, das ist meine Schreibmaschine, das ist mein Photoapparat, den darfst du nicht haben. Das scheint uns nicht besonders förderlich für den Gemeinschaftssinn zu sein, den wir zu entwickeln versuchen.

Heute mußte ich aber feststellen, wie schwer es ist, in schwierigen Situationen meinen eigenen Überzeugungen treu zu bleiben. Wenn die Kraft nicht reicht, reagiere ich tatsächlich nach erlernten Mustern meiner Kindheit und Jugend.

24. Mai 1984
Ein wunderschöner Nachmittag! Die Kinder kommen mir schon strahlend entgegengelaufen. Mein schlechtes Gewissen wegen vorgestern wird etwas beruhigt. Wir haben uns entschieden, daß ich auch heute mit den Kindern allein bleibe und Frank lieber in der nächsten Woche, wenn die Kinder zu uns übergesiedelt sind, ein paar Tage zu Hause bleibt.
Ich wage es heute, mit beiden Einkäufe zu machen. Zunächst kaufen wir eine große Plastikbadewanne für das Duschbad der Kinder. Was für ein Abenteuer. Schon auf dem ihnen unbekannten Weg zu den Geschäften gibt es dauernd etwas zu entdecken. Jetzt erst wird mir deutlich, wie verlockend alle Waren aufgebaut sind. Die beiden sind noch ganz empfänglich dafür. Riesige Bonbonstände locken sie an. Ich erkläre ihnen ruhig, daß wir heute für sie eine Wanne, Bestecke und für die anderen Kinder im Heim kleine Abschiedsgeschenke kaufen wollen, aber keine Süßigkeiten. So werden für die Kinder aus ihrer Gruppe – es sind im Moment vier – Super-Schlümpfe gekauft, für alle anderen Luftballons. Peter will sofort auch einen haben. Ich erkläre ihm jedoch, daß wir erst einmal an die Kinder denken wollen, die im Heim bleiben. Er dürfe mit Michael die kleinen Geschenke austeilen, und wenn Ballons übrigbleiben, dürften sie sie haben. Peter nimmt meine Erklärung ernst und ohne Protest auf.
Vor dem Einkaufsviertel steht eine aufgeblasene Kunststoffburg. Ängstlich und zugleich von den vielen hüpfenden Kindern gefesselt bleiben wir stehen. Dann wird die Verlockung zu groß und Peter wagt als erster mutig mitzumachen. Michael folgt ihm, bleibt aber nur am Rand, da er zu leicht ist und deshalb zu wackelig auf den Beinen steht. Nach 20 Minuten ist Peter naßgeschwitzt. Dennoch kann ich sie nur schwer überreden, aufzuhören. Ich verspreche ihnen, am Samstag noch einmal mit ihnen und dem Papa hierherzugehen.
Zu Hause angekommen fragt Michael sofort: »Kommt Opa?« Vorgestern nachmittag war er unerwartet aufgetaucht. Und tatsächlich kommt er, diesmal mit der Oma. Sie bringen die neuen Matratzen. Nun ist das Kinderzimmer komplett. Während wir die Matratzen in die Betten wuchten und sie beziehen, baden die Kinder in ihrer neuen Badewanne. Darauf klettern beide in ihre Betten unter die neuen Decken. Peter verlangt sofort nach einem Bilderbuch. Bevor wir wieder ins Heim fahren, kriechen sie schnell noch einmal unter die Decke zum Kuscheln. »Ach, jetzt möchte ich hier liegenbleiben«, meint Michael. Ich beruhige ihn, denn nun soll es ja nur noch einen Tag dauern, bis sie für immer zu uns kommen. »Ja, aber am Dienstag müssen wir noch einmal von der Ärztin im Heim untersucht werden. Wir müssen aber bestimmt nicht da bleiben, sondern dürfen wieder mit zu euch«, erwähnt er nun schon zum drittenmal an diesem Nachmittag. Dann setzt er sich auf meinen Schoß und

macht mir ein liebes Kompliment: »Ich möchte dich immer ansehen, Mama.« Als ich ihm lachend sage, daß er mich bald so viel sehen würde, daß er es vielleicht gar nicht mehr möchte, beteuert er: »Ich möchte dich mein Leben lang ansehen.«
Auf der Fahrt ins Heim holen wir den Papa von der Arbeit ab, damit die Kinder ihn wenigstens einmal in dieser Woche gesehen haben. Sie kennen den Weg zu Franks Firma schon recht gut, und Michael erkennt das Gebäude schon von weitem. Die Begrüßung ist überschwenglich. Beim Baden lassen ihn beide nicht los. Besonders Peter umarmt und küßt ihn dauernd.
Frau Rathke, die Heimleiterin, hat mit Herrn Kramp, dem Vormund, gesprochen, der aus dem Urlaub zurück ist. Er habe auch gefragt, ob man uns informiert habe, daß die Adoption schwierig würde. Bisher haben wir nur von einem schwierigen Richter gehört. Jetzt erfahren wir, daß mit der Adoption nicht nach Ablauf des sonst üblichen Jahres zu rechnen ist. Als wir fragen, was wir dabei tun können, meint Frau Rathke: »Zu den Kindern halten.« Wir sagen ihr, daß wir nie an etwas anderes gedacht haben. Nach dem ersten Besuch im Heim haben wir uns für die Kinder entschlossen. Mit diesem Ja waren die beiden für uns geboren, und auch leibliche Kinder kann man nicht zurückgeben, wenn es schwierig wird. Wir werden zusammenhalten.

25. Mai 1984
Gespräch in der Adoptionsbehörde mit Frau Junghans, Frau Binder, der Psychologin und Herrn Kramp, dem Vormund. Er begrüßt uns besonders herzlich. Die Heimleiterin hat ihm schon von uns erzählt und ihn positiv beeinflußt.
Wir erzählen, daß nach unserer Meinung und auch der des Heimes die Anbahnung ungewöhnlich gut und schnell abgelaufen sei, und berichten verschiedene Einzelheiten. Besonders in den letzten zehn Tagen sei die abendliche Trennung Kindern und Eltern sehr schwer gefallen. Auf die Unstimmigkeiten mit Frau Junghans gehen wir nicht ein. Auch sie erwähnt sie mit keinem Wort, so wie sie überhaupt sehr verschlossen ist und nicht einmal bei der Begrüßung ein freundliches Gesicht macht. Frank schaut sie während des ganzen Gesprächs nicht an. Ich habe direkt Mitleid mit ihr, so einen verschreckten Eindruck macht sie. Wenn sie aber etwas sagt, vergreift sie sich im Ton. Herr Kramp, der die rechtliche Seite erklärt, weist zweimal Einwürfe von Frau Junghans sehr lokker zurück: »Ihr Ton macht die Sache schärfer als notwendig.« Bewundernswert seine Fähigkeit, nicht beleidigend auf Mißtöne zu reagieren.
Die rechtliche Lage sei leider schwierig, da die leiblichen Eltern einer Adoption nicht zustimmen würden und um die Kinder kämpften. Wir

müßten davon ausgehen, daß es mit dem Abschluß der Adoption noch eineinhalb bis zwei Jahre dauern könne. Frank denkt noch weiter. »Was wird aber, wenn die Ersetzung[4] nicht erfolgt?« Das Schlimmste wäre statt einer Adoption ein Pflegestelle. Herr Kramp will darüber nicht spekulieren. Er könnte seinen Beruf nicht mehr ausüben, wenn so gegen die Kinder entschieden würde.

26. Mai 1984

Wir kommen im Heim an, um die Kinder für immer zu uns zu holen. Sie stehen schon mit strahlenden Gesichtern hinter der Tür und sind mindestens so aufgeregt wie wir. Für die Erzieherinnen und die Heimleiterin haben wir Blumensträuße gekauft, die von den Kindern überreicht werden. Für die Kinder der Gruppe gibt es die kleinen gemeinsam ausgesuchten Geschenke. Aber auch Michael und Peter bekommen von den Erzieherinnen kleine Spielsachen geschenkt. Außerdem hat jedes Kind einen Waschkorb voll mit Kleidungsstücken und Spielsachen. Was aber noch wichtiger ist, zwei Erzieherinnen haben ihnen Fotoalben mit Bildern aus der Heimzeit gemacht, für die wir ihnen sehr dankbar sind. Außerdem erhalten wir einen Umschlag mit den notwendigen Papieren. So ziehen wir los. Im Auto erklären wir den Kindern, daß sie nun Peter und Michael Wolters heißen. Sie sollen unseren Namen jetzt schon gebrauchen, um sich an ihn zu gewöhnen und damit das Inkognito gewahrt bleibt. Urkundlich behalten sie selbstverständlich ihren Geburtsnamen bis zum Abschluß der Adoption.

Wir entschließen uns, diesen Tag allein ohne Verwandtschaft zu verbringen, da es unser gemeinsamer Familiengeburtstag ist. Zunächst fahren wir auf Wunsch der Kinder zur Gummi-Burg ins Einkaufszentrum. Peter tobt wieder vor Begeisterung. Michael ist ängstlicher. Am Nachmittag machen wir eine zweistündige Fahrradtour mit Pause auf einem Spielplatz und gehen Eisessen. Zu Hause falten wir gemeinsam unsere »Geburtsanzeige«, kleben unser erstes Familienfoto ein, stecken die Anzeigen in Briefumschläge und bringen die Briefe zur Post. So sieht die Anzeige aus:

Wir sind eine Familie: 26. Mai 1984

Peter, 6 Jahre alt, und
Michael, 3 Jahre alt,

hatten keinen Papa und keine Mama.
Frank und Franziska hatten keine Kinder.
Nun sind wir eine glückliche Familie.

Frank bringt abends die Kinder ins Bett. Das wird wohl auch in Zukunft seine Aufgabe sein, da er so nach der Arbeit noch einmal eineinhalb Stunden gemeinsam mit den Kindern verbringen kann. Stolz legen sich beide in die neuen Betten. Es ist 19.30 Uhr, wie lange wird es dauern, bis sie schlafen? Einige Male müssen wir hingehen, rufen, dann ist Ruhe, 19.50 Uhr.

Erste Erfahrungen

Schwierige Situationen

Juni 1984
Die Fähigkeit, sich zu zanken, ist bei beiden Kindern vorbildlich entwikkelt. Sie entspringt wohl einer starken Eifersucht zwischen den beiden, die besonders bei Peter stark ausgeprägt ist. Obwohl ich versuche, mit beiden gleich häufig zu schmusen, gelingt mir das nicht. Michael will immer auf den Arm oder auf dem Schoß sitzen, an der Hand gehen, oder er sitzt beim Essen und im Fahrradkorb bei mir. So ist die Eifersucht durchaus verständlich, aber dadurch wird jedes gemeinsame Spielen erschwert.
Michael nimmt Peter ein Auto weg. Sofort schlägt Peter heftig um sich. Schon ein Fortschritt, da er zunächst ja nur weinend dasaß. Darauf rennt Michael brüllend und Trost suchend zu mir. Da ich mich aber aus dem Streit heraushalten will[5], bleibt die Trostspende aus. Aber noch kennen die Kinder keine Möglichkeiten der Konfliktlösung. So versuche ich es, wie schon erprobt, mit Handlungsvorschlägen, beziehe aber keine Stellung.
Ab und zu versucht Peter schon, durch Sprechen mit Michael Konflikte zu lösen. Dieser ist jedoch noch weit entfernt davon, zuhören zu können. Bei Auseinandersetzungen heult er und kommt zu mir gerannt. Es ist dann ganz schwer, ihn nicht zu trösten. Er muß es aber lernen, sich für sich selbst verantwortlich zu fühlen. Nur wenn er jetzt seine kleinen Probleme, die für ihn natürlich groß sind, zu lösen lernt, ist er fähig, in seinem späteren Leben damit umgehen zu können.
Als ich mich für eine Stunde Mittagsschlaf zurückgezogen habe, den mir beide, wenn auch knurrend, genehmigen, höre ich Michael weinen. Leise geht meine Schlafzimmertür auf, und er kommt herein. Er möchte schlafen. Kein Heulen mehr. Ich rutsche zur Seite und nehme ihn in den Arm, sage allerdings nichts und stelle mich schlafend. Er streichelt mich und sagt immer wieder: »Meine Mama allein.« Bald ist er tatsächlich eingeschlafen. Nach einer Stunde wecke ich ihn vorsichtig. Er ist noch nicht ausgeschlafen und quengelt. Peter und ich nehmen eine weitere halbe Stunde sein Weinen und Nörgeln hin. Ich weiß, wie unangenehm es ist, geweckt zu werden, da ich selbst viel Schlaf brauche. Immer wieder nehme ich ihn auf den Arm. Da wir aber Plätzchen backen wollen,

wird das auf die Dauer lästig. Michael steht heulend neben Peter in der Küche und nimmt ihm alles weg, was dieser gerade braucht. So sage ich: »Michael, wenn du mit dem Heulen nicht aufhören kannst, mußt du in dein Zimmer gehen, denn wir wollen Plätzchen backen.« Er reagiert, wie zu erwarten war, mit noch lauterem Heulen. So nehme ich ihn etwas unsanfter als nötig am Arm und bringe ihn in sein Zimmer. »Wenn du nicht mehr weinen mußt, kannst du wiederkommen.« Es vergehen keine zwei Minuten, da erscheint er wieder in der Küche, tränenverschmiert, aber wie verwandelt. Ich trockne ihm die Tränen und gebe ihm sofort eine Aufgabe, die er lachend übernimmt. Nun bin ich auch wieder seine »Mama allein« und werde fest gedrückt.
Wie alle Kinder finden die beiden am Abend tausend Gründe und Fragen, um uns noch länger an ihr Bett zu fesseln. Es wird nach dem Gutenachtkuß geredet, gelacht, gerufen. Die ersten beiden Abende gehen wir noch ein-, zweimal hin. Dann rufen wir nur, wenn es im Kinderzimmer zu laut wird: »Ruhe, es wird jetzt geschlafen.« Natürlich dürfen sie noch leise miteinander sprechen. Wir sind ja froh, wenn sie das lernen. Und nach acht Tagen schlafen sie ohne Schwierigkeiten ein.
Es gibt aber nicht nur schwierige Erziehungssituationen. Den überwiegenden Teil des Tages sind die Kinder bei allen Tätigkeiten mit Begeisterung dabei, sei es Einkaufen, Essen kochen, die Waschmaschine füllen, Gartenarbeit machen und vieles mehr. Für sie ist alles neu, und es ist eine Freude zu sehen, wie begierig sie alles aufnehmen. Anstrengend sind Peters unzählige Fragen, die berechtigt sind, da ihm wirklich so viele Tätigkeiten und Gegenstände in einem normalen Haus fremd sind. Bis sie alle meine Haarnadeln und Kämmchen in der Hand und natürlich im eigenen Haar hatten, sind Tage vergangen. Jeder Topf, jedes Haushaltsgerät muß mehrere Male untersucht und erprobt werden. Ich muß eine Engelsgeduld aufbringen, dauernd vermitteln, da immer beide gleichzeitig aktiv sind. Wie schön wird es sein, wenn unser Alltag auch ihr Alltag geworden sein wird.

Rundbrief an Freunde und Familie

18. Juni 1984
Nach drei Wochen Elternschaft finde ich endlich die Kraft, einen ersten Entwicklungsbericht und damit ein Dankeschön für die von euch so vielfältig gezeigte Anteilnahme zu verfassen. Warum ich abends zum Schreiben keine Kraft fand, wird der folgende Brief zeigen.
Alle Verhaltensstörungen, vor denen wir in den Vorgesprächen und in der entsprechenden Literatur gewarnt wurden, trafen bisher nicht ein.

Keiner drehte durch. Dennoch waren es anstrengende drei Wochen, seitdem die Kinder bei uns zu Hause sind. Das Anstrengendste für mich war und ist, nicht zu wissen, ob wir den richtigen Weg mit unserer Erziehung eingeschlagen haben. Ich war so unsicher, daß ich es nicht einmal schaffte, das bisher sorgfältig geführte Adoptionstagebuch fortzusetzen.

Der Rat der Sozialarbeiterin, die uns betreut, war: viel Liebe, viel Nachgeben. Jeder, der mit Kindern zu tun hat, weiß, daß man die Tage nicht mit Schmusen, Küssen und reiner Bedürfnisbefriedigung zubringen kann. Zudem sind wir der Meinung, daß die zu hohe Bedürfnisbefriedigung eine Krankheit unserer Zeit ist, wenn auch auf materiellem Gebiet. Bei Kindern wird das beim Essensverhalten sehr deutlich. Unsere beiden hatten es sehr schwer, da sie sich grundsätzlich umgewöhnen mußten. Es gibt keinen Zucker in unserem Haushalt, auch keine gekauften süßen Sachen. Alles wird selbst gemacht. Zum Glück für die Kinder erhalten sie von anderen genügend Süßigkeiten (ich bitte an dieser Stelle darum, den Nachschub einzustellen). Im Heim waren sie jeden Morgen mit einer Tüte Bonbons beglückt worden. Auch die Mahlzeiten sehen anders aus. Morgens Müsli, mittags viel Salat, Gemüse, wenig bzw. selten Fleisch. So hieß es natürlich zunächst ständig, das mag ich nicht. Schnell hatten wir heraus, was sie wirklich nicht mögen, so daß die Auswahl auf dem Tisch immer groß ist. So braucht Essen kein Thema zu sein. Wer gar nichts mag, muß mit Hunger aufstehen; die nächste Mahlzeit wird dann um so besser schmecken. Hart? Wir wollen uns einfach keine Nörgler heranziehen, die sich und die Erwachsenen mit jedem Bissen tyrannisieren, wo doch unsere Tische so reich und köstlich gedeckt sind.

Aber nicht nur neues Essen, überhaupt eine neue Welt müssen die beiden sich erobern. Im Heim war alles für Kinder eingerichtet. Sie kannten also nur Kindermöbel und Spielzeug. Alles war für sie da, auch die Erzieherinnen. Jetzt sind sie von unzähligen Dingen umgeben, die nicht nur zum Spielen und Kaputtmachen da sind, sondern mit denen es auch gefährlich ist zu hantieren. Spitze Gegenstände, elektrische Maschinen und unsere Musikinstrumente sind für die beiden tabu. Das ist nicht leicht einzusehen und erforderte manchen Kampf. Vielleicht wäre es pädagogisch konsequenter, den Kindern zu zeigen, daß man auf ihrer Seite ist, indem man sie zunächst alles kaputtmachen ließe und Verletzungen in Kauf nähme, bis sie aus eigener Erfahrung davon abließen. Dafür habe ich aber nicht die Nerven. Bei Kleinigkeiten ist das erlaubt, so gibt es in der Küche kein Plastikgefäß mehr, daß nicht schon mal hingefallen wäre.

Auch das Verhältnis zu uns ist natürlich von völlig anderer Qualität, als es

das Verhältnis zu den Erzieherinnen war. Die Kinder müssen sich bei vielen Erwachsenentätigkeiten auf uns einstellen, z. B. beim Einkaufen, bei der Gartenarbeit, beim Kochen und bei vielen anderen Vorgängen. Andererseits müssen Frank und ich lernen, uns auf die Kinder einzustellen. Wäre ich nicht in den letzten Monaten krank geschrieben gewesen, hätte ich mich niemals von meinem rasanten Schulalltagstempo an das umweglaufende Kindertempo anpassen können. Außerdem sind wir den Kindern selbstverständlich emotional mehr zugetan als die Erzieherinnen. Das weckt auch in ihnen viele Emotionen. So ist das Besitzstreben uns gegenüber stark ausgeprägt. »Meine Mama allein«, betont Michael immer wieder. Tagsüber lassen sie mich keine Minute allein. Frank kommt erst gegen 18 Uhr nach Hause und entlastet mich etwas. Keine Minute allein, auch nicht auf dem stillen Ort, beim Telefonieren oder beim Rühren im Kochtopf. Mal schnell in den Keller rennen und etwas hochholen geht nicht, da zwei große und vier kleine Beine nicht »mal schnell« rennen können.
In den vier Besuchswochen schafften die Kinder es auch nicht, mit Spielzeug zu spielen. Wir, unsere Tätigkeiten, das Haus und der Garten waren »Spielzeug« in Fülle. Während der ersten Wochen hier schafften sie es zu spielen, wenn ich mitspielte. Sobald ich allerdings zum Strickzeug griff, ließen sie ihre Sachen fallen und zählten die Maschen. Inzwischen darf ich stricken oder auch schon mal das Zimmer für eine Minute verlassen, aber nicht länger. So bin ich durch die beiden sehr gefesselt.
Ob Waschmaschinen-, Geschirrspül- oder Mixerknopf, immer helfen mir vier kleine Hände, die beide wiederum alles allein machen wollen. Michael erlaubt höchstens die Einschränkung wir beide. Um dieser atemlosen Hilfe dauernd gewachsen zu sein, habe ich mir vom ersten Tag an einen Mittagsschlaf von einer Stunde ausbedungen. Selbstverständlich dürfen sie auch schlafen. Nach zweimaligen Anläufen scheiterte dieses Experiment, und sie versuchten, mich nur noch mit Geschrei, heftigem Gezanke und Gebrüll am Schlaf zu hindern. Beide hatten allerdings mein unglaubliches Schlafbedürfnis, mein Durchhaltevermögen und mein Oropax unterschätzt. Seit einigen Tagen verabschieden sie mich jeden Mittag freundlich, ich helfe ihnen Spielzeug für die Zeit zu finden, und wenn der auf eine Stunde eingestellte Wecker abläuft, kommen sie mich strahlend wecken.

Ich hoffe, mit diesem Bericht deutlich gemacht zu haben, warum ich in den letzten drei Wochen nicht die Kraft fand, an anderes zu denken als an die Kinder, bzw. abends keine Kraft mehr hatte, von den mich bedrängenden Fragen zu berichten.

Die Brüder

Juli 1984

Wir haben unsere erste Reise gewagt. Sie war ein voller Erfolg. Durch die vielen neuen Erlebnisse waren die Kinder und dadurch wir alle ständig in Hochstimmung. Für die lange Fahrt zu meinem Bruder in den Schwarzwald hatten wir viele Spielsachen mitgenommen, aber die Kinder waren mit den Fahrterlebnissen so beschäftigt, daß sie fast gar nicht zum Spielen kamen. Ununterbrochen wurde geredet. Die unterschiedlichen Autos, Brücken, Landschaften, Häuser, alles mußte erklärt werden. Besonders Peter war unglaublich aufmerksam. Er nahm alles Neue begierig auf. Ständig wurde gefragt, geantwortet, erklärt, erzählt, gelacht und gesungen.

Besonders schön war unser erster Spaziergang im Schwarzwald. So hohe Berge haben die Kinder noch nie gesehen, geschweige denn erstiegen. Peter, dem guten Läufer und Radfahrer, taten die Beine beim Aufstieg weh. Michael schlief in der Karre fast ein. Sie waren beide von der Hinfahrt noch müde. Oben angekommen schwitzten wir alle ordentlich und zogen die Strickjacken aus. Sie kamen in die Karre, und Michael mußte zu Fuß gehen. Runter liefen beide um die Wette. Stolz rief Peter bei jedem Ziel Erster, und Michael genauso stolz Zweiter. Darauf fielen sie sich immer in die Arme und gaben sich Küßchen. Die Beziehung der beiden hat wunderbare Fortschritte gemacht. Daß es so schnell gehen könnte, haben wir nicht zu hoffen gewagt. Sie reden miteinander, spielen, lachen und toben zusammen.

Auch zu Hause leben sie nun nicht mehr nebeneinander her. Unser gemeinsames Leben und die Zeiten, in denen sie allein aufeinander angewiesen sind, haben sie zusammengeführt, mittags wenn ich schlafe, oder am Wochenende, wenn sie vor uns aufstehen. Auch das Zanken ist weniger geworden. Es ist komisch anzuhören, wie Peter versucht, von uns Gehörtes anzuwenden: Wenn du das nicht läßt, mußt du rausgehen, oder das Geheule mag ich überhaupt nicht hören.

Es hat sich auch bewährt, ihnen Lösungsmöglichkeiten bei Konflikten anzubieten. Auch die Methode, mich vom Streit zurückzuziehen bzw. die Kinder zu bitten, in ihr Zimmer zu gehen, wende ich weiterhin an, wenn sie sich in meiner Gegenwart zu heftig zanken oder schlagen. Sie brüllen dann einige Minuten heftig, kommen aber, als wenn nichts gewesen wäre, ruhig wieder und spielen vergnügt weiter.

Daß sie nicht immer miteinander auskommen können, ist kein Wunder, denn sie sind sehr verschieden. Peter wurde uns als ausgesprochen vernünftiges Kind beschrieben. Man kann auch gut mit ihm über viele Dinge reden, und er ist sehr wißbegierig. Sein Verhalten ist aber emotio-

nal gesteuert. Er verhält sich völlig ungehemmt und ist nur auf Bedürfnisbefriedigung bedacht. So wollte er beim Essen immer als erster von allem nehmen, bis wir eingeführt haben, daß jeden Tag ein anderer als erster nimmt. Auch seine überlaute Stimme, die schon viel ruhiger geworden ist, deutete darauf hin, daß er sich immer als Nummer eins durchzusetzen versuchte. Inzwischen fällt es ihm schon leichter, mit uns gleichberechtigt zusammenzuleben. Rücksichtnehmen ist aber noch sehr schwer. Besonders achtlos ist er allen Dingen gegenüber. Wenn Spielzeug auf dem Boden liegt, wird hemmungslos darauf getreten. Wenn der Eßtisch schon völlig bekleckert ist, Hände und Mund triefen, legt Peter bedenkenlos beide Arme in die Essensschmiere. Er faßt mit Honighänden ein Buch an und ist böse, wenn wir ihn bitten, erst die Hände zu waschen. Mein zu häufiges Ermahnen ist natürlich wirkungslos und nervend für Peter. Aber was soll ich tun? Wo liegen die Ursachen?
Michael ist im Moment unkompliziert, nachdem er in den ersten Wochen häufig trotzig war. Er hat schnell gelernt, daß man durch Brüllen nichts erreichen kann. So haben wir ihm z. B. seinen Willen gelassen, wenn er etwas nicht essen wollte. Er bekam aber auch nichts anderes. Oder wir ließen ihn allein, wenn er brüllend durchsetzen wollte, z. B. mit Messer, Schere oder Rasierapparat zu spielen.
Essen tut er für seine drei Jahre geradezu vorbildlich. Er sitzt gerade am Tisch, handhabt ohne zu klecksen Löffel und Schieber. Es ist lustig zu sehen, wie er seinen Mund nach jedem Happs, wie es Mütter bei kleinen Kindern tun, mit dem Löffel saubermacht. Natürlich kleckert er auch, aber er sieht seine Kleckse und macht sie selbst mit seinem Besteck weg.
Schwieriger sind für Michael und für uns die Nächte. In den ersten Wochen weckte er uns nächtlich einmal durch lautes Weinen. Frank und ich setzten uns abwechselnd zu ihm ans Bett, streichelten, küßten und nahmen ihn in den Arm. Nach einigen Minuten war er wieder ruhig eingeschlafen. Mit der Zeit weckte er uns häufiger durch sein Weinen. Bis zu viermal mußten wir uns an seinem Bett abwechseln. Eines Nachts hielt er mich schon eine ¾ Stunde fest, er schlief und schlief nicht ein. Ich war so durchgefroren, daß ich plötzlich spontan sagte: »Nun bin ich so kalt, daß ich schnell wieder ins Bett muß, sonst werde ich krank und kann morgen nicht aufstehen.« Stand auf und verließ das Zimmer. Er weinte in dieser Nacht nicht mehr. Auch in den folgenden Nächten weckte uns sein Weinen nur einmal. Leider nahm Michaels Unruhe aber in den folgenden Nächten wieder zu. Da er noch zu klein ist, um von seinen Träumen zu erzählen, konnte er wohl seine Angst nur so ausdrücken.
Da Peter mit dem Nachbarmädchen Katrin Freundschaft geschlossen hat, machten wir mit ihr aus, daß sie am Wochenende bei uns schlafen

dürfe. In der vorausgehenden Nacht weinte Michael aber wieder zweimal. Peter schläft so tief und fest, daß er durch das laute Heulen noch nie geweckt wurde. Damit konnten wir bei Katrin aber nicht unbedingt rechnen. Deshalb entschlossen wir uns, den Besuch erst einmal zu verschieben. Den Kindern erklärten wir das Problem und versprachen, daß Katrin den Besuch bei uns nachholen dürfe, sobald Michael nachts nicht mehr weine. Seitdem hat Michael erstaunlicherweise in den letzten drei Wochen jede Nacht durchgeschlafen. Am nächsten Wochenende soll nun Katrins Besuch stattfinden.

Das Beten

Juli 1984
Ein wichtiger Bestandteil unseres Lebens, wenn auch nur eine kurze Zeitspanne des Tages ausfüllend, ist das Beten. Bei unserem Abendgebet bedenken wir zunächst alle Dinge, die wir an diesem Tag erlebt haben. Dann danken wir für etwas besonders Schönes und schließen eine Bitte für den folgenden Tag an.
Ich fange an: »Lieber Gott, heute morgen haben wir mit Mama eingekauft und heute nachmittag so schön mit Katrin mit der Eisenbahn gespielt.« Hier schiebe ich die Frage ein: »Was war denn heute für euch besonders schön, wofür bedankt ihr euch?« Es folgt z.B.: »Besonders schön war heute, daß es aufgehört hat zu regnen und wir noch draußen spielen konnten.« Dann schließe ich mit der Frage: »Und was wünscht ihr euch für morgen, um was bittet ihr?« – »Bitte laß morgen die Sonne wieder scheinen.«
Die letzte Bitte kommt sehr häufig von Peter. Er war schnell so weit, allein zu beten, und hatte den Aufbau des Gebetes nach wenigen Tagen verstanden, ohne daß ich es ihm einmal erklärt hätte. Michael ergänzte meine Rekapitulation des Tages schon nach drei Wochen mit eigenen Beiträgen, die von Abend zu Abend länger werden. Ihm fällt immer noch etwas ein, was er getan hat. Dank und Bitte spricht er allerdings noch nicht von allein aus. Wenn ich danach frage, weiß er nur selten eine Antwort. Er hat ja schon alles, was ihm wichtig war, aufgezählt, und das ist nicht wenig. Die Bitte für morgen ist ihm noch völlig unverständlich. Er lebt noch zu sehr im Moment. Peter kann das hingegen schon, und es ist ihm sehr wichtig zu sagen, was heute schön war und was er sich für morgen wünscht.
In den letzten Tagen war Peter sehr unruhig, auch beim Beten. Er schlenkert mit Beinen und Armen und faltet die Hände nicht. Natürlich muß man beim Beten nicht die Hände falten, aber es hilft, sich zu kon-

zentrieren. Das fällt Peter im Moment schwer. Er betet nicht, sondern fängt an, mir unzusammenhängend bzw. herumalbernd vom Tag zu erzählen. Peter muß Zeit bekommen für sein Bedürfnis nach Gespräch, und wir müssen ihm helfen, die damit vielleicht verbundene Unruhe zu bewältigen.
Vor einigen Abenden habe ich den Kindern gezeigt, wie man das Kreuzzeichen macht, und versucht, es ihnen zu erklären. Die Erklärung verlief völlig im Sande. Beide sprechen das »Im Namen des Vaters...« wie eine magische Formel. Sie finden die Handbewegung ganz toll und wollen sie immer noch einmal machen. War eigentlich nicht meine Absicht. Welche hatte ich dabei?
Vor dem Mittagessen ist das Gebet sehr viel kürzer. Michael fängt meistens mit erhobener Stimme an: »Lieber Gott, heute...«, dann muß ich fortfahren. Allerdings schließe ich an das »heute« nur eine Bitte oder einen Dank an. Dabei fassen wir uns bei den Händen, und alle schließen mit »Guten Appetit«.

Die neuen Rollen

Juli 1984
Sieben Wochen sind die Kinder jetzt bei uns. Mir kommt es wie eine Ewigkeit vor. Der Tagesablauf mit den Kindern ist schon völlig zur Selbstverständlichkeit geworden. Frank und ich haben beide eine Phase durchgemacht, in der wir uns emotional ganz stark gegen die Einschränkung unserer persönlichen Freiheit durch die Kinder wehrten. Ich war sehr traurig darüber, als ich das feststellte. Aber das Erlernen einer neuen Rolle ist wohl mit heftigen Geburtswehen verbunden, auch wenn sie heiß ersehnt ist. Wenn mein Freiheitsdrang zu groß wurde, half ich mir, indem ich mich noch tiefer zu den Kindern »bückte«, um noch besser zu verstehen, wie sehr sie mich brauchen.
Bei Frank kam die Krise etwas später, da er seinen gewohnten Arbeitsrhythmus im Gegensatz zu mir beibehielt und damit auch einen gewissen Freiraum hatte. Ihm hatte eine gemeinsame Ferienwoche bei meinem Bruder und dessen Familie geholfen, die Kinder besser kennenzulernen und ihr Verhalten zu verstehen. Helfend hinzu kommt zur Zeit, daß er schon in der dritten Woche zu Hause ist, da er sich bei einem Unfall den rechten Daumen sehr kompliziert gebrochen hat, helfend für Frank, da er den Kindern so näher kommt, und helfend für mich, da Frank mir allein durch seine Anwesenheit hilft, indem er das Bindungsbedürfnis der Kinder etwas auf sich lenkt.
Dennoch fand ich bisher nicht die Zeit, mich wieder an das Tagebuch zu

machen, das mir dabei hilft, meine neue Rolle als Hausfrau und Mutter anzunehmen. Beim Eingewöhnen mache ich eine ähnliche Erfahrung, wie ich sie nach meinem Zweitstudium machte, als ich wieder in die Schule zurückging. Mir fiel der Übergang ins Schulleben so schwer, da meine Handlungen nicht mehr aus eigenem Antrieb gesteuert wurden, sondern von den Bedürfnissen und Notwendigkeiten der Schüler. Ich hatte das Gefühl, ständig nur reagieren zu müssen. Erst langsam lernte ich wieder, mich selbst einzubringen. Damals half mir die unterrichtsfreie Zeit, mich wieder auf mich zu besinnen und Kraft zu schöpfen. Und diese Zeit zum Kraftschöpfen fehlt mir jetzt als Mutter. Bei 13 Stunden im Dienst besteht die Gefahr, daß man sich selbst im Reagieren und Geben auflöst. Und dabei brauche ich noch meine ganze Kreativität, um die Erziehungsprobleme zu meistern.

Ich versuche zumindest, meinen Haushalt diszipliniert weiterzuführen, d.h. so diszipliniert wie noch nie. Morgens werden regelmäßig Betten gemacht, die nötigen Handgriffe im Badezimmer erledigt, Wäsche und Einkaufen. Dieser strenge Rhythmus hilft, das chaotische Verhalten der Kinder aufzufangen. Dennoch muß ich mit aller Kraft versuchen, mir in den nächsten Jahren wieder einen eigenen Bereich aufzubauen, denn was soll ich den Kindern sonst geben, wenn ich mich von ihnen langsam vereinnahmen lasse. Deutlich wurde mir dies durch mein Äußeres. Ich hatte das Gefühl zu verschlampen, Aufstehen, Waschen, irgendetwas anziehen, Pferdeschwanz. Dann Kinder und Küche. Ich kam mir plötzlich dreckig, häßlich und alt vor. Jetzt nehme ich mir wenigstens die Zeit, etwas Schönes zum Anziehen auszusuchen. Ich schminke mich und kämme mich in Ruhe, und das alles mit zwei Kindern an meiner Seite. Erstaunlicherweise steigt mein Lebensgefühl dadurch. Auf die Dauer zu wenig, aber ein Anfang.

Abhängigkeiten und Angst

4. Juni 1984
Heute besucht uns Frau Kleine, die Sozialarbeiterin, mit der wir auch die Vorgespräche geführt haben, zum ersten Mal in ihrer Funktion als Beraterin für die »junge Familie«. Ein ernüchterndes Erlebnis. Ich bitte meine Schwägerin Bärbel zu kommen und mit den Kindern zu spielen, da ich nicht in ihrer Anwesenheit über deren Entwicklung oder unser Verhältnis zueinander sprechen möchte. Diese Information ist aber notwendig, da Frau Kleine einen Bericht für das Gericht verfassen muß, der die entstehenden Familienbande dokumentieren soll. Als sie daher im Kinderzimmer Fragen in diese Richtung stellt, bitte ich sie, zu einer Tasse Tee mit ins Wohnzimmer zu kommen. Sie hält das nicht für notwendig: »Ach, erzählen Sie doch nur, wie die Kinder sich eingewöhnt haben.« Ich bleibe aber stur: »Wenn wir uns unterhalten wollen, sollten wir das nicht im Kinderzimmer tun!« Natürlich kommt zwischendurch Michael neugierig zu uns gelaufen, und Frau Kleine sagt, daß man diese Trennung von ihm noch nicht verlangen dürfte. Ich bestehe aber darauf.
Bei meinem Bericht über verschiedene Konfliktsituationen hat sie nur einen Rat: Liebe und Zuneigung, man müsse den Kindern gegenüber, wenn irgend möglich, nachgeben. Sie ist voller Mitleid mit den armen Heimkindern. Ich fürchte, von ihrer Seite können wir keine Hilfe erwarten. Sie glaubt wohl, einen Wutanfall mit Küssen wegscheuchen zu können. Zum Schluß bittet sie mich, beim nächsten Besuch in etwa vier Wochen keine Umstände zu machen und ihr keinen Tee mehr anzubieten. Sie scheint zu vergessen, daß wir keine Behörde, sondern ein Privathaus sind, und auch wenn sie beruflich hierherkommt, sie der Gast und wir die Gastgeber sind. Unerfreulich.

23. Juni 1984
In den letzten Tagen mußte ich viel Papierkram erledigen: Kinder bei der Krankenkasse anmelden, beim Einwohnermeldeamt eintragen lassen, Antrag auf Kindergeld stellen, Anträge für Kinderausweise an den Vormund zur Unterschrift schicken. Die Ausweise erhalten wir heute vom Vormund zurück. In dem beigefügten Schreiben wird uns mitgeteilt, daß das hiesige Amtsgericht den Antrag der Eltern auf Rückgabe des Besuchsrechts zurückgewiesen habe. Wir sind völlig überrascht, da

wir nicht wußten, daß es ein laufendes Verfahren gab. Franks Frage beim Vermittlungsgespräch, was denn für ein Haken an den Kindern sei, wurde demnach nicht wahrheitsgemäß beantwortet. Zu Recht mußten die Damen der Adoptionsbehörde fürchten, daß wir bei Kenntnis eines laufenden Verfahrens keinen Kontakt mit den Kindern aufgenommen hätten. In was für einer unbefriedigenden Situation befindet sich doch die Behörde, die häufig in so risikoreichen Rechtssituationen vermitteln muß. Ihr bleibt nichts anderes übrig, als die Wahrheit zu verschweigen oder zu beschönigen. Jetzt wird uns auch nachträglich klar, warum Frau Junghans die Übersiedlung der Kinder zu uns hinauszögerte. Sie hoffte wohl, das Besuchsrechtverfahren käme noch vorher zu einem Abschluß. Ihr aggressives Verhalten uns gegenüber war also auf die sie überfordernde Situation zurückzuführen. Auch sie war Opfer der unsicheren Adoptionsgesetzgebung. Zum Zeitpunkt der Vermittlung war die juristische Stellung der Kinder so unsicher, daß neu entstehende Bindungen eher mit Sorge als mit Freude betrachtet wurden.

19. Juli 1984
Frau Kleine ruft an. Sie will uns nächste Woche besuchen. Ich möge aber diesmal niemanden zum Aufpassen der Kinder dazubitten. Sie möchte sich einfach zu den spielenden Kindern setzen, und wir könnten dann etwas erzählen. Ich mache sie wieder darauf aufmerksam, daß ich im Beisein der Kinder nichts über deren Entwicklung berichten will. Es sei also ihr Problem, einen Bericht ohne dieses Wissen zu schreiben. Daraufhin schlägt sie ein weiteres Telefongespräch vor, um die notwendigen Informationen zu erhalten.

23. Juli 1984
Ich berichte Frau Kleine telefonisch über die Entwicklung der beiden. Michael weniger trotzig, Peter weniger eifersüchtig, sie spielen schon zusammen. Unsere wirklichen Schwierigkeiten mit Peter deute ich nur an. Aber diese Andeutung genügt schon, um gute Ratschläge auszulösen. Es ist doch merkwürdig, wie überflüssig, ja häufig kränkend gute Ratschläge sein können.
Abschließend erwähnt Frau Kleine noch beiläufig, daß die leiblichen Eltern der Kinder Berufung beim Oberlandesgericht eingelegt hätten, um die Rückgabe des Besuchsrechts zu erreichen. Wenn kein schwerwiegender Grund vorliege, würden üblicherweise dazu die Kinder gehört. Da Frau Kleine nichts Näheres weiß, versuchen Frank und ich vergeblich, den Vormund zu erreichen.

24. Juli 1984
Furchtbare Angst befällt mich bei der Vorstellung, die Kinder müßten vor einem fremden Richter etwas über ihre Vergangenheit sagen. Habe ich Angst um die Kinder, oder ist es meine Angst vor ihrer Vergangenheit? Ich weiß nur eins: Ich will nicht, daß die Kinder dieselbe Verunsicherung befällt, die die neue juristische Situation bei uns ausgelöst hat. Die Kinder brauchen, um »gesund« zu werden, Sicherheit und Geborgenheit. Geborgenheit versuchen wir ihnen zu geben, Sicherheit scheint nicht zu bestehen. Davon dürfen sie aber nichts erfahren. Wir wollen den Kindern gegenüber natürlich nicht unehrlich sein, aber für beide muß doch die Übersiedlung zu uns endgültigen Charakter haben. Vertrauen in uns und die Zukunft scheint mir für die Kinder die besten Heilungsmöglichkeiten zu bieten. Es reicht, wenn uns Ängste plagen. Dabei bringt die neue Elternrolle schon genug psychische Belastungen mit sich, die wir aber nur durchstehen können, wenn die Adoption erfolgreich verläuft. Es ist unmenschlich, Adoptiveltern unter ungeklärten juristischen Umständen ihre Aufgabe zu übergeben. Ich wäre niemals damit einverstanden gewesen, hätte man uns vor der Kontaktaufnahme mit den beiden Kindern davon in Kenntnis gesetzt.
Frank hat Herrn Kramp, den Vormund, telefonisch erreicht. Er will alles versuchen, daß die Kinder nicht vor Gericht erscheinen müssen. Er versteht unsere Besorgnis. Im übrigen will er uns von jetzt ab immer selbst über den Fortgang des Verfahrens informieren. Er sei davon ausgegangen, daß es besser sei, wenn wir nichts Näheres wissen, um nicht beunruhigt zu sein.
In der Tat habe ich selbst das Bedürfnis, nichts von alledem wissen zu müssen, da ich meine ganze Kraft für die Kinder brauche. Andererseits können wir vielleicht den Kindern helfen, indem wir Argumente zusammentragen, die gegen einen Besuch der leiblichen Eltern, aber auch gegen ein Erscheinen vor Gericht sprechen. Da die Kinder bei uns sind und nicht mehr im Heim, sind sie im Moment in einer Phase, in der die Eltern »keinen Platz« haben. Sie lösen sich vom Heim, erzählen täglich davon: von den Kindern, den Erzieherinnen, dem Spielzeug und dem Garten. Gleichzeitig wachsen die Bindungen zu uns. Die Besuche der Eltern im Heim erwähnten sie zu unserem Erstaunen bisher überhaupt nicht, sie liegen allerdings schon etwa ein Jahr zurück. Von seinem ersten Zuhause, das er schon vor über zwei Jahren verlassen mußte, hat Peter bisher beiläufig nur dreimal gesprochen: von einer Wiese mit Kühen, von einem Brand in der Nachbarschaft und von einem Krankenhausbesuch.

25. Juli 1984
Besuch von der Sozialarbeiterin. Frank ist diesmal wegen seines gebrochenen Daumens zu Hause. Wir gehen alle ins Kinderzimmer. Trotz Besuch spielen die Kinder vorbildlich mit uns. Dabei erzählen wir etwas von Besuchen bei Verwandten und Freunden.
Beim Abschied gebe ich Frau Kleine schriftlich noch einige Argumente, die gegen ein Erscheinen der Kinder vor Gericht sprechen. Vielleicht kann sie sie verwenden.
In irgendeinem Zusammenhang hat Frau Kleine betont, daß dieser Besuch ja Dienst sei. So verhält sie sich auch die ganze Zeit. Darum ist wohl trotz unserer anfänglichen Offenheit kein persönliches Verhältnis zwischen uns entstanden. Meiner Ansicht nach müßte man aber bei einer derartigen Aufgabe auch bereit sein, die menschliche Seite zu zeigen. Das kostet allerdings viel Kraft, wie ich von meinen vielen Gesprächen mit Schülern und deren Eltern weiß. Da ist immer der ganze Mensch gefordert, und nicht nur der Teil, der sich im »Dienst« befindet.

14. August 1984
Wir haben Rosi, die Lieblingserzieherin der Kinder, zum Kaffeetrinken eingeladen. Seit sie vor vier Wochen aus ihrem Urlaub eine Postkarte an die Kinder geschickt hat, reden sie viel von ihr. Sie wird stürmisch begrüßt. Der Nachmittag verläuft mit Spielen und Erzählen. Beim Abschied von Rosi stehen beide an der Tür und winken fröhlich.
Beim Abendessen erklärt Michael, er möchte wieder im Heim bei Rosi schlafen. Wir versprechen den Kindern, in den nächsten Tagen einen Besuch im Heim zu machen. Gleichzeitig erklären wir ihnen, daß sie dort nicht übernachten können, weil inzwischen andere Kinder in ihren Betten schlafen. Oder ob sie ins Heim zurückwollten? Wir zählen gemeinsam auf, was ihnen verlorengehen würde. Sie könnten Oma und Opa nie wiedersehen, nie mehr in ihren eigenen Betten schlafen, nicht in ihrem Zimmer spielen, nicht mehr zu Matthias und Bärbel reisen und Papa und Mama nie mehr sehen. Darauf Michael: »Wir wollen hinfahren und spielen, und du holst uns abends wieder ab.«

15. August 1984
Da ich Herrn Kramp telefonisch nicht erreichen kann, schreibe ich ihm einen ausführlichen Brief, in dem ich Argumente gegen ein Erscheinen der Kinder vor Gericht aufzähle. Außerdem schicke ich ihm Tagebuchauszüge. Mich läßt die Sorge nicht los.

24. August 1984
Wir besuchen das Heim. Dort treffen wir die Erzieherinnen Rosi und Maja wieder an, wie bei den ersten beiden kurzen Besuchen, die wir im Juni gemacht haben. Nur ein Kind aus der Gruppe von Peter und Michael ist noch da. Aufgeregt und hocherfreut begrüßen sie alle, auch die Heimleiterin und die Erzieherinnen aus den anderen Gruppen. Sie schmusen mit Rosi und spielen mit ihren alten Spielsachen. Peter ist nach einer Stunde bereit, wieder zu gehen. Michael möchte aber unbedingt in seinem Bett schlafen. Es ist sehr schwierig, ihn zum Gehen zu überreden. Ich weiß nicht, ob es für ihn wirklich so wichtig wäre, noch einmal im Heim zu schlafen, oder ob sein Widerstand nur eine seiner üblichen Trotzreaktionen ist? Als wir ihn dann gemeinsam überredet haben, verläßt er genauso fröhlich wie Peter das Heim.

28. August 1984
Endlich kann ich Herrn Kramp nach vielen vergeblichen Versuchen telefonisch erreichen. Er war im Urlaub. Leider ist mein Brief an ihn von seinem Stellvertreter geöffnet worden und befindet sich mit meinen Tagebuchaufzeichnungen in der Akte, die zur Adoptionsbehörde gewandert ist. Ich hätte »persönlich« auf den Brief schreiben müssen. Das werde ich von nun an tun. Es ist entwürdigend, wie persönliche Schicksale verwaltet werden. Wir sind eine Aktennummer geworden. Herr Kramp verspricht uns, Brief und Tagebuchaufzeichnungen herauszunehmen, sobald die Akte wieder auf seinem Tisch liegt.
Ich frage, ob nicht irgendeine Chance besteht, daß die leiblichen Eltern doch noch in die Adoption einwilligen. Ich hoffe das nicht nur um unseretwillen, um uns das lange Warten zu ersparen. Ich hoffe es vor allem für die Kinder. Sicher werden sie, wenn sie erwachsen sind, ihre leiblichen Eltern kennenlernen wollen. Wie schrecklich muß es dann sein, wenn sie verbitterte Eltern vorfinden, die mit der Adoption nie fertig geworden sind. Wieviel besser wäre es für sie und die Kinder, wenn sie Ja sagen würden zu einem Bruch, der durch zwei Jahre Heimaufenthalt entstanden ist. Herr Kramp hat nur geringe Hoffnung auf Einsicht der Eltern. Ein Einverständnis zur Adoption käme immer einem Schuldeingeständnis gleich, und daß sie diesen Schritt tun würden, wäre unwahrscheinlich.

Die Kinder – Probleme aus der Vergangenheit

Die Trennung

Juli 1984
Als ich vor einiger Zeit krank war, siedelte ich ins Kinderzimmer um. Das fanden Michael und Peter wundervoll, und sie verlegten, wie zu erwarten war, ihren Spielplatz in mein Bett. Immer so hautnah wie möglich. Die meisten Spielsachen haben sie aus dem Heim mitgebracht, und sie erzählten mir nun, woher sie stammen. Bei einer kleinen Katze erklärte Peter: »Mit der habe ich gerade gespielt, als ich ins Heim mußte. Da durfte ich sie mitnehmen.« Sein kleines, zartes Gesicht wurde unendlich ernst und traurig. Er versenkte es in mein Kissen. Vorsichtig fragte ich: »Wer hat euch denn ins Heim gebracht?« Peter: »Die kenne ich nicht.« Ich nehme an, es war eine Sozialarbeiterin. Ich wagte zu fragen: »Möchtest du denn gern wieder zurück zu deiner ersten Mama und dem Papa?« Peter: »Ja, da hatte ich ein Bett, da konnte ich rausfallen.« Jetzt versuchte sich auch Michael zu beteiligen. »Ich hatte auch ein Bett, da konnte ich rausfallen.« Peter protestierte: »Du hattest ein Gitterbett. Ich hatte einen Schlafanzug, der war unten ganz zu.« Da Peter auch diesmal wieder nur von Gegenständen sprach – so wie bisher nur von Ereignissen –, aber nie etwas von seinen leiblichen Eltern erzählte, fragte ich: »Hat eure erste Mama (so nennt Peter sie) euch denn oft im Heim besucht?« »Nein, immer nur am Sonnabend, aber der Papa kam jeden Sonntag.« Ich versuchte es noch einmal: »Seit wann haben Mama und Papa euch denn nicht mehr besucht?« Peter: »Das war schon letzten Sommer. Mama ist ganz krank geworden. Und der Papa auch, beide waren ganz krank!« Da die Eltern Peter ausdrücklich eingeprägt hatten, nie in eine andere Familie zu gehen, hatte das Heim zu dieser Notlüge gegriffen und hinzugefügt, daß die Eltern mit der Adoption einverstanden seien. Man hatte keine andere Möglichkeit gesehen, Peter das schlechte Gewissen zu nehmen, da er sich so sehr Adoptiveltern wünschte. Damals war diese Notlüge vielleicht angebracht, auf die Dauer läßt sich aber mit Lügen nicht leben. Wir haben irgendwann einmal die Aufgabe, dies zu bereinigen. Ich wollte wissen, was Peter von der Geschichte behalten hatte: »Bist du jetzt bei uns, weil deine Eltern krank sind?« – »Ja, sie sind beide sehr krank.« Das Gespräch abschließend, sagte ich: »Sicher haben aber eure ersten Eltern euch noch immer

sehr lieb. Aber weil ihr nicht immer im Heim bleiben solltet, seid ihr zu uns gekommen, und nun haben wir euch sehr, sehr lieb.«
Peter ging nicht weiter darauf ein. Außer am Anfang des Gesprächs wirkte er nicht traurig, sondern nur ernsthaft. Michael beteiligte sich bis auf den kleinen Einwurf nicht an unserer Unterhaltung. Er war zur Zeit der Trennung von seinen Eltern erst ein Jahr alt, kann daher keine Erinnerungen mehr haben. Wieviel leichter ist es für Peter, der über seine Probleme sprechen und sich so von seinen Ängsten befreien kann. Drei Monate hatte er dafür gebraucht. Wie lange wird es bei Michael dauern, und wie kann das verlaufen?
Während die Kinder spielten, mußte ich über das Gespräch nachdenken. Ich war immer noch nicht sicher, ob Peter sich zu seinen leiblichen Eltern zurücksehnte. Beide Kinder hatten so viel von ihrer Lieblingserzieherin Rosi erzählt. Sie hatten ihr gegenüber einmal den Wunsch geäußert, von ihr adoptiert zu werden. Welche Trennung war für Peter schmerzhafter, die von seiner leiblichen Mutter oder die von Rosi? So stellte ich die plumpe Frage: »Wen hast du denn lieber, Rosi oder deine erste Mama?« Er wurde wieder sehr ernst und sagte etwas verschämt, aber mit bestimmtem Ton: »Meine Mama von früher.« Danach entspannte er sich merklich, spielte einige Sekunden mit dem Kätzchen in seiner Hand und erklärte dann ganz ruhig: »Nein, Rosi habe ich genauso lieb.« Nun wußte ich, was ihn tiefer getroffen hat: die Trennung vom ersten Elternhaus.
Ich kann jetzt auch besser die dauernden Überempfindlichkeiten und Aggressionen der Kinder verstehen. Sie sind Ausdruck ihrer zu frühen Erfahrung der Einsamkeit des Menschen in dieser Welt. Daß der Mensch »allein und abgesondert und den Kräften der Natur und der Gesellschaft hilflos ausgeliefert ist – all das macht seine abgesonderte, einsame Existenz zu einem unerträglichen Gefängnis... Die Erfahrung dieses Abgetrenntseins erregt Angst, ja sie ist tatsächlich die Quelle aller Angst«[6]. Und wie übermächtig hatten Peter und Michael dieses »Abgetrenntsein« durch die Trennung von ihren leiblichen Eltern erfahren. Wir hatten es mit dem Kopf gewußt, aber um die Kinder wirklich zu verstehen, mußten wir ihre Probleme erst erfahren.

Haltlosigkeit

August 1984
Heute Abend sind Frank und ich sehr glücklich. Wir glauben, mit Peter einen Schritt weiter gekommen zu sein. Seit Wochen suchte ich zu ergründen, warum Peter sich häufig so gehen läßt. Beim Essen sitzt er nicht, sondern hängt mehr am Tisch. In der Sandkiste kniet er sich

hin und hat dadurch dauernd nasse Hosen. Dieses Sich-Gehenlassen paßt überhaupt nicht zu seinem hübschen Körperbau und seinen schönen Bewegungen. Die Ursache seines Verhaltens wurde mir schließlich klar. Nachdem ich Peter in der letzten Woche gerade trockene Hosen angezogen hatte, bat ich ihn, sich in der Sandkiste nicht wieder hinzuknien, da er mit einem Schlauch einen See angelegt hatte. Seine Erwiderung klang so verzweifelt wie immer, wenn er sich nicht geliebt fühlt. Da erkannte ich, daß seine äußere Haltlosigkeit durch seine innere Haltlosigkeit hervorgerufen wurde. Kein Wunder, daß Peter bei jeder Kritik überempfindlich reagierte. Schon die harmlose Bitte, nicht immer mit dem Finger, sondern mit einem Löffel aus den Töpfen zu naschen, konnte ihn zum verzweifelten Heulen bringen. Meistens muß ich ihn drei-, vier-, ja fünfmal auffordern, ehe überhaupt eine Reaktion erfolgt. Und zugegebenermaßen ist mein Ton nicht mehr freundlich, da ich meinen Ärger nicht mehr unterdrücken kann. Vor ungefähr zwei Wochen fing Peter schon nach der ersten Aufforderung, die in liebem Ton an ihn gerichtet war, ganz furchtbar an zu weinen. »Du sagst mir immer so was, und ich darf auch nicht bei fremden Leuten auf den Schoß klettern und...« Mit Schrecken hörte ich, wie ihn meine Kritik quälte. »Ja, aber Peter, glaubst du denn, ich habe dich nicht lieb, nur weil ich dir sage, du sollst darauf achten, daß dein Ärmel nicht immer in der Soße hängt?« Ich stand auf, nahm ihn in den Arm und küßte ihn. Sein Gesicht entspannte sich sofort, und er wurde ruhig. Darauf schlossen wir eine herrliche Abmachung. Jedes Mal, wenn ich ihn bitte, etwas zu tun oder nicht zu tun, bekommt er hinterher sofort einen Kuß dafür. Die Wirkung ist unglaublich. Peter kommt – bis auf die berühmten kleinen Ausnahmen – schon beim ersten Mal meiner Bitte nach. Er versinkt nicht in bodenlosen Schmerz und läßt sich hinterher in den Arm nehmen und küssen. Diese Abmachung wird von ihm heftig ausgebeutet. So macht er irgendetwas, was er nicht soll, guckt mich lachend an und freut sich, wenn ich »mitspiele« und in übertrieben moralisierendem Ton sage: »Aber Peter, nicht mit dem Finger in die Marmelade!« Gleich kommt er strahlend gelaufen, und ich muß ihm einen Kuß geben.

Bei einem weiteren Vorkommnis, das mir seine Ängste deutlich machte, sprach er wieder von der Trennung von seinen leiblichen Eltern. Beim Mittagessen sagt er unvermittelt: »Mein Papa von früher ist jetzt bestimmt schon Opa.« Wir erklären ihm, daß das in so kurzer Zeit nicht möglich ist. Danach kommt Peter zu dem, was ihn wirklich beschäftigt: »Mein Papa ist jetzt bestimmt ganz traurig, daß wir nicht mehr bei ihm sind.« Wir bejahen dies. Plötzlich bekommt er wieder das unheimlich traurige Gesichtchen: »Und ich war so traurig, als sie mich von Papa und Mama weggeholt haben. Eine Frau hatte Michael auf dem Arm, und ich mußte mitgehen.« Kein Wort von den späteren, vielleicht tröstlichen Besuchen der Eltern im Heim. Es ist dieser Augenblick der Trennung, der nun zweieinhalb Jahre zurückliegt, auf den sich sein Schmerz konzentriert.

Das nächste Vorkommnis brachte einen weiteren Vertrauensfortschritt. Michael und Peter hatten Schnupfen, und ich maß nacheinander bei beiden Fieber. Dabei sah ich, daß sich Peter den Po nicht gut abgewischt hatte. Ich ging ins Badezimmer und holte Klopapier. In der Zwischenzeit hatte sich Peter mit den Fingern den Po abgewischt. Es fiel mir nicht leicht, aber ich beherrschte mich und sagte nur beiläufig: »Du, Peter, den wollte ich aber mit Klopapier sauber wischen, dafür nimmt man nicht die Hände, komm, wir waschen sie jetzt.« Das gefiel ihm gar nicht, da er dazu aus seinem Hochbett krabbeln mußte. Wütend folgte er mir ins Bad und schlug mir beim Waschen heftig auf die Hand. Wie wenig ich mit dieser Situation fertig wurde, zeigt meine Reaktion, denn ich schlug zurück auf seine Hand, verließ sofort kommentarlos den Raum, um nicht noch mehr Porzellan zu zerschlagen. Peter weinte heftig. Ich hörte sein Schluchzen, und dabei erinnerte ich mich an die von Peter beschriebene Trennung von seinen Eltern. Meine Wut und mein Ekel verflogen, und ich ging zu ihm. Mein Verhalten war für mich selbst überraschend. Mein Kontrolle ausübender Verstand ist ganz ausgeschaltet. Ich lasse mich nur noch von einer inneren Intuition leiten:

Ich nehme Peter auf den Arm wie ein kleines Kind, küsse und streichle ihn und setzte mich mit ihm aufs Bett. Peter nölt, weint noch etwas, aber er läßt das Schmusen zu. Ich frage: »Peter, hast du Angst, daß ich dich nicht lieb habe?« Er fängt an zu lachen. So wie er immer lacht, wenn ich versuche, mit ihm ernsthaft zu reden und er nicht zuhören will. Meistens hält er sich dann die Ohren zu. Diesmal nicht. Er lacht, ein albernes, verschämtes Lachen. »Peter, hast du Angst, wir bringen dich zurück ins Heim, nur weil ich mal mit dir schimpfe? Das ist in jeder Familie so, die Eltern müssen immer den Kindern mal etwas verbieten oder erklären. Sie haben trotzdem die Kinder lieb. Wir werden dich nie ins Heim zurückbringen, du bist unser lieber Peter.« Er lacht und lacht. »Peter, hast du Angst, daß wir dich verlassen, wie deine ersten Eltern? Hast du Angst, wir gehen weg?« Peter lacht immer noch. »Du brauchst keine Angst zu haben, Papa und Mama werden immer bei dir bleiben und dich nie allein lassen. Immer sind wir für dich da, was du auch machst.« Langsam beruhigt er sich, hört auf zu lachen und liegt nur noch mit geschlossenen Augen in meinen Armen. Dann steht er auf, und ich darf Fieber messen.

Am Abend fragte mich Frank, ehe ich ihm von dem Vorfall erzählt hatte: »Was ist mit Peter? Der ist ja so sanft und weich?« Auch heute,

einen Tag danach, hat sich das noch nicht geändert. Ich meine, es seinen Gesichtszügen anzusehen, die wunderbar sprechend sind. Sein weiches, unglaublich offenes Gesichtchen war in den letzten Wochen zu meinem Kummer verschlossen und fast bitter geworden. Nun hat es seine engelhafte Offenheit wieder.
Durch diese kleinen Vorkommnisse ist uns Peters Verhalten verständlich geworden, da wir den Zusammenhang mit seinen in der Vergangenheit liegenden Problemen erkannt haben: Ja, zur Liebe gehört das Grundelement »Erkenntnis«[7]. Peters äußere körperliche Haltlosigkeit drückt nur seine innere Haltlosigkeit aus. Seine Überempfindlichkeit gegenüber Kritik gründete in seiner Angst, auch von uns wieder fallengelassen zu werden und wieder den Halt zu verlieren. Viele Gespräche mit ihm, aber besonders seine Erfahrung unserer Zuverlässigkeit können ihm langsam diese Angst nehmen und ihm zeigen, daß er nicht mehr einsam ist, weil wir ihm helfen.

Wutanfälle

August 1984
Michael scheint am glücklichsten zu sein, wenn er mit mir allein ist, da Peter mit Kindern aus der Nachbarschaft spielt. Dann steht Michael bei der Hausarbeit dicht neben mir, und wir reden miteinander, oder er holt sich Spielzeug und beschäftigt sich damit, alles um sich herum vergessend.
Er hat sich wunderbar in sein neues Leben gefunden und genießt voll die Geborgenheit. Dauernd sucht er Körperkontakt, sitzt auf dem Schoß, hält sich an uns fest, hockt auf dem Arm und schmust. Im Moment genießt er es auch, gefüttert zu werden. Manchmal schlägt oder beißt er mich. Zunächst verbot ich ihm beides, ohne großen Effekt. Als ich beobachtete, daß unser einjähriger Neffe auch seine Eltern biß, habe ich es bei Michael wieder zugelassen. Eine gewisse Schmerzgrenze darf allerdings nicht überschritten werden. Dann gibt es auch schon mal einen Klaps auf den Po. Wir hoffen, daß er seine »Beißphase« bald nachgeholt hat.
Im Gegensatz zu Peter nimmt er meine Kritik gelassen hin und akzeptiert sie auch, es sei denn, er merkt, daß mir die Sache sehr am Herzen liegt. In einem solchen Fall kommt der Trotzkopf voll zur Geltung. In den letzten Wochen hatten wir viele heftige Kämpfe auszustehen, das manchmal fünfmal am Tag. Beim Mittagessen vor ein paar Tagen trat er Peter unter dem Tisch dauernd mit den Füßen. Durch nichts war er davon abzuhalten. So schleppte ich das nun brüllende Kind ins Schlafzim-

mer und erklärte ihm, daß er wiederkommen könne, wenn er ruhig sei. Zehnmal schmiß er die Tür krachend und brüllend zu. Ich ging hin und sagte ihm, daß ich die Tür abschließen müsse, wenn er damit nicht aufhöre. Er könne ja auch wiederkommen. Ob er das bei seinem Gebrülle überhaupt verstand, ist fraglich. Das Knallen ging weiter. Ich schloß also, wie angekündigt, die Tür ab. Nach höchstens fünf Minuten ging ich wieder hinein. Das arme Kind war völlig aufgelöst, zitterte, weinte verzweifelt und hatte vor Schreck in die Hose gemacht. Mein Gott, was hätte ich denn tun sollen? Zulassen, daß er Peter weiter mit den Füßen tritt. Ich habe immer das Gefühl, er wird wütend, weil er seine Kräfte messen will. Damit nicht alles noch schlimmer wurde, sagte ich ihm ruhig, es mache nichts, daß er in die Hose gemacht habe, und legte ihm neues Zeug hin. Beim Umziehen half ich ihm allerdings nicht, damit er nicht auf die Idee kam, häufiger in die Hose zu machen, da er Mama damit beschäftigen und ärgern kann. Dieses »Spiel« haben wir jetzt zweimal gespielt. Im Moment scheint er begriffen zu haben, daß man andere nicht beliebig ärgern kann. Er kann sich immer zwischen Gemeinsamkeit oder Alleinsein im Schlafzimmer entscheiden. Gut sind meine Gefühle nicht dabei.

Einen Erfolg haben wir immerhin zu verbuchen. Michaels Lieblingswort war: Aa. Und das hundertmal am Tag, in jeder Situation. Alle Gegenstände wurden mit Aa bezeichnet. Wenn er auf eine Frage keine Antwort wußte, hieß es, das ist Aa. Am witzigsten fand er es aber, zu sagen, du bist Aa. Zunächst hatten wir überhaupt nicht darauf geachtet. Wir glaubten, daß er damit von allein aufhören würde. Aber weit gefehlt. Das Aa-Sagen war zum Tick geworden. Auch die Methode, mit Schlamm zu spielen und dabei immer zu betonen, man spiele mit Aa, brachte uns nicht weiter. Als Michael vor ein paar Wochen sagte: »Wer in die Hose macht, ist böse und bekommt eine Gummihose«, begriffen wir endlich. Von Peter erfuhr ich, was passiert war. Vor etwa einem halben Jahr – Michael war noch keine drei Jahre alt – machte er einmal im Heim in die Hose und wurde sehr ausgeschimpft. Zur Strafe mußte er einen Tag lang eine Gummihose tragen.

Beim nächsten Einkauf besorgte ich Windeln, die Michael akzeptierte. Nach und nach war ihm das unangenehm, aber gleichzeitig gewöhnte er sich auch das häufige Aa-Sagen ab und sprach nur noch so viel davon, wie es dieser Verrichtung, die natürlich für Kinder ungeheuer wichtig ist, zusteht. Gegenstände und Menschen werden überhaupt nicht mehr mit »Aa« bezeichnet. In diesem Fall waren wir erfolgreich, da wir die Ursache und damit den Schlüssel zur Störung fanden. Wären wir doch häufiger fündig.

Die anderen Eltern

2. Oktober 1984
Der Vormund ruft uns an. Die leiblichen Eltern der Kinder haben ihn um Fotos von Peter und Michael gebeten, um zu sehen, ob sie glücklich sind. Wir beschließen, dem Wunsch nachzukommen, obwohl meine Gefühle dabei sehr ambivalent sind.
Abends besprechen Frank und ich das Problem. Er ist der Meinung, Bilder könnten über Glücklichsein keine Auskunft geben. Auch von unglücklichen Kindern kann man in einem günstigen Augenblick strahlende Bilder schießen. Eine viel stärkere Aussagekraft hätten doch Familienfotos von uns. Ich finde die Idee hervorragend.

3. Oktober 1984
Ich unterbreite Herrn Kramp unseren Vorschlag, Fotos von uns vieren auf Pappe aufzukleben, die sie sich in der Behörde ansehen können. Außerdem würde ich ihnen persönlich einen Brief schreiben mit Informationen über die Kinder. Wir glauben, daß auf diese Art die Eltern mehr über die Kinder erfahren und es ihnen so möglich wird, sich in deren Lage zu versetzen.

5. Oktober 1984
Den Brief verschicke ich zusammen mit den Bildern und einem kommentierenden Brief an den Vormund. Er hat mich emotional viel Kraft gekostet. Beim Schreiben bin ich davon ausgegangen, daß er von den Eltern unzählige Male gelesen wird und ihnen so langsam hilft, sich in die Lage der Kinder zu versetzen. Gleichzeitig hoffe ich, daß der Brief dazu beiträgt, uns – die Adoptiveltern – nicht als Gegner zu betrachten, was mir nicht um unseretwillen wichtig ist, sondern um ihretwillen, da sie sich sonst mit der jetzigen Situation nicht versöhnen können. Mich bedrückt der Gedanke doch sehr, daß mit unserem Glück das Unglück anderer Menschen verbunden ist. Gleichzeitig ist mir klar, daß die leiblichen Eltern von uns am wenigsten bemitleidet werden wollen oder gute Wünsche für die Zukunft ertragen können, so sehr ich auch so empfinde. Aber neben diesen ganz altruistischen Gefühlen gehen mir viele klare und unklare egoistische Gedanken durch den Kopf. Wieviel ruhiger könnten wir leben, wenn wir nicht noch um die äußere Existenz unserer Familie kämpfen müßten. Vielleicht wirkt der Brief wie ein Sa-

menkorn, das allerdings Zeit zu Keimen braucht. Vielleicht bewirkt er bei den Eltern, daß sie doch ihr Einverständnis zur Adoption geben. Hoffentlich braucht die Behörde nicht wieder Wochen, bis die Eltern die Bilder sehen dürfen und der Brief ausgehändigt wird. Hoffentlich passiert es überhaupt. Wie lange wird die Existenz unserer Familie noch von anderen abhängig sein?

13. November 1984
Nach mehreren Telefonanrufen besucht uns die Fürsorgerin Frau Kleine wieder. Erst beim Mittagessen teile ich den Kindern mit, daß sie kommen will. Sie erinnern sich nicht mehr an die beiden ersten Besuche. Sie haben in den letzten Monaten wohl zu viele Menschen kennengelernt. Als sie kommt, ist die Erinnerung aber wieder da. Sie benehmen sich völlig anders als sonst, so daß ich zuerst nicht weiß, ob es mir peinlich sein soll oder ob ich besser über die Kinder lache. Ich entscheide mich für letzteres. Da Frau Kleine keine Umstände möchte, mache ich auch keine. Die Kinder essen gerade ihr nachmittägliches Knäckebrot in der Küche. Bis zum Ende dieser krümeligen Mahlzeit bleiben wir dort. Auf die Fragen von Frau Kleine geben beide Kinder nur alberne Antworten. Als Michael die Fragerei zu dumm wird, sagt er kurz entschlossen: »Du kannst jetzt wieder gehen«, und Peter schiebt sie kurz entschlossen aus der Küche und macht die Tür hinter ihr zu.
Damit sie etwas Einblick in unser Leben bekommt, zeigen wir ihr unser Fotoalbum. Um sie auf die meiner Meinung nach große Veränderung von Michaels Gesichtsausdruck hinzuweisen, schauen wir uns auch noch mal die letzten Fotos aus dem Heim an. Sein kleines mürrisches, verschlossenes Gesichtchen ist ganz glatt geworden. Seine sorgenvollen Wülste über den Augenbrauen sind verschwunden, die kleinen Tränensäcke fast nicht mehr sichtbar. Frau Kleine stellt hingegen eine Veränderung in Peters Gesicht fest. Er hätte ganz ruhige und ausgeglichene Züge bekommen, wirke nicht mehr ängstlich. Das ist mir nicht aufgefallen, und ich sehe es auch jetzt nicht. Merkwürdigerweise empfinde ich eher das Gegenteil. Mir scheint die engelhafte Offenheit seines Gesichtchens einer verbissenen Ängstlichkeit gewichen zu sein. Mich quält dabei der Gedanke, daß wir – besonders ich – schuld daran sind. Wir haben im ersten halben Jahr doch viel von ihm gefordert, ihm hoffentlich auch viel gegeben. Es ist uns wohl nicht immer gelungen, auf seine Bedürfnisse einzugehen. Häufig habe ich doch zu viel erklärt, gebeten und gefordert. Da auch unsere Kräfte bemessen sind, blieben auch Vorwürfe nicht aus, wenn auch in Grenzen und in dem Bewußtsein, falsch zu handeln. Peter scheint mir doch manchmal angepaßt zu reagieren. Ich habe den Eindruck, er tut manche Dinge nur, weil er weiß, daß wir es gut finden und

ihn dafür loben. Ich hoffe, daß sich das nicht zu Anpassung und Opportunismus entwickelt.
Diese Sorgen teile ich Frau Kleine natürlich nicht mit, da sie für Feinheiten kein Ohr hat. Ich berichte nur über unsere Erfolge mit dem »Küßchenspiel«, das immer noch hilft, Peters Überempfindlichkeit zu überwinden. Sein geringes Selbstbewußtsein wird hauptsächlich Michael gegenüber deutlich. Er muß immer der Erste, der Beste, der Schnellste sein. Leider haben sie aus dem Heim das Spielchen: Wer ist der Erste beim Anziehen, Essen, Laufen usw. mitgebracht. Wir versuchen das langsam abzubauen, aber wie? Es ist wie eine Sucht.
Über Michael kann ich berichten, daß seine anfänglichen fünf Wutausbrüche täglich auf einen in fünf Tagen geschmolzen sind. Zudem werden sie so gut wie nie mehr durch uns Erwachsene ausgelöst, sondern nur durch Zanken beim Spielen mit Peter. Im Ganzen kann man aber sagen, daß beide vorbildlich zusammen spielen. Auch bei dem heutigen Besuch macht es ihnen nichts aus, wenn ich sie bitte, für einige Zeit in ihrem Zimmer zu bleiben, um uns allein miteinander sprechen zu lassen. Zu Recht findet Frau Kleine das erstaunlich.
Gemäß ihrer vorbildlichen Dienstauffassung verläßt sie pünktlich nach eineinhalb Stunden das Haus. Kurz vorher schenkt Michael uns allen eine Mandarine. Es ist wie eine Versöhnungsgeste, nachdem sie Frau Kleine zu Beginn aus der Küche hinausgeworfen haben. Ich stelle für die Schalen einen Teller auf den Tisch, und die Kinder und ich schälen und verzehren die Mandarinen. Frau Kleine aber legt ihre mit dem Kommentar zurück, sie habe so spät zu Mittag gegessen und noch keinen Hunger. Auch Michaels Aufforderung: »Aber du darfst die essen!« versteht sie nicht. Sie hat es eilig und muß endlich gehen.

17. November 1984
Anruf des Vormundes. Seine Nachrichten kosten mich wieder unendlich viel Kraft, vor allem, weil wir immer wieder sehen, wie machtlos wir in eigener Sache sind. Den Brief an die leiblichen Eltern der Kinder hat er nicht weitergegeben. Verständlich, aber dennoch enttäuschend. Zwei Gründe gibt er dafür an. Erstens habe ich den Familiennamen falsch geschrieben, sicherlich, weil ich bei dem Namen überempfindlich reagiere. Peter kannte seinen Familiennamen noch, als er zu uns kam, hat ihn aber seit Monaten nicht mehr erwähnt. Wir hoffen, daß er ihn vergißt, denn durch den noch bestehenden Familiennamen ist das Inkognito der Adoption einfach gefährdet. Durch Zufall könnte so eine Verbindung zu den leiblichen Eltern hergestellt werden. So habe ich mit Engelszungen versucht, bei Peters Schulanmeldung zu verhindern, daß dieser Name in die Schülerakte kommt. Nicht möglich. Es ist einfach noch sein juristi-

scher Name, und so muß er in die Akte. Im Klassenbuch soll er zwar unter unserem Namen geführt werden, aber jeder Lehrer kann durch einen Blick in die Schülerakte seinen juristischen Namen erfahren. Wann passiert das Mißgeschick, daß einer ihn bei diesem Namen nennt? Zudem ist der Name äußeres Zeichen der noch so unsicheren Rechtslage, vor der wir die Kinder bewahren wollen. Wenn wir ihnen erzählen müssen, daß sie gar nicht unseren Namen tragen dürfen, ja eigentlich doch nicht richtig zu uns gehören, werden diese empfindsamen Kinder erkennen, daß es neben der menschlichen Geborgenheit, in der sie leben, eine juristische Unsicherheit gibt. Diese Unsicherheit würde aber ihre Entwicklung gefährden.

Als zweiten Grund, daß Brief und Bilder bisher nicht weitergegeben wurden, nennt der Vormund seine Befürchtung, daß die Eltern psychisch nicht in der Verfassung wären, den Brief aufzunehmen. Er nennt mir Einzelheiten, die ich verstehe, aber schwer glauben kann.

Zu dieser Enttäuschung kommt noch eine belastende Mitteilung hinzu. Das Gericht habe festgelegt, daß ein Gutachten eingeholt werden solle, das über die entstandenen Bindungen der Kinder zu uns Auskunft geben soll. Der Vormund ist über die Entscheidung glücklich, da zum ersten Mal in der Familiengeschichte der Kinder nach deren Wohl gefragt würde. Auch wir können diesen Sachverhalt objektiv betrachtet nur für gut halten. Subjektiv habe ich aber zum ersten Mal Angst. Wir halten unsere Bande schon für sehr eng verknüpft, wie aber sehen das Außenstehende? Bisher hatte mich mein Gottvertrauen, mein Glaube an meine Aufgabe für diese beiden Kinder nicht verlassen. Zum ersten Mal aber bete ich nun verzagt und angstvoll: Oh, Gott, laß es nicht zu, daß uns die Kinder wieder genommen werden sollen. Dann würde ich nicht nur sie, sondern auch mein Gottvertrauen verlieren. Bisher glaubte ich, Gottes Segen läge über dieser Entscheidung, und sein Beistand sei mit uns. Würde ich die Kinder verlieren, würde auch mein Glaube in eine schwere Krise geraten. Ich habe zwar für solche Ängste keinen objektiven Grund, aber die seelische Belastung ist wohl zu groß, um nicht ins Schwanken zu geraten.

Jetzt heißt es abwarten, da noch kein Termin für das Gutachten feststeht. Der Vormund macht sich Sorgen, wie das Inkognito der Adoption gewahrt werden kann, da der Gutachter vom Gericht bestellt wird und alle Gerichtsakten von der Gegenseite einsehbar sind.

Die Eltern – Probleme in der Gegenwart

Die fehlende Intimsphäre

November 1984
Es gibt ein Örtchen, wie das Sprichwort sagt, auf das sogar der Kaiser zu Fuß geht. Er machte die Tür hinter sich zu und durfte endlich mal allein sein. Das war bei mir anders. Gut, ich bin kein Kaiser, aber doch ein Mensch, der 40 Jahre seines Lebens einen großen Teil seines Tages hat allein einteilen und verbringen können. Nun keine Sekunde mehr, und das seit Monaten. Sobald ich auf der Toilette saß, fragte Michael: »Mußt du Aa?« Bejahte ich die Frage, rief er sofort naserümpfend aus »das stinkt«, und knallte die Tür zu. Hatte ich auf seine Frage verneint, blieb er selbstverständlich im Raum und stellte immer wieder mit großem Interesse fest, daß ich beim Pipimachen sitze und keinen Penis habe.

Für Peter ist das nicht so interessant. Erstaunt war ich in der ersten Woche, daß sie unsere Nacktheit im Bad oder in der Sauna sozusagen nicht wahrnahmen. Sie hatten doch wahrscheinlich nie eine Erzieherin nackt gesehen. Erst nach einiger Zeit wurde der Unterschied zwischen den Geschlechtern zum Gesprächsstoff, insbesondere der Umstand, daß ich ohne Penis auskam, verwunderte sie lange. Die Erklärung mit dem Zeugungsvorgang interessierte Peter gar nicht. Michael hörte – wie bei Erklärungen häufig und seinem Alter angemessen – überhaupt nicht zu. Dieses Staunen über unsere Körper ist mit einer reizenden Natürlichkeit verbunden. So verfolgen sie beim Saunen die Wege ihrer und unserer Schweißtröpfchen und freuen sich darüber. Fiel uns das schwer? Nein, diese Intimitäten waren es nicht, die uns schwer fielen.

Schwer fiel mir, wie schon beschrieben, die wirklich unsaubere Essensweise von Peter. Nach einem knappen halben Jahr bei uns ißt Peter recht passabel mit kleinen Ausnahmen. Geholfen hat die ruhige Erklärung, daß wir nicht mit jemandem an einem Tisch essen mögen, der so herumkleckert. Nachdem er einmal das Essen in seinem Zimmer einnehmen mußte, lief alles viel besser. Natürlich gibt es weiter Kleckse, verschmierte Hände und einen bekleckerten Tisch, aber das alles in Maßen. Er bemerkt es, und wir helfen ihm mit kleinen Tips, es zu vermeiden oder zu beseitigen.

Schwer fiel mir auch nicht das Popoabputzen, nicht das Übergeben der

Kinder. Schwer aber fielen mir die rotzenden, niesenden, in die Gegend hustenden erkälteten Kinder. Natürlich hatte sich keiner bisher die Mühe machen können, ihnen zu zeigen, wie man mit einem Taschentuch umgeht. Die Hälfte ging immer in die Finger und wurde ins Zeug geschmiert. Beim Essenmachen, auf dem Schoß sitzend, alles und jeder wurde angehustet. Nach zwei überstandenen Erkältungen ist es besser geworden. Sie fanden es toll, soviel Taschentücher nehmen zu dürfen, wie sie wollten. Wenn wir morgens aufstanden, verkündete Peter manchmal ganz stolz: »Ich habe schon vier Taschentücher verbraucht.«
Jede dieser beschriebenen Einzelheiten brauchte nicht schwer zu fallen, wenn sie sich nicht summierten. Es waren häufig sogar ganz unwichtige, alltägliche Dinge, die keine Intimsphäre mehr zuließen. Nichts konnte ich tagsüber ohne die Kinder tun, nichts ohne Erklärung, nichts ohne ihre Hilfe. Fragend oder helfend waren sie mir immer nahe. Warum trägst du die Haare heute offen? Warum tust du die Socken nicht zu den Hemden in die Waschmaschine? Alles wollten sie wissen und erklärt haben, ehe es ebenso selbstverständlich war wie für mich.
So hatte ich die ersten Monate das Gefühl, daß die Kinder mich auslaugten, ständig an mir zerrten und mich immer in Spannung hielten. Peter forderte mein Denken und Michael mein Gefühl heraus. Inzwischen ist alles etwas leichter geworden. Ich bin abends nicht mehr so todmüde und schaffe es auch wieder, Tagebuch zu schreiben. Ich fange auch wieder an, mich für Dinge zu interessieren, die außerhalb unserer familiären Problematik liegen, und lese wieder erziehungsferne Literatur. Die Kinder haben begriffen, daß ich auch da bin, wenn sie zeitweise allein in ihrem Zimmer spielen. Meistens sind sie natürlich noch um mich herum, aber sie müssen nicht immer das Gleiche tun wie ich. Sie suchen sich etwas Ähnliches oder spielen mit Spielsachen in meiner Nähe. Zu meiner großen Freude denken sie sich neuerdings mit allen möglichen Gegenständen Phantasiespiele aus. Apfelsinen verreisen im Papierkorb, Löffel müssen Wettrennen machen, oder Michaels Lieblingsthema: Bananen und Äpfel sind eine Familie. Als erstes werden die Kinder gegessen, dann kommen Mama und Papa, damit die Kinder im Bauch nicht so lange allein sind.

Sadistische Eltern

November 1984
Schwere Wochen und Monate liegen hinter uns, weil Frank und ich uns mit Selbstzweifeln quälten, die wir uns gegenseitig nicht eingestehen

wollten. Wir waren so sehr über unsere eigenen Gefühle erschrocken, daß wir uns schämten, über sie zu sprechen. Als wir endlich den Mut dazu fanden, fingen wir an, aus diesem Sumpf herauszukommen. So kann ich auch jetzt erst nach Monaten darüber schreiben.
Besonders Michael schaffte es am Abend, in Frank und mir sadistische Gefühle zu wecken, bei denen der Wunsch dominierte, Michael zu verhauen. Zum allabendlich notwendigen Ausziehen, Waschen und Zähneputzen war er nicht zu bewegen. Mit Sicherheit fand er immer ein Spiel, was noch fertiggemacht oder weggepackt werden mußte. Er zog seine Hose als Oberteil an, putzte das Waschbecken mit der Zahnbürste statt der Zähne oder spritzte Peter naß und vieles mehr. Seine Phantasie kannte keine Grenzen. Hauptsache war, sich nicht an die Zubettgehzeremonie halten. Wir versuchten es mit Zureden, Helfen, gingen auf seine Albernheiten ein, schimpften, wurden ärgerlich, und dann passierte jeden Abend dasselbe. Frank oder ich riefen aus, nun reicht es aber, packten ihn unsanft und versuchten ihn aus- oder anzuziehen. Dagegen wehrte er sich ganz heftig. Und schon bekam er einen Klaps. Herausfordernd und laut lachend streckte er uns seinen nackten Po entgegen um einen weiteren Klaps zu erhalten. Wir empfanden Genugtuung und Lust, ihm den geforderten Klaps zu geben. Nie zuvor hatten wir ähnliche Empfindungen gehabt und waren darüber zutiefst erschüttert. Das geschah in den letzten Wochen häufiger, und aus dem Klaps auf den Po wurde zwei- bis dreimal eine Tracht Prügel. Und die habe ich ihm nicht »nur aus Liebe« gegeben, wie Weidlich[8] eine Backpfeife entschuldigt. Aus Liebe sollte man nicht schlagen, das wäre »schwarze Pädagogik«[9]. Unsere Gewissensnöte hängen ja gerade damit zusammen, daß wir Schlagen grundsätzlich ablehnen, es aber dennoch taten und nicht nur, weil uns die Nerven im Affekt durchgingen, sondern weil wir direkt das Bedürfnis empfanden, Michael den Hintern zu versohlen.
Da wir in den letzten Wochen von Alice Miller, ›Am Anfang war Erziehung‹, gelesen hatten, suchte ich nach dem Einfluß der »schwarzen Pädagogik« in meiner Kindheit. Meine Träume brachten alles Mögliche zum Vorschein, aber nichts zu diesem Thema. Auch in meiner jahrelangen Lehrertätigkeit hatte ich mit keiner Art von Aggressionen von meiner Seite her zu kämpfen gehabt. Immer versuchte ich, meine Schüler durch Überzeugung zu beeinflussen, d. h. wir haben unsere Kämpfe verbal auf gleichberechtigter Ebene ausgetragen. Jetzt gelang es mir nicht mehr. Was war anders? Ich ließ mich dauernd in Aggressionen hineinziehen. Ich glaube jetzt, die Antwort ist einfach. In der Klasse ist die Menge der Aggressionen zwar größer, aber der Lehrer empfängt sie aus einer größeren Distanz. Und Distanz ließen – und lassen – die Kinder uns überhaupt nicht.

Immer wieder erzwang Michael durch seine Wutanfälle unsere Aufmerksamkeit. Er schien nicht fähig zu sein, ohne unsere dauernde Zuwendung zu leben. Die fehlenden Bindungen in den Heimjahren gleichen jetzt beide Kinder durch völlige Distanzlosigkeit aus. Michael versuchte durch sein masochistisches Verhalten, wenn er uns seinen nackten Po entgegenstreckte, dem »unerträglichen Gefühl der Isolation und Abgetrenntheit«[10] zu entrinnen, dem er sich abends allein im Bett oder nachts, wenn er wach wurde, besonders bewußt war. Er wollte uns beherrschen. Wir empfanden die von ihm erwünschte Form der »symbiotischen Vereinigung« als Bedrohung unserer psychischen Existenz, da wir ihrer nicht bedurften. Er wiederum zeigte uns durch sein aufreizendes Lachen, daß er uns in der Elternrolle, so wie wir sie verstanden, nicht annahm. Er wollte uns ganz und gar besitzen. Das aber konnten wir gefühls- und verstandesmäßig nicht leisten. So viel Besitzgier seinerseits forderte unseren Widerstand und unsere Empörung heraus. Und mit Genugtuung und Lust bekam er einen Klaps auf den sich uns schon entgegenstreckenden Po.[11] Durch sein Verhalten hatte Michael erreicht, was er wollte. Wir schenkten ihm übermäßige Aufmerksamkeit. Nachdem wir aber so ungefähr begriffen hatten, in welche psychischen Probleme er und wir verwickelt waren, konnten wir nach einer Möglichkeit suchen, sie zu lösen. Wir mußten uns bemühen, uns nicht in den Strudel seiner Emotionen hineinziehen zu lassen, ihm aber gleichzeitig einen Weg zeigen, wie er mit seinen Problemen anders umgehen konnte.

Die Kinder hatten etwas Schweres in ihrer Vergangenheit erlebt, darum mußten sie alle ihre Kräfte mobilisieren, um darüber hinwegzukommen. Wie aber sollten wir uns verhalten? Auch hier half uns Dreikurs weiter: »Sich nicht auf einen Machtkampf einlassen; sich vom Streit zurückziehen«.[12] Wenn Michael sich abends nicht ausziehen lassen wollte oder anfing, Peter zu ärgern, sagten wir nur: »Wenn du jetzt nicht damit aufhörst, gehen wir hinaus.« Tat er es nicht, wie zu erwarten war, verließen wir sofort ohne weiteren Kommentar das Zimmer. Heftiges Gebrüll und Türenschlagen waren die Folge. Natürlich gingen uns mehr als einmal die Nerven durch, aber mit der Zeit hatten wir mit dieser Methode Erfolg.

Wir alle sind von Zornesausbrüchen noch nicht geheilt, aber seitdem wir verstanden haben, daß hinter Michaels Tyrannei und seinen Wutausbrüchen die Angst vor der Selbständigkeit und der Wunsch nach Nähe verborgen ist, ist uns die Lust am Schlagen vergangen. Gibt es jetzt wirklich noch mal einen Klaps, sind uns die Nerven durchgegangen. Das bringt mich nicht mehr zur Verzweiflung, aber es ärgert mich sehr, weil ich weiß, daß ich damit mehr kaputtmache, als ich im Moment erreichen kann.

Michael hat schon ein wenig gelernt, daß er – auch wenn er Angst hat – seine Umgebung nicht tyrannisieren kann. Damit muß er allein fertig werden. Danach sind wir wieder zu sprechen und zeigen ihm durch unser verständnisvolles und ruhiges Verhalten (ach, wäre es immer so), daß er nicht allein auf der Welt ist.

Feste und Ferien

Weihnachten und Silvester

Dezember 1984
Wir haben ein Weihnachtsfest erlebt, wie es sonst nur in schlechten Romanen zu lesen ist. Leuchtende und strahlende Augen von zwei vom Glück überwältigten Kindern.
Peter hatte sich schon Wochen vorher ängstlich erkundigt, ob der Weihnachtsmann denn auch wisse, daß sie nun hier zu Hause seien. Nach meiner Zusicherung war die nächste Frage, ob er auch zu uns komme. Ich erklärte ihm, daß der Weihnachtsmann nur dorthin gehen würde, wo ganz viele Kinder seien. »Ja, aber wie bekommen wir dann die Geschenke?« Die Antwort ergab sich aus folgender Begebenheit. Im Keller hatte ich schon seit Wochen unter einem Tisch, der mit einem Tuch abgedeckt war, einige geerbte Spielsachen liegen, die z. T. für Weihnachten gedacht waren. Ich hatte den Kindern gesagt, sie dürften nicht unter den Tisch gucken. Es bestand auch keine besondere Gefahr, daß sie es taten, da sie ja sowieso immer nur da waren, wo ich war, also auch nur mit mir zusammen in den Keller gingen. Schließlich fingen sie doch an, allein zu spielen, und in der Adventszeit auch einmal im Keller. Plötzlich kamen sie aufgeregt zu mir gerannt: »Mama, für wen ist denn das Puppenbett dort unter dem Tisch.« Ich stellte mich unwissend. Spielsachen unter dem Tisch? Ich ließ mich auf das aus dem Heim mitgebrachte Weihnachtsmannspiel ein und bekam Spaß beim Ausmalen des Märchens. Gleichzeitig war es mir etwas unheimlich, da ich versuche, immer so wahrhaftig wie möglich zu den Kindern zu sein. »Da ist was unter dem Tisch? Dann haben wohl die Engelchen für Weihnachten schon etwas hingelegt. Nun wollen wir nur hoffen, daß sie es nicht wieder abholen, da ihr es gefunden habt.« Ich schaffte es, die Kinder abzulenken und zu einem Besuch bei der Oma auf der anderen Straßenseite zu ermuntern. In dieser Zeit brachte ich alle Spielsachen in einen kleinen Kellerraum, der selten gebraucht wird, und schloß ihn ab. Beim nächsten Kellergang stellten die Kinder mit Schrecken fest, daß nichts mehr unter dem Tisch war. Erst Tage später entdeckte Peter den verschlossenen Kellerraum. Nun konnten wir alle froh sein, daß die Engel wieder einen Platz in unserem Haus für die Geschenke gefunden hatten.

Die nächste ängstliche Frage betraf die Rute. Es dauerte Tage, bis ich die Kinder beruhigen konnte. Sie drohten sich gegenseitig ständig mit der Rute: »Wenn du nicht lieb bist, bekommst du zu Weihnachten eine Rute. Nicht wahr, Mama, der Weihnachtsmann hat doch eine Rute?« Da wollte ich nun nicht mehr mitspielen. »Nein, bei uns hat der Weihnachtsmann keine Rute.« Ich versuchte ihnen immer wieder zu erklären, daß das Weihnachtsfest ein Fest der Freude sei, und das Jesuskind für gute und böse Menschen geboren wäre. Es bringe für alle nur Gutes. Ob sie nun lieb oder böse seien, der Weihnachtsmann brächte bestimmt Geschenke. Das war für sie eine tolle neue Botschaft, die die Kinder glücklich machte.

Am 24. Dezember durften sie ihr Zimmer nicht verlassen, außer nach draußen durch die Terrassentür, da ihre Zimmertür direkt in unsere große Wohnhalle führt. Alle Mahlzeiten wurden bei ihnen eingenommen, und unser Rein- und Rausgehen erhöhte die Spannung. Erst in den letzten fünf Minuten nörgelten die Kinder. Es war zu aufregend. Gegen 15 Uhr betraten wir Vier die weihnachtliche, nur mit Kerzen erleuchtete Halle. Die Kinder strebten zuerst zum Baum und bestaunten die vielen Holzfigürchen mit leuchtenden Augen. Meine Tränen flossen reichlich. Welches Glück, eine so unverfälschte Freude zu erleben.

Bald kamen die ersten Verwandten zu unserer traditionellen Heiligabend-Kaffeetafel. Das sonst übliche lange gemütliche Beisammensein wurde den Kindern natürlich schnell zu viel, und sie durften außer der Reihe schon jeder ein Geschenk auspacken. Der einjährige Bodo war schon zufrieden, mit dem Geschenkpapier spielen zu dürfen. Dann wurde gesungen, und Tante Anna spielte dazu auf ihrem zu uns transportierten Cembalo. Als die Verwandten ihre Geschenke bekommen hatten und uns um 17 Uhr verließen, konnten wir zur Familienbescherung übergehen. Um 18 Uhr kamen Oma und Opa aus Buchholz und mein Bruder mit Familie aus Süddeutschland. Nach dem Abendessen ging die Bescherung weiter. Die Kinder strahlten vor Glück. So viele Geschenke hatten sie noch nie bekommen, da jeder ihnen eine Freude machen wollte. Peter rief plötzlich laut aus: »Jetzt habe ich schon zwölf Geschenke, im Heim hat der Weihnachtsmann mir letztes Jahr drei Sachen gebracht.« Gegen 21 Uhr lagen die Kinder glücklich und zufrieden in ihren Betten. Sie waren so müde, daß sie sofort einschliefen.

Die folgenden Tage verbrachten sie unter dem Tannenbaum inmitten ihrer und unserer Geschenke. Erst Silvester beendete diesen Traum. Die beiden Kinder durften in dieser Nacht zum ersten Mal so lange aufbleiben, wie sie wollten. In ihrem Zimmer hatten wir ein Matratzenlager eingerichtet, damit alle Kinder – es waren neun an der Zahl – sich hinlegen konnten, wann sie wollten. Bis auf den einjährigen Bodo hielten sie aber alle bis ein Uhr nachts durch. Essen, Gesellschaftsspiele, Bleigießen, ein wenig Knallen und viel bengalisches Licht hielten sie wach. Zum Schluß waren wir Erwachsenen müder als die Kinder.

Zwei Reisen

Januar und März 1985

Das dritte aufregende Ereignis der letzten Monate waren zwei Wochen Ferien auf Mallorca. Mitte Januar ging es los. Seit Weihnachten wurden schon ständig aus vielen Stühlen Flugzeuge gebaut, Starts und Landungen versucht. Als es endlich soweit war, saßen zwei aufgeregte Kinder neben uns. Alles Fremde auf der Insel – Häuser, Bäume, Blumen, Landschaften oder die Sprache – wurde erstaunt und neugierig aufgenommen. Peter machte uns riesige Freude durch seine vielen aufgeweckten Fragen.

Wir hatten ein großes Appartment mit Wohnzimmer, Küche, zwei Schlafzimmern und zwei Bädern. Die Kinder erkundeten schnell allein den Weg zum Strand. Vom Balkon aus konnten wir sie dort spielen sehen. Für vier Tage mieteten wir ein Auto und erkundeten die Insel. Sonst waren wir auf geliehene Fahrräder angewiesen oder gingen zu Fuß. Da Michael doch noch recht langsam trippelt, nahmen wir die Kinderkarre mit, die gute Dienste leistete, vor allem, wenn wir lange Strecken auf befahrenen Straßen vor uns hatten. Wir schafften es sogar, einen Berg zu besteigen, ohne Weg, nur durch Macchia, Gräser und über Steine. Frank und ich hatten jeder ein Kind an der Hand, um ihnen bei steilen Stellen zu helfen. Nach etwa einer halben Stunde Aufstieg wurden wir durch eine herrliche Aussicht auf die Küste belohnt. Hier oben fanden wir auch die ersten Orchideen. Nach dem Abstieg gab es zur Erholung an einem windgeschützten Platz ein Picknick.

Jeden Tag wurde eine Stunde im hoteleigenen Hallenbad geschwommen, eine Stunde ausgelassenen Glückes. Da Peter im Schwimmbecken nur vornean stehen konnte, Michael überhaupt nicht, bekamen sie Schwimmflügel. Nach zehn Tagen konnte Peter schwimmen. Wie war er stolz. Michael überwand seine Wasserscheu vollkommen.

In der letzten Woche wagten Frank und die Kinder sogar ein Bad im Meer bei 12 Grad. Michael wagte sich allerdings nur hinein, da er Angst um seinen Papa hatte und ihn wieder herausholen wollte. Ihn ängstigten die 10 cm hohen anrollenden Wellen. Als die zwei Wochen um waren, wären wir gern noch geblieben. Würde uns nach einer so

schönen Reise der Alltag wieder schmecken? Aber es lief alles besser als vorher.
Im März wagten wir unsere dritte Reise. Die Kinder sollten die über Deutschland verstreut wohnende Verwandtschaft kennenlernen, die sie bisher nur aus Erzählungen kannten. Wie alle Eltern machten wir die Erfahrung, wie schwierig besonders mit Kindern Verwandtenbesuche sind. Da wir zu Gast waren, gaben die Verwandten natürlicherweise den Ton an. Das war für die Kinder noch schwer zu verkraften. Sie wurden quakig und nörgelten herum, so daß wir sie vor die Alternative stellten, sich an unsere Regeln zu halten oder abzureisen. Wir erklärten ihnen, daß man sich in einem fremden Haushalt nicht so gehen lassen kann wie zu Hause. Hätten sie das nicht begriffen, wären wir selbstverständlich abgefahren. Aber die Kinder hatten verstanden. Unsere Bitte an die Verwandten, die Kinder nicht zu verwöhnen, stieß allerdings auf kein großes Verständnis.
Ansonsten machten die Kinder mit uns fröhlich und neugierig verschiedene Verwandten- und Bekanntenbesuche. In den ersten zehn Minuten klammerte sich Michael dabei immer an mich, dann taute auch er auf. Wir waren gerührt, wie lieb und herzlich die Kinder von allen aufgenommen wurden. Auch die fünfstündige Heimfahrt verlief prima. Autos und Stofftiere waren zum Spielen dabei. Draußen wurden Brücken und Trecker gezählt und neue Landschaften, Häuser und Türme bestaunt. Wenn gar nichts mehr ging, sangen wir gemeinsam Lieder.
Am Schönsten an der Reise aber war, zu sehen, wie sich die Kinder auf zu Hause freuten. Noch im Auto überlegten sie, was sie als erstes angukken müßten. Sie waren froh, daß es noch hell war, als wir ankamen. Beide liefen gleich durch den Garten, um alle Blumen zu betrachten. Leider waren es erst wenige. Die Schneeglöckchen waren in den wenigen Tagen fast gar nicht gewachsen, nur die blauen Krokusse waren aufgeblüht. Juchzend knieten beide vor den Blüten und betrachteten sie aufmerksam. Besonders gespannt waren sie auf eine Amaryllis, die wir mit leicht geöffneter Knospe zurückließen. Nach den Blumen kam das Kinderzimmer. Ganz begeistert fanden sie ihr Spielzeug wieder. Ich glaube, das Gefühl, hier zu Hause zu sein, wird durch jede Abwesenheit verstärkt.
Durch die gemeinsamen Erlebnisse und die Zeit, die wir füreinander gehabt hatten, waren wir eine aufeinander eingeschworene Gemeinschaft geworden. Besonders groß war der Fortschritt in dem Verhältnis von Frank und den Kindern. Diese innige Freude und Zärtlichkeit, wenn er abends nach Hause kommt, berührt jedes Mal wieder unser Herz. Jetzt ist der Papa für die Kinder ständig gegenwärtig, auch wenn er zur Arbeit

gegangen ist. Der Alltag ist schön und bringt Ruhe und Geborgenheit. Aber wir freuen uns alle schon wieder auf unsere nächsten Unternehmungen, da sie unser aller Lebensfreude wecken, uns mehr und mehr durch die gemeinsamen Erlebnisse verbinden, und wir neue Dinge kennenlernen – auch für Frank und mich neu –, da wir vieles nun mit den Augen der Kinder sehen.

Peter

Begossen

Januar 1985
Auf der Heimreise von unserem Verwandtenbesuch erzählt uns Peter im Auto, was er in der letzten Nacht geträumt hat. Er hat uns schon häufiger seine Träume erzählt; das hat ihm und uns geholfen, seine augenblickliche Seelenlage zu verstehen. Diesmal ist der Traum so aufregend wie seine Reaktion auf die Deutung. Sein Gesicht ist sehr ernst und konzentriert, während er spricht: »Meine Mama«, am Tonfall ist sofort festzustellen, daß er seine leibliche Mutter meint und nicht mich, »meine Mama hat mir ein Glas Wasser über den Kopf gegossen. Daraufhin habe ich Seife in Wasser aufgelöst. Auf dem Wasser war eine Menge Schaum, das sah wie Bier aus.« Jetzt wird sein Gesicht schadenfroh, bleibt aber angespannt. Seine Halsmuskulatur zeichnet sich deutlich ab. Seine Stimme ist wieder hoch und scharf. »Und das hat sie dann getrunken, und dabei hat sie so ein Gesicht gemacht.« Ekel und Widerwillen überzieht sein Gesicht. Gleichzeitig lacht er schadenfroh.
Wir unterhalten uns ein wenig über den Inhalt des Traumes. Auch Frank, der sich nicht so viel wie ich mit Träumen beschäftigt hat, ist betroffen. Er versucht, Peter vor einer Deutung meinerseits zu schützen, und sagt: »Träume sind Schäume«, obwohl er anderer Meinung ist. Ich widerspreche heftig und erkläre, daß Träume uns häufig die Wahrheit über Menschen sagen, die wir vielleicht ganz anders eingeschätzt haben. Da ich aber im Moment auch nicht weiterkomme, reden wir nicht mehr darüber. Als Frank und Michael zum Tanken aussteigen, greife ich das Thema wieder auf. Peter erzählt die Geschichte sofort noch einmal. Dabei berührt mich besonders der Tonfall, wenn er »meine Mama« sagt. Es liegt so viel innige Liebe und Sehnsucht darin, die seinen Schmerz über den erlittenen Verlust deutlich macht. Im Traum sehe ich nun die Chance, daß er lernt, den Schmerz zu verarbeiten oder zumindest, mit ihm zu leben.
Ich erinnere mich an eine kleine Begebenheit, die sich wenige Tage zuvor zu Hause abgespielt hatte. Morgens beim Zähneputzen versuchte Peter, mich ohne ersichtlichen Grund zu piesacken. Er schlägt mich, beißt mich und kneift mich. Ich habe das Gefühl, er will mich verletzen. Als ich ihn frage, warum er mir wehtut, weiß er es nicht. Darum sage ich

ihm, daß ich Verständnis dafür habe, wenn er mich verletzen wolle, da er selbst ja auch schon einmal in seinem Leben sehr schwer verletzt worden sei. Man habe ihm schon einmal sehr weh getan, und nun wolle er sich rächen. Das betone ich mehrmals. Keine Reaktion. Peter, der nicht ertragen kann, daß etwas passiert, was er nicht versteht oder nicht genau mitbekommt, Peter, der uns mit sinnvollen und sinnlosen Fragen plagt, fragt diesmal nicht, wann er verletzt worden sei. Der Traum gibt ihm die Antwort, die er sich selbst bewußt noch nicht geben will. Er hat deutlich kompensatorische Funktion. Sie »besteht darin, daß durch den Traum dem Bewußtsein diejenigen Seiten oder Anteile nahegebracht werden, die der bewußten Einstellung zu einem vollständigen Erleben und zu einer besseren Beurteilung der Situation fehlen.«[13]

Ich will ihm helfen, sich das bewußt zu machen. So frage ich: »Wer hat dir das Glas Wasser über den Kopf gegossen?« Die Frage erschrickt ihn sichtlich. »Nein, du warst das nicht, das war, das war Katrins Mutter, Frau Bahring!« Verdrängung wie im Lehrbuch. Die Wirklichkeit ist aber spannender als alle Bücher. »Aber Peter, du hast doch schon mehrfach gesagt: ›Meine Mama‹, und damit hast du doch deine erste Mama gemeint.« Er verneint es noch einmal, ich aber bestehe wieder darauf. Da antwortet er: »Aber meine erste Mama war immer lieb zu mir.« – »Nein Peter, das gibt es doch gar nicht! Kein Mensch ist immer lieb. Ich mache doch auch mal Fehler und bin nicht lieb. Und Papa macht auch mal Fehler und ist nicht lieb. Und du machst mal Fehler und bist nicht immer lieb. Immer gut und lieb sein kann kein Mensch.« Das leuchtet ihm zum Glück sofort ein, da wir darüber schon häufiger gesprochen haben. So kann er das jetzt auch für seine leibliche Mutter annehmen. Ein großer Schritt ist damit getan. Um seine schmerzhaften Erfahrungen zu verarbeiten, muß Peter erfahren, was das Glas Wasser bedeutet, mit dem seine Mutter ihn begossen hat. So weit wage ich aber nicht zu gehen. Im Heim war den Kindern ja leider gesagt worden, daß die Eltern krank seien und sie deswegen nicht bei ihnen bleiben könnten. Dürfen, müssen wir Peter die Verantwortung seiner Eltern deutlich machen, damit er von seinen Schuldgefühlen befreit wird? Kann er das mit sechs Jahren schon begreifen? Ich neige immer zur Wahrheit. In den kommenden Tagen überlegen wir immer wieder, ob wir nicht doch eine Psychotherapie ansteuern sollen. Können Frank und ich allein dieses Problem lösen?

Weggeworfen

Januar 1985
Am Frühstückstisch erzählt Peter wieder einen Traum. Frank fällt dabei auf, daß er mich dabei anschaut, ihn also wohl mir erzählt: »Meine Mama hat mich in eine Mülltüte gesteckt, sie zugebunden und mich dann in den Mülleimer geworfen.« Als ich frage, wer das war, sagt er in einem für uns nicht glaubhaften Ton: »Du warst das!« Dabei bleibt er auch. Während des Frühstücks gelingt es mir nicht mehr, das Gespräch über den Traum in Gang zu bringen. Es hat mir einfach die Sprache verschlagen.
Nachdem der Tisch abgeräumt ist, setze ich mich allein zu Peter. Wenn ich tatsächlich die Rolle seiner Mutter in seinem Traum gespielt habe, kann es sein, daß er anfängt, mich mit seiner leiblichen Mutter zu identifizieren. Bei dem Traum scheint mir wichtig zu sein, daß Peter »weggeworfen« wird, und weniger die Person, die es tut. Dazu muß ich erklären, daß wir am Tag zuvor zusammen eine Mülleimertüte zugeknotet haben und er sie zum großen Mülleimer gebracht hat.
Ich frage ihn: »Peter, hat dich denn schon einmal jemand weggeworfen oder weggegeben?« – »Nein.« – »Warum bist du denn ins Heim gekommen? Weißt du den Grund?« – »Nein.« – »Meinst du denn, wir würden dich jetzt so einfach wieder ins Heim geben, obwohl wir keinen Grund dazu haben.« – »Nein.« Er ist ungewöhnlich wortkarg. »Es hat doch immer einen Grund, wenn Kinder von ihren Eltern wegmüssen in ein Heim. Weißt du, warum ihr damals ins Heim kamt?« – »Vielleicht weil Papa krank war.« – »Was hatte er denn?« – »Die Grippe.« – »Peter, du weißt doch, daß eine Grippe nur ein paar Tage, höchstens einige Wochen dauert und nicht Jahre. Nein, das war anders.« – Nun erzähle ich ihm die Geschichte seiner Eltern. Ich sehe keine andere Möglichkeit für ihn, sonst seinen Traum, seinen Schmerz zu verstehen. Ich erzähle ihm auch, daß es an den Eltern lag, sich aus dieser Situation zu befreien. Sie hätten vielfältige Hilfe angeboten bekommen, aber sie hätten über Jahre nicht die Kraft dazu aufgebracht. Vor der ganzen Wahrheit scheue ich zurück, nämlich ihm zu sagen, daß sie nun vor Gericht um die Kinder kämpfen. Damit würde ich einen Gewissenskonflikt heraufbeschwören, mit dem Peter in seiner Entwicklung nicht belastet werden darf. Ein paar Tage später führen wir dieses Gespräch weiter, nachdem Peter mich nach weiteren Einzelheiten gefragt hat. Bis heute, drei Wochen später, hat er mit keinem Wort mehr seine leiblichen Eltern erwähnt. Hat er es geschafft, die große Last der Verantwortung von sich zu wälzen?

Namensirritationen I

20. Februar 1985
Wir erhalten einen Behördenbrief. Wir müssen zum Schuleintritt für Peter irgendwelche Krankenbögen ausfüllen. Die Anschrift versetzt uns in große Aufregung. Er ist an unseren Namen und an den Namen der Kinder adressiert. Wir mußten auf der Adoptionsbehörde eine Erklärung unterschreiben, mit der wir uns verpflichteten, über die Familiengeschichte und den Namen niemandem gegenüber etwas verlauten zu lassen. Daran haben wir uns selbstverständlich auch innerhalb der Familie gehalten. In der Schule scheint Peter aber mit beiden Namen geführt zu werden. Vielleicht läßt sich daran noch etwas ändern.

21. Februar 1985
Ich bespreche telefonisch mit Frau Junghans von der Adoptionsbehörde das Namensproblem. Sie hält den Zustand auch für untragbar und erkundigt sich bei der Dienststellenleiterin, die den zuständigen Schulrat anruft. Er meint, es wäre Ermessenssache der Schule, wie sie in diesem Fall verfährt. Er will sich aber noch erkundigen, was getan werden kann, und uns benachrichtigen. Ein bißchen froh bin ich, daß so eine Panne zu einem Zeitpunkt passiert, wo Peter noch nicht lesen kann. Vielleicht läßt sich so Schlimmeres vermeiden. Wie kann das Inkognito einer Adoption aufrechterhalten werden, wenn der Familienname der Kinder überall bekannt wird?

22. Februar 1985
Frau Holthusen, die Dienststellenleiterin der Adoptionsbehörde, ruft bei uns an. In bezug auf das Namensproblem weise das Adoptionsgesetz leider eine Lücke auf. Das mache sich besonders bemerkbar, wenn größere Kinder adoptiert werden sollten. Juristisch gesehen könnten wir nicht darauf bestehen, daß der noch gültige Name der Kinder nicht in den Schulakten auftauche, obwohl es notwendig wäre, um das Inkognito zu wahren. Wenn die Schulleiterin damit einverstanden wäre, schlüge die Rechtsabteilung der Schulbehörde vor, daß die Schülerakte von Peter auf unseren Namen geführt werden solle, mit einem entsprechenden Verweis darin. Die Schulbehörde wolle die Schulleiterin selbst benachrichtigen.

29. März 1985
Ich spreche bei der Schule vor, ob sich die Rechtsabteilung der Schulbehörde, wie versprochen, mit ihr in Verbindung gesetzt hat. Sie hat nicht. Frau Holthusen, die ich anrufe, kann das auch nicht verstehen, da der Leiter der Rechtsabteilung es ihr versprochen hat. Sie will nachfragen.

17. April 1985
Frau Holthusen fragt telefonisch an, ob nun mit der Schule alles geklärt sei. Die Schulbehörde habe ihr mitgeteilt, es wäre alles nach unseren Wünschen verlaufen. Sie bittet mich darum, selbst noch einmal in der Schule nachzufragen, da auch sie an der Lösung dieses Problems sehr interessiert sei.

8. Mai 1985
Erkundige mich in der Schule, unter welchem Namen Peter geführt wird. Beide Namen stehen auf der Akte. Mir gelingt es nicht, der Schulleiterin klarzumachen, daß der juristische Name weder den Kindern noch anderen bekannt werden dürfe. Sie erklärt mir, es gäbe so oft Kinder besonders aus geschiedenen Ehen, die mit zwei Namen geführt würden. Sie selbst wisse ja, daß Peter seinen juristischen Namen nicht erfahren solle, und sie würde auch dafür sorgen, daß das nicht passiere. Ich fühle mich völlig machtlos und in gar keiner Weise beruhigt. Alle Bemühungen in dieser Richtung sind vergeblich gewesen.

26. August 1985
Erster Elternabend von Peter. Ich spreche die Lehrerin auf das Namensproblem an. Das erste, was sie sagt: »Ach, ist der süße aufgeweckte Junge Ihr Sohn?« Zum ersten Mal tut es mir leid, daß ich mich nicht mit diesen Federn schmücken kann: »Ja, wir haben ihn vor einem Jahr angenommen.« Es stellt sich heraus, daß Peter unter unserem Namen im Klassenbuch geführt wird. Die Schulleiterin habe aber mit ihr nicht über die mit der Adoption verbundenen Probleme gesprochen. Sie wolle aber gern dafür sorgen, daß es keine Schwierigkeiten mit dem Namen gäbe. Wie lange wird sie sich daran erinnern?

Aneinander wachsen

Identitätskrise

Februar 1985
Der Nachmittag ist weit fortgeschritten, und ich wollte doch schon seit heute früh schreiben. Warum drücke ich mich davor? Bei meinen »Schularbeiten« hatte ich zwar auch ab und zu keine Lust, aber es drängte mich dann doch an den Schreibtisch. Jetzt empfinde ich aber gar kein Bedürfnis zu schreiben. Wenn, tue ich es nur, um die Entwicklung der Kinder festzuhalten. Wie jedes Tagebuch macht es mir viele Dinge bewußt oder verständlich, da das Schreiben ja zu einer starken aktiven Auseinandersetzung mit dem Niederzuschreibenden zwingt. Warum aber fällt mir das im Moment so schwer? Es sind wohl viele Gründe. Zum einen ist es wohl die seelische Belastung, die der bevorstehende Gutachterbesuch mit sich bringt. Wesentlicher aber scheint mir etwas anderes zu sein.
Die Fähigkeiten, die im letzten Jahr von mir gefordert wurden, sind so grundverschieden von denen, die man zum Schreiben braucht. Als Mutter muß ich den ganzen Tag reagieren und kann sehr viel weniger agieren. Ich habe es langsam gelernt, mich dauernd auf die im Moment erforderlichen Notwendigkeiten einzustellen. Unser fester Tages- und Wochenrhythmus läßt mir keine Zeit, um etwas für mich zu tun, es sei denn am Abend, wenn ich zu erschöpft bin, noch einen Entschluß zu fassen. Am Tag überlassen wir viele Entscheidungen den Wünschen der Kinder oder der momentanen Eingebung. Haben wir z. B. vor, zu basteln, bestimmen die Kinder trotz meiner Planung Zeit und Umfang der Bastelei. Ganz anders als in der Schule, wo doch Umfang, Zeit und Ziel einer Stunde weitgehend feststehen und ich sehr viel mehr Agierende als Reagierende war. Bei unserem vorwiegend üblichen Frontalunterricht muß der Lehrer doch bei allen partnerschaftlichen Vorsätzen in vieler Hinsicht führen und bestimmen. Dadurch verlieren viele die Fähigkeit, flexibel zu bleiben und den Schülern mehr Freiheit zu geben. Zu Hause ist es genau umgekehrt. Trotz Haushaltsplanung habe ich das Gefühl, daß meine Eigeninitiative, meine Individualität, immer geringer wird und ich nur noch in bezug auf andere hin lebe. Wer bin ich? Ich scheine mich aufgelöst zu haben. Ich muß irgendwie versuchen, das Verlorengegangene wiederzugewinnen. Hätte ich doch etwas mehr Zeit für mich, dann würde mir das wohl gelingen.

Verlassensein und Mitleid

Februar 1985

Peter ist ein Engel an Ausgeglichenheit und Fröhlichkeit geworden. Ihn kann fast nichts aus dem Gleichgewicht bringen. Dafür reagiert Michael seit einigen Wochen überempfindlich und sein Lieblingswort ist Nein geworden. Mit Albernheit oder Wut versucht er seinen Willen gegen uns durchzusetzen. Wie überall gibt es bei uns ein paar Dinge im Haus, mit denen die Kinder nicht spielen sollen, z.B. mit dem Taschenrechner, Franks elektronischem Tachometer vom Fahrrad, der Fernbedienung für den Fernseher, dem Fotoapparat usw. Michael hält sich natürlich nicht daran. Vor ein paar Tagen ging ihm beim Balgen mit Peter und Frank eine sehr kostbare Vase zu Bruch. Meine Reaktion war lediglich: »Wie konnte ich nur so dumm sein und die Vase an dieser gefährlichen Ecke stehen lassen.« Ich machte also Michael keine Vorwürfe. Dennoch kam von ihm sofort: »Das warst du, Papa.« – »Nein«, protestierte Frank, »du hast sie heruntergeworfen.« Ich ließ mir deutlich anmerken, daß ich traurig über den Verlust der Vase war, aber Michael brachte nicht die innere Kraft auf, sich und uns einzugestehen, daß er mit an dem Unglück beteiligt war. Aus Wut nahm er einen Bleistift und bekritzelte eine Wand damit. Franks Geduld war zu Ende, und er bestand darauf, daß Michael zu Bett ging. Jede an Michael gerichtete Bitte oder Aufforderung, sich auszuziehen oder in die Badewanne zu setzen, stieß auf Widerspruch. Frank gab schließlich auf und schob ihn in sein Zimmer. Dort legte ich den Kindern gerade die Kleidung für den folgenden Tag hin. Mitfühlend bat ich Michael, sich den Schlafanzug anzuziehen (Fehler Nr. 1). Frank kam darauf noch einmal, nahm ihn auf den Arm und machte einen weiteren Badeversuch (Fehler Nr. 2). Ärgerlich brachte er das nun brüllende Kind in sein Bett zurück. Er tat mir so leid, daß ich ihn sanft auf den Schoß nahm und ihm beim Anziehen helfen wollte (Fehler Nr. 3). Jetzt wollte er natürlich in die Badewanne und weinte verzweifelt. Ich schwankte zwischen Hilflosigkeit und Mitgefühl, gab ihm aber einen Klaps, damit er aufhörte, zu brüllen (Fehler Nr. 4). Effekt: Mein Mitleid und meine Hilflosigkeit wurden noch größer, aber gleichzeitig bemächtigte sich meiner ein überströmendes Glücksgefühl. Ich begriff, daß sein Brüllen und Weinen Ausdruck seiner Angst und seines Gefühls des Verlassenseins waren. Nach dem Klaps sah er mich völlig verständnislos an. Das sollte seine Mama sein, die ihn so lieb hatte, ihm Küßchen gab, ihn tröstete? Er brüllte noch mehr. Das mußte ich wiedergutmachen und fragte ihn: »Möchtest du, daß Mama dich badet?« (Fehler Nr. 5) Natürlich erfolgte ein glücklich schluchzendes Ja. Er hatte sich gegen die Großen durchgesetzt.

Frank war über mein Verhalten fassungslos. So inkonsequent hatte er mich noch nicht erlebt. Ich denke, daß das nur eine Phase ist, durch die ich durch muß. Herz und Verstand verstehen die Hilflosigkeit des Kleinen inzwischen so gut, daß ich nachgiebig werde. Ich weiß, daß ich ihm so nicht helfe, seine Unsicherheit zu überwinden. Im nächsten Schritt werde ich das auch noch lernen.
Folgende Begebenheit erklärt mein tiefes Mitleid mit Michael. Vor etwa zwei Wochen passierte an mehreren Abenden, nachdem Michael schon eingeschlafen war, immer wieder das gleiche. Etwa gegen 22 Uhr fing er an, ganz furchtbar zu weinen. Sein kleiner Körper wurde von Weinkrämpfen geschüttelt, und wir dachten zunächst, er habe Bauchweh oder ähnliches. Uns gelang es nicht, ihn wirklich wach zu bekommen oder mit ihm zu sprechen. Alles Trösten, Umarmen, Küssen hatte keinen Erfolg. Nach ca. zehn Minuten beruhigte er sich und schlief wieder ein. Eines Abends antwortete er auf meine Frage, was denn passiert sei, zweimal mit dem gleichen Satz: »Die Mama ist weggegangen.« Wir waren über die Wahrheit dieser Aussage tief erschüttert. Der Traum hatte ihn so sehr gequält, daß sein Körper sich krampfhaft winden mußte. Am Morgen wußte er – im Alter von vier Jahren kein Wunder – nichts mehr von seinem Traum und den abendlichen Vorkommnissen.
Vorgestern abend gegen 23 Uhr, wir lagen schon im Bett, weinte Michael wieder laut. Ich stand schnell auf, um zu ihm zu laufen, und traf ihn schon auf dem Weg zu uns ins Schlafzimmer. Nachdem ich ihn wieder in sein Bett gebracht hatte und noch bei ihm sitzen geblieben war, bis ich glaubte, er sei eingeschlafen, legte ich mich auch wieder hin. Zwei Minuten später aber war Michael wieder weinend auf dem Weg zu uns. »In dem Bett mag ich nicht mehr liegen«, und zufrieden krabbelte er bei mir unter die Decke. Leider schlief er sehr unruhig, wurde immer wieder wach, fragte, wo Peter sei, und beklagte sich, daß wir kein Licht anhätten. Er bescherte uns dadurch eine unruhige Nacht. Den überwiegenden Teil des Tages aber ist Michael liebevoll, fröhlich und munter – ein mich immer wieder beglückendes Kind.

Besucher

7. März 1985
Herr Göden, der vom Gericht beauftragte Gutachter, der uns schon im November 1984 angekündigt worden ist, besucht uns heute nachmittag. Ich habe einen Kaffeetisch gedeckt, um die Atmosphäre zu entspannen. Abwechselnd berichten wir vier ihm von unserem gemeinsamen Leben. Familie, Feste, Reisen und was die Kinder gelernt haben: Fahrradfahren und Schwimmen. Während die Kinder in ihrem Zimmer oder im Keller spielen und nur ab und zu an den Tisch kommen, berichten wir über ihre Entwicklung.
Wir hatten geglaubt, es gehe in dem Gespräch mit Herrn Göden darum, festzustellen, ob zwischen den Kindern und uns schon Bindungen entstanden seien. Das ist aber nicht der Grund seines Kommens. Er soll beurteilen, ob die leiblichen Eltern das Besuchsrecht zurückbekommen können, ohne daß es den Kindern schadet. Er hat mit den Eltern schon ein Gespräch geführt und wird noch ein weiteres führen. Ihm war wiederum bisher nicht klar, daß es sich bei uns um eine »Pflegestelle mit Aussicht auf Adoption« handelt. Er ist zudem sehr erstaunt zu hören, daß wir nicht informiert wurden, wie schwierig die Adoption rechtlich werden würde, bevor die Kinder zu uns kamen.
Sein Fazit ist, daß die Kinder sich wunderbar entwickelt hätten – nach unseren Aussagen. Für Michael wäre ein Besuchsrecht der Eltern nicht belastend, da er keine Erinnerungen an sie habe. Bei Peter sähe das anders aus. Er könnte in schwere Gewissenskonflikte kommen, da er sich für eine von beiden Seiten entscheiden müßte. Für einen Besuch an einem neutralen Ort, evtl. zusammen mit einer anderen Person, spräche, daß die leiblichen Eltern auf diese Weise wahrnähmen, daß sie keinen Kontakt mehr zu den Kindern hätten. Dadurch könnten sie sich innerlich selbst leichter von beiden frei machen. Daraufhin erzählen wir ihm von den Fotos und unserem Brief an die leiblichen Eltern. Er ist von dieser Idee sehr angetan, worauf wir ihm den Brief zeigen. Er hält den Brief für einfühlsam und entnimmt zu Recht daraus, daß wir es gut fänden, wenn die Eltern etwas mehr von dem jetzigen Leben der Kinder erführen. Wir bitten ihn daraufhin, ihnen so viel wie möglich von dem, was er hier gesehen hat, bei seinem nächsten Besuch zu erzählen, um ihnen die furchtbare Unwissenheit zu nehmen.
Beim Abschied bitte ich den Gutachter, uns seine Entscheidung irgend-

wann mitzuteilen, da eine Antwort über das Gericht monatelang dauern kann. Diese anhaltende Ungewißheit zehrt zu sehr an unseren Nerven. Er verspricht, von sich hören zu lassen, da er den Fall noch in diesem Monat abschließen wolle. Abends fühle ich mich ausgelaugt und niedergedrückt. Was kann noch alles auf uns zukommen? Ich darf mir gar nicht ausmalen, was geschehen würde, wenn die beiden kleinen Würmer allein, ohne sich an mir festklammern zu können, zu einem Besuch müßten.

25. März 1985
Frau Kleine bittet um einen Termin. Sie schlägt einen gemeinsamen Termin mit dem Vormund vor, der uns auch einmal besuchen will, damit die Kinder nicht nur ein Aktenfall für ihn bleiben. Da aber unser Vertrauensverhältnis beiden gegenüber zu unterschiedlich ist, bitte ich um zwei Termine.

27. März 1985
Frau Kleine will gegen 15 Uhr zu uns kommen. Wir waren vorher in der Nähe ihrer Dienststelle einkaufen, und Peter hatte seinen Fahrradschlüssel verloren. Da wir nicht pünktlich zu Hause sein können, holen wir Frau Kleine vom Ortsamt ab. Sie freut sich darüber und meint, wir könnten uns auf dem Weg nach Hause schon unterhalten, dann brauche sie vielleicht nicht mehr ins Haus zu kommen. Da jedoch beide Kinder dabei sind, kann ich ihr den Gefallen nicht tun, und sie kommt noch einmal mit zu uns ins Haus.
Auf dem Weg zu uns versuche ich, ihr einmal deutlich zu machen, daß ich bis jetzt nie etwas von uns Eltern erzählt hätte. So erfreulich die Entwicklung der Kinder auch verliefe, so deutlich müßte man doch auch einmal sagen, daß die Erziehung alle Kraft aufbrauche und ich abends völlig erschöpft sei. Seit Monaten kommen die Sorgen um das laufende Gerichtsverfahren wegen des Besuchsrechts der Eltern hinzu. Besonders in den letzten Wochen, seit dem Besuch des Gutachters quäle mich die Angst vor so einer Besuchsregelung fast Tag und Nacht und mache mich manchmal ganz benommen. Leider hätten die Kinder das mit auszubaden, da meine Nerven dadurch nicht die besten wären. Ich hielte es für unerträglich, daß Adoptiveltern einer solchen Situation völlig rechtlos ausgeliefert seien. Ich hoffe, daß Frau Kleine diese Aussage in ihren Bericht aufnehmen wird. Glücklich kann ich von Peters harmonischer Entwicklung berichten. Mit Frank und mir kann er nun innig schmusen. Sobald er merkt, daß es mir nicht so gut geht oder ich traurig bin, kommt er und tröstet mich. Er hat wirkliches Mitgefühl entwickelt. Ist er selbst traurig oder ärgerlich, weil nicht alles nach seinen Vorstellungen geht, dann läßt er sich leicht durch ein liebes Wort, einen kleinen

Scherz oder auch durch ruhiges Festhalten an dem Geforderten wieder ins Gleichgewicht bringen. Er hat ein ausgesprochenes Harmoniebedürfnis entwickelt.
Michael demonstriert gleich, daß er in einer schwierigen Phase ist. Im Gegensatz zu Peter will er nicht in sein Zimmer gehen. So schlage ich ihm vor, sich ein Buch zu holen – was er auch tut – und sich still zu uns zu setzen – was er nicht tut. Da wir ihm keine Aufmerksamkeit schenken, fängt er an, mit einem Schraubenzieher Unsinn anzustellen. Nachdem er auch noch mit diesem spitzen Instrument hingefallen ist, nehme ich es ihm weg. Darauf geht es erst richtig los. Wo ich den Schraubenzieher auch hinlege, Michael holt ihn sich vor Lachen ausschüttend wieder. Er hat erreicht, was er wollte: Wir können uns nicht mehr unterhalten und müssen uns mit ihm beschäftigen. Zwischendurch verfrachte ich ihn auch ins Schlafzimmer, aber auch aus dem entweicht er in Windeseile, um sich den Schraubenzieher wiederzuholen. Um die Situation zu beenden, gehen wir ins Kinderzimmer und sehen uns an, was Peter gebaut hat. Zu allem Überfluß entreißt er Michael ein Auto mit den Worten: »Das ist meins, damit darfst du nicht spielen.« Das ist schon lange nicht mehr vorgekommen. Sanft – nicht so deutlich wie sonst – versuche ich zu vermitteln. Daher geht Peter auch nicht darauf ein und gibt nicht nach. Er nimmt das Auto und versteckt es in einer Schublade, dabei klemmt er Michael, der danach greifen will, die Finger ein. Heftiges Gebrüll ist die Folge. Zu Recht meint Frau Kleine, es sei wohl besser, wenn sie jetzt gehe. So verabschiede ich mich von ihr mit einem schreienden Kind auf dem Arm und einem trotzigen Kind an der Hand. Sie meint zum Abschied: »Jetzt kann ich mir vorstellen, warum Sie abends fertig sind.«

29. März 1985
Heute nachmittag steigerte sich meine Angst vor einem drohenden Besuchsrecht ins Unerträgliche. Der Besuch des Gutachters liegt drei Wochen zurück, und er hat sich noch nicht gemeldet. In einer Woche wollen wir verreisen. Ich weiß nicht, warum mich mein Gottvertrauen, seit ich von dem Besuch eines Gutachters erfuhr, so verlassen hat. In dieser ersten Phase der Adoption, in dem aus zwei mal zwei sich zunächst fremden Menschen eine Familie werden soll, sind alle psychisch so gefordert, daß jede Art von Kontrolle und Rechtfertigung vor anderen eine unerträgliche Belastung darstellt. Zum ersten Mal hadere ich an diesem Nachmittag mit mir und meinem Gott. Gegen 16 Uhr nehme ich mir ein Herz und rufe Herrn Göden an. Seine Frau ist am Telefon. Ich nenne ihr meinen Namen und den Vornamen der Kinder und sage ihr, daß ich von ihrem Mann gern wissen würde, wie er sich in unserem Fall entschieden habe, da wir in einigen Tagen in Urlaub führen. Sie verspricht mir, daß

ihr Mann zurückrufen würde. Er tut es tatsächlich gegen 18 Uhr. Er ist dankbar für meinen Anruf, da er unsere Telefonnummer verlegt habe und uns noch einmal besuchen möchte. Er selbst schlägt gleich den morgigen Samstagvormittag vor. Über den heutigen Abend kann mich nur ein Fernsehkrimi retten.

30. März 1985

Herr Göden kommt gegen 11 Uhr. Was mir bisher selten passiert ist, nicht einmal bei meinen vielen Examen: Ich bin wie gelähmt vor Angst. Das Gespräch läuft gehemmt an. Wetter, Garten usw. Wir schlagen vor, ob er nicht erst mit den Kindern spielen will, die darauf brennen. So bleibt er wohl eine Dreiviertelstunde bei den beiden, während ich versuche, mich etwas zu fangen. Mir fällt ein, daß ich ihm unbedingt von der neuen, schwierigen Entwicklung von Michael berichten muß. Das hilft mir, mit ihm offen zu sprechen.

Netterweise teilt er uns das Ergebnis seiner »Begutachtung« mit, damit wir beruhigt verreisen können:

– Zwischen den Kindern und uns besteht eine starke Bindung.

– Die Kinder dürfen kein schlechtes Gewissen bekommen, darum mit Blick auf anonyme Adoption keine Besuchserlaubnis, auch nicht auf neutralem Boden.

– Der Richter kann mit Peter sprechen, aber nicht über die leiblichen Eltern.

2. April 1985

Herr Kramp, der Vormund der Kinder, besucht uns. Endlich ein unkomplizierter Besuch. Wir müssen uns nicht rechtfertigen, nichts erklären. Die Sonne scheint, wir können sogar einen Gang durch den Garten machen, trinken gemeinsam Kaffee und können zwanglos erzählen. Herr Kramp ist natürlich auch erfreut über die Aussage von Herrn Göden und meint, nun sei zu 90 Prozent alles gelaufen. Er rechnet damit, daß es bis zum Abschluß der Adoption noch etwa ein Jahr dauern wird.

Familiäre Einflüsse

Die Verwandtschaft

Mai 1985
Die Reaktion unserer Verwandten und Bekannten auf unsere »junge« Familie war überwiegend reizend. Auf unsere »Geburtsanzeige« vor einem Jahr kamen viele schriftliche Glückwünsche, Blumen und Geschenke, aber auch viele spontane Anrufe. Schon damals waren meine Gefühle zu diesem Begeisterungssturm recht zwiespältig. Die vielsagendste Reaktion kam von Freunden aus einer süddeutschen Stadt, die in früheren Jahren ihren Hannover-Aufenthalt immer mit einem Besuch verbunden hatten. »Jetzt kommen wir mal wieder, ihr seid ja jetzt eine Attraktion.« Auf den Besuch warten wir bis heute.
Zwei Nachbarfamilien sind uns eine große Hilfe. Das etwas ältere Ehepaar Neuß, zu denen die Kinder ein ausgesprochen herzliches Großelternverhältnis haben, und die fünfköpfige Familie Bahring, die in besonderer Weise fähig und willens ist, die Schwierigkeiten zu sehen, sie als solche zu behandeln und die Kinder mit ihrer Vergangenheit wirklich anzunehmen. Sie sind aber die große Ausnahme, denn in dieser Hinsicht können wir sonst keine Hilfe erwarten.
In der Verwandtschaft können wir beobachten, daß Adoptivkinder anders betrachtet werden. Die üblicherweise blinde Liebe zu Kindern und Enkelkindern wird ihnen nicht entgegengebracht, alle Schwierigkeiten ihrer Herkunft angelastet. Sie voll als unsere Kinder zu akzeptieren, gelingt nicht allen. Hier ist echte Liebe erforderlich, die nicht blind ist, sondern vom Bewußtsein und Willen getragen wird. Diese bewußte Einstellung zu den Kindern haben in wunderbarer Weise die Großeltern in Buchholz. Als wir ihnen vor etwa einem Jahr unseren Entschluß, Kinder zu adoptieren, mitteilten, erklärten sie uns: »Wir sind über euren Entschluß sehr glücklich, und wir werden die Kinder so lieb haben und genauso behandeln, als wären es unsere leiblichen Enkelkinder.« Und so ist es auch. Die Großeltern können die Kinder nicht oft genug sehen und verwöhnen sie so herrlich unvernünftig wie die meisten Großeltern. Auch die Kinder lieben Oma und Opa über alles. Einmal im Monat verbringen die beiden ein Wochenende bei ihnen, wenn Frank und ich Chorprobe haben. Selbst Michael, der sich sonst ungerne oder gar nicht von mir trennen läßt, fühlt sich in Buchholz geborgen und ist dort so ruhig und ausgeglichen wie nicht einmal zu Hause.

Aber auch andere Familienmitglieder sind rührend lieb zu den Kindern. So gibt es zu dem älteren Vetter und der Kusine naturgemäß keine Rivalität. Sie sind Freunde und Spielgenossen der Kinder und bilden den natürlichen Übergang in die nächste Generation zu Onkel und Tante, die sich sehr eingehend und ernsthaft mit den beiden befassen. Aber auch bei entfernteren Verwandten sind wir erstaunt, mit welcher Selbstverständlichkeit sie die Kinder als Familienmitglieder akzeptieren. So ist es auch im Freundeskreis. Für alle, die uns häufiger sehen und zusammen erleben, sind wir vier schnell zur Selbstverständlichkeit geworden. Und wie gut tut es uns, wenn wir immer wieder hören, wer es nicht weiß, kommt nie darauf, daß ihr eine so junge Familie seid. Auch die Kinder verhalten sich genauso wie andere Kinder. Besonders die letzte Aussage ist erstaunlich. Viele erwarten von Heimkindern, daß sie dauernd Unruhe stiften und Aggressionen verbreiten. Das tun unsere beiden ja auch, aber meistens, wenn wir unter uns sind.
Für einen Teil der Verwandtschaft und Bekanntschaft, die unseren Entschluß, Kinder anzunehmen, für eine Attraktion hielten, werden wir wohl immer das Ehepaar bleiben, das Kinder adoptiert hat, so wie wir es für die Behörde sind. Für manche Menschen werden wir wohl keine Einheit werden, da die Blutsbande fehlen, auch wenn wir schon viele Jahre zusammensein werden. Aber damit können wir leben, da wir selbst die Kinder angenommen haben, viele ihrer Verhaltensweisen nun verstehen und Fürsorge und Verantwortung für sie empfinden. Schlicht: Wir lieben sie, wie man eigene Kinder liebt.

Eigene Schwierigkeiten

Juli 1985
Im Moment bin ich mit mir als Mutter recht unzufrieden. Ich habe das Bedürfnis, allein in einsamer unberührter Natur ein paar Tage für mich selbst zu haben. Da ich mir diesen Wunsch nicht erfüllen kann, muß ich versuchen, mich anders zu regenerieren. Aber wie? Ich glaube, meine einzige Chance, nicht unterzugehen, besteht im Schreiben.
Und ich schreibe wieder gern. Vielleicht weil ich nun ab und zu vormittags schreiben kann, wenn Michael mit Regine spielt, und nicht nur wie im ersten Jahr abends, wenn ich völlig übermüdet war. Ungestört bin ich allerdings selten und schaffe es fast nie, einen Gedanken oder gar ein Kapitel abzuschließen. Am Tag darauf, meist jedoch erst nach mehreren Tagen, muß ich mühsam den roten Faden wieder aufnehmen. Aber dennoch, ich muß schreiben, um mir über diesen so bewegten Lebensabschnitt Klarheit zu verschaffen. Und – was noch wichtiger für mich ist –

um ein Gegengewicht zur Erziehungs- und Hausarbeit zu haben. Beim Schreiben kann ich zu mir selbst finden, ohne mich dauernd auf andere Menschen einstellen zu müssen. Hier kann ich intuitiv Wahrgenommenes intellektuell verarbeiten.
Viele Leute fragen mich, ob ich nach so vielen engagierten Jahren Berufsarbeit die Schule nicht vermisse. Nein, ich vermisse sie nicht. Viele Fähigkeiten, die das Unterrichten erfordert, sind bei der Erziehung in der Familie ebenfalls erforderlich. Für die pädagogische Arbeit ist es notwendig, sich in einem hohen Maße völlig auf die Schüler einstellen zu können, d. h. Offenheit und geistige Beweglichkeit für die Bedürfnisse der Schüler sind vonnöten. Heute bringen das meistens die jungen und engagierten Lehrer mit. So war es auch bei mir. Aber wie so viele meiner Kollegen, erlebte ich dann den Praxisschock des Junglehrers. Meine Offenheit und Beweglichkeit führten dazu, daß die Schüler Stimmung und Arbeitstempo in der Klasse bestimmten und ich mich ganz nach ihren Bedürfnissen richtete. Nachdem ich mir zwei Jahre auf der Nase hatte herumtanzen lassen, wollte ich mich nicht mehr fremdbestimmen lassen. Das war nicht mehr die Diktatur der Erwachsenen, sondern die der Heranwachsenden. Ich wollte aber Gleichberechtigung. Wie viele meiner Kollegen fing ich an, über die Schüler zu meckern und zu stöhnen. Zum Glück blieb das eine Übergangsphase. Da der Schüler ja keine andere Gattung Mensch als der Lehrer ist, also nicht der böse Teil der Menschheit, mußte ich sie annehmen, wie sie waren und mich irgendwie mit ihnen auseinandersetzen. Diese Einsicht reichte aus, um neben (nicht anstatt!) Offenheit und Beweglichkeit zwei weitere Eigenschaften zu entwickeln, Überzeugungskraft und Festigkeit. Ich versuchte einfach die Schüler von dem, was ich für richtig hielt, in verbalen Auseinandersetzungen zu überzeugen, wobei natürlich auch das Umgekehrte der Fall sein konnte. So gab es in einer neuen Klasse zu Anfang immer sehr harte, aber fruchtbare Diskussionen, dann war das Vertrauen hergestellt. Diskussionen gab es weiterhin, aber sie nahmen an Härte ab. Von schlechten Stimmungen ließ ich mich überhaupt nicht mehr beeinflussen. Ich wußte meistens schon im voraus: Diese Klasse hat wieder schlechte Laune. Es ist die 5. Stunde, und sie haben gerade das ungeliebte Englisch – besonders die ungeliebte Lehrerin – hinter sich. Hier hilft nur noch meine gute Laune und intensive Kontaktaufnahme. Dabei gelang es mir meistens, meine eigene seelische und körperliche Situation – mir ging es besonders körperlich häufig genug schlecht – völlig in den Hintergrund zu schieben.
Aus zwei Gründen habe ich von diesen Erfahrungen aus der Schule berichtet. Zum einen, weil die Elternrolle und Lehrerrolle ähnliche pädagogische Fähigkeiten fordern. Auch die Eltern müssen offen und be-

weglich sein, auch sie müssen Überzeugungskraft und Festigkeit besitzen. Fehlt eine der Eigenschaften, gerät das Verhältnis zwischen Kindern und Eltern, in dem beide gleichberechtigt sind, aus dem Gleichgewicht. Dann herrschen die Eltern oder es herrschen die Kinder. Ersteres galt mehr in der vorherigen Generation, das zweite gilt heute häufiger. Ich kenne wenige Familien, wo die Beziehung sich in der Balance hält. Und das ist der zweite Grund, warum ich es schreibe, zu meiner Erschütterung ist es bei uns auch nicht der Fall oder leider nur zeitweise.
Woran liegt das, daß auch bei uns die Gleichberechtigung nicht klappt? Ich sehe im Moment zwei Gründe: Erstens ist es zu Hause viel schwerer, Regeln aufzustellen und einzuhalten als in der Schule, da dort die Situationen nicht so vielfältig sind wie im Familienleben. Die Regeln, die es dort gibt, sind einfach, und es lassen sich sogar schon Ausnahmen in die Regel einbauen. Schularbeiten müssen z. B. gemacht werden. Wer sie zehnmal gemacht hat, kann sich erlauben, einmal auszusetzen. Der Grund – man hatte Geburtstag oder mußte zu einer Beerdigung oder hatte einfach keine Lust – spielt keine Rolle. Zu Hause ist das doch weit komplizierter. Bei uns heißt z. B. eine Regel: Schuhe ausziehen, wenn man ins Haus kommt. Das hat natürlich den Grund, keine Dreckklumpen im Haus zu verteilen. Wie ist es aber, wenn man ganz saubere Schuhe hat, es sehr eilig hat und nur noch schnell den vergessenen Füller vom Schreibtisch holen will? Eine andere Regel heißt: Vor dem Essen keine Kleinigkeiten mehr naschen. Bis wann darf man aber einen Apfel essen, der doch eher den Appetit anregt, und bis wann die Banane, die schon eher sättigt? So besteht der Alltag in Entscheidungen für Ausnahmen von Regeln. Ich selbst neige immer zur Ausnahme. Der Mensch, nicht die Regel ist wichtig. Wir mußten aber lernen, daß Kinder anscheinend Regeln brauchen oder zumindest nicht fähig sind, selbst zu entscheiden, wann Ausnahmen gemacht werden. Sie sind einfach noch überfordert, bei Entscheidungen an alles zu denken, da Kinder überwiegend egoistisch handeln.
Der zweite Grund, warum ich es im Gegensatz zur Schule noch nicht schaffe, Gleichberechtigung herzustellen und wodurch sich Schule und Elternhaus unterscheiden, ist wohl im Zeitablauf zu finden. Als Lehrer geht man nach einigen Schulstunden kaputt, ausgelaugt und zerschlagen nach Hause. Dort kann man sich hinlegen, ausruhen, Gartenarbeit, Hausarbeit machen oder sich bei Schulvorbereitungen für den nächsten Tag regenerieren. Innerlich dauernd mit den vormittäglichen Schulproblemen beschäftigt, brauchte ich meistens den Nachmittag und die Nacht, bis der Streß vom Vormittag wieder abgebaut war. Diese Zeit zum Regenerieren fehlt in der Familie. Dafür kommen die Anforderungen nicht so geballt. In der Schule wird man von einer weit größeren An-

zahl Menschen bedrängt, und gleichzeitig werden organisatorische, fachliche und pädagogische Leistungen erwartet. Zu Hause gibt es dagegen den ununterbrochenen Dauerstreß. Zwölf Stunden am Tag, kein Wochenende, keine Ferien. Ich bin aber nicht in der Lage, dauernd für die Kinder ansprechbar zu sein, mich ihren Anforderungen zu stellen oder ihnen mit Festigkeit und Überzeugungskraft gegenüberzutreten. Zu Hause fallen einfach meine eigenen Stimmungen, meine körperliche Verfassung mehr ins Gewicht. Die kann man eben nur stundenweise, aber nicht den ganzen Tag in den Hintergrund schieben. Für die Schule reichte meine Selbstbeherrschung aus, auf Aggressionen nicht aggressiv und auf Egoismus nicht diskriminierend zu reagieren. Für zu Hause aber reicht es eben nicht. Wenn ich zehn Minuten habe mitanhören müssen, wie Peter und Michael sich zanken, beißen und schlagen, und ich es nicht früh genug geschafft habe, mich ihnen zu entziehen bzw. sie zu beruhigen, dann brülle ich eben auch irgendwann los. Oder wenn Michael absolut seinen Kopf durchsetzen und zum Essen etwas trinken will, ich ihm dann sage, ich würde nicht zum drittenmal aufstehen, er könne sich selbst Wasser holen, er aber weiter Theater macht, sich unter den Tisch wirft, alle versucht zu treten, dann packe ich ihn schon mal ganz unsanft, werde wütend und verfrachte ihn in sein Zimmer. Wenn Peter, der es sich angewöhnt hat, uns alle zu schlagen, wenn ihm etwas nicht paßt, mich schlägt, dann schlage ich auch schon mal heftig reagierend zurück.
Ich bin sehr unglücklich darüber, daß es um meine für die Erziehung notwendigen Eigenschaften so schlecht bestellt ist. Natürlich sind so einer schlecht verlaufenden Situation zehn gut verlaufene vorausgegangen. Aber so viele, wenn nicht mehr, gibt es an einem Tag. Und irgendwann reicht meine Geduld nicht mehr aus. Ich bin nicht mehr offen und beweglich, und von Überzeugungskraft und Festigkeit kann schon gar keine Rede mehr sein. Die Aggressivität der Kinder springt auf mich über, wohl wissend, daß ich mich damit auf die Stufe der falsch handelnden Kinder stelle. Ich fürchte, daß bei mir langsam eine Persönlichkeitsveränderung stattfindet, wenn ich nicht dagegen ankämpfe. So frage ich mich verzweifelt, wie ich es nur schaffen soll, mich nicht von den dauernden Aggressionen der Kinder beherrschen zu lassen.

Kindergarten

Geborgenheit und Selbständigkeit

August 1985
Michael hatte sich so auf den Kindergarten gefreut. Wir glaubten, es sei für ihn gut, endlich gleichaltrige Spielkameraden zu finden. Ich war froh, da ich hoffte, meine Haus- und Schreibtischarbeit dann auf den Vormittag konzentrieren zu können, um mich ruhiger und mit mehr Zeit am Nachmittag den Kindern zuwenden zu können. Frau Kleine riet mir beim letzten Besuch ab. Sie hielt es für wichtiger, daß Michael länger zu Hause blieb und die Bindungen stärker würden. So einfach konnte ich die Sache aber nicht sehen. Bei der Aufnahme von Pflegekindern besteht eine Schwierigkeit darin, daß sie Bindungen entwickeln, um sich geborgen und angenommen zu fühlen. Das genügt aber nicht. Für die Verarbeitung ihrer Vergangenheit ist nicht nur das Gefühl, von den »neuen« Eltern geliebt zu werden, notwendig. Außerdem müssen sie so selbständig wie möglich werden, um ein gesundes Selbstbewußtsein zu entwickeln, das sich für mich aus dem Bewußtsein, geborgen zu sein, und dem Bewußtsein, selbst etwas leisten zu können, zusammensetzt. Viele Kleinigkeiten im täglichen Leben tragen dazu bei, die Selbständigkeit zu fördern. Allein anziehen, die eigene schmutzige Wäsche in den Wäschekorb bringen, abdecken, aufräumen, selbst begründete Entscheidungen treffen. Dazu gehört aber auch, allein und ohne Mamas Rückendeckung in einer Gruppe spielen zu können. Wenn Michael jetzt durch Erfahrung lernt, daß nach jeder Trennung am Morgen wenige Stunden später ein Wiedersehen erfolgt, kann er langsam seine Angst vor dem Verlassensein verarbeiten. Die Kinder können und müssen ihre Vergangenheit aus eigener Kraft bewältigen. Wir können sie nur unterstützen, indem wir ihnen die Geborgenheit geben. Zu viel Nestwärme kann aber auch schaden, man lebt nicht miteinander, sondern füreinander. Das schränkt am Ende die Freiheit aller beteiligten Familienmitglieder ein, da Bindungen nicht nur Ausgangsbasis freier Menschen sein können, sondern sich leider nur allzu häufig als gemeinsame Fessel herausstellen.

Der Kindergartenbesuch sollte Michael ein Stück Selbständigkeit geben. Die ersten drei Wochen ging es relativ gut. Ab der vierten Woche aber brüllte Michael bei jeder Trennung. Die Kindergärtnerin nahm ihn auf den Arm. Er brüllte weiter und streckte mir seine Händchen entgegen. »Mama, du sollst nicht weggehen.« Mich bedrückte dann der Gedanke, daß dieses Kind nicht noch einmal vergeblich seine Händchen nach einer Mama ausstrecken sollte. Und doch ging ich, allerdings unter Qualen. Die anderen Mütter beruhigten mich, daß ihre Kinder ebenfalls am Anfang Trennungsschwierigkeiten gehabt hätten. Auch die Leiterin des Kindergartens und eine Psychologin, die am Elternabend einen Vortrag über Entwicklungspsychologie hielt, rieten mir zum Durchhalten. Alle gingen wie ich davon aus, daß sein Selbstbewußtsein gestärkt würde, wenn er feststellte, daß er sich allein im Kindergarten zurechtfände. Ich mußte also gegen mein Gefühl durchhalten. Sobald ich weg war, fand er sich sogar gut zurecht. Wenn er sich beruhigt hatte, spielte er völlig unkompliziert mit den anderen Kindern. Beim Abholen kam er mir dann Arm in Arm mit seiner kleinen Freundin Veronika entgegen. Selten hatte ich ein so süßes Bild gesehen wie diese beiden kleinen, sich umarmenden Kinder. Wenn ich ihn dann fragte, ob er morgen wieder hingehen wolle, kam sofort: »Ja, es war so schön!« Daher schöpfte ich jeden Tag neue Hoffnung, daß er seine Angst überwunden habe. Aber auch die Nachmittagsbesuche von Kindern aus dem Kindergarten machten die Trennung am Morgen nicht leichter. Am Abend betete er meistens schon: »Lieber Gott, laß mich morgen nicht in den Kindergarten gehen.« Noch hatte das Bedürfnis nach Selbständigkeit nicht über das Bedürfnis nach Geborgenheit gesiegt.

Die Entscheidung

September 1985
Aufgrund von Michaels besonderer persönlicher Geschichte hatte ich von der Kindergärtnerin die Erlaubnis bekommen, ihn auch mal zu Hause zu lassen, wenn er den Wunsch äußerte. Das passierte aber nur zweimal. Die Angst überkam ihn erst bei der Trennung von mir. So gab ich ihm eines Tages ein Foto von mir mit, mit unserer Telefonnummer auf der Rückseite. Er bekam die Erlaubnis, mich jeden Vormittag einmal anzurufen. Dennoch weinte er beim Abschied. Wenn er zwei Stunden später anrief, erzählte er jedoch: »Mama, hier ist es so lustig!« Meine Frage: »Soll ich dich abholen?« wurde immer verneint.

Eines Morgens aber zerriß er aus Wut die goldene Kette der Kindergärtnerin. Es war für mich wie ein Signal. Am Tag darauf weigerte er sich wieder standhaft, ohne mich im Kindergarten zu bleiben. Mehrere Kinder standen um uns herum. Veronika schaute ihn ganz traurig an. Was

überwog bei seinem Verhalten? Die tief verwurzelte Trennungsangst oder der uns auch nur zu gut bekannte Dickkopf. Er hatte ja schon erlebt, daß er zu Hause bleiben durfte. Machte es jetzt einfach Spaß, eine kleine Show abzuziehen? So stellte ich ihn vor die Wahl. »Michael, du enttäuschst deine Freundin Veronika und deinen Freund Hannes jetzt sehr, wenn du wieder nach Hause gehst. Die möchten doch gern mit dir spielen. Du mußt dich jetzt entscheiden. Entweder du bleibst jetzt hier und spielst mit den Kindern und kannst auch morgen den Kasper sehen, oder du gehst jetzt mit mir und gehst dann gar nicht mehr in den Kindergarten.« Auf den Kasper freute er sich schon seit einer Woche und sprach jeden Tag davon. Dennoch entschied er sich fürs Mitgehen. Im Auto weinte er ganz fürchterlich, sagte aber ganz entschieden: »Ich will im ganzen Leben nie mehr von dir weggehen, ich will immer bei dir bleiben!« Der arme kleine Kerl hatte sich nach sechs Wochen Kindergartenzeit entschieden. Das Bedürfnis nach Geborgenheit war im Augenblick noch größer als die Freude am selbständigen Spiel mit den Kindern.
Er blieb bei dieser Entscheidung und spielt seitdem glücklich zu Hause, und wir zeigen ihm, daß wir mit seiner Entscheidung einverstanden sind. Zweimal in der Woche kommt am Vormittag die dreijährige Regine zu uns, wenn ihre Mutter in die Schule fährt. Und die beiden spielen selbstvergessen miteinander. Ab und zu schlage ich ihnen vor, daß wir etwas gemeinsam machen. Meistens haben sie dafür aber keine Zeit.

Äußere Einflüsse

5. Juni 1985
Anruf bei Herrn Kramp, um mich über den Stand des Besuchsrechtsverfahrens zu informieren. Es läuft immer noch. In der Zwischenzeit liegt aber der Bericht des Gutachters vor, und ich bitte um eine Kopie. Die Antwort erschüttert mich. Zum ersten Mal reagiert Herr Kramp behördengemäß: »Aber Frau Wolters, das Gutachten betrifft Sie doch gar nicht.« Meine Antwort kann wohl nicht anders lauten als: »Herr Kramp, es betrifft die Kinder, und zwar die Kinder, wie sie sich bei uns entwikkelt haben. Und wenn es die Kinder betrifft, betrifft es auch uns, weil wir eine Familie sind und alles miteinander teilen. Zudem haben ja wir Herrn Göden über unsere Familie unterrichtet. Sein Gutachten fußt auf unseren Aussagen, und wir haben die Besuche ertragen müssen. Da soll es uns nicht betreffen?« Das macht Herrn Kramp zumindest kleinlaut und erschrocken. Aber er meint, ohne die Zustimmung des Gutachters könnte er uns keine Kopie machen, die wir im übrigen nie erhalten haben.
Herr Kramp möchte noch von mir wissen, wie wir zu einem evtl. Besuch eines Richters stehen, wie es das Gutachten in Aussicht stellt. Wir möchten natürlich alle unnötigen Belastungen unserer Familiensituation vermeiden. Wenn der Besuch sinnvoll wäre für den Fortgang des laufenden und der noch zu erwartenden Verfahren, könnten wir uns aber mit dem Gedanken anfreunden. Aber was soll ein Besuch bringen, wenn der Richter keine Fragen in bezug auf die Vergangenheit stellen soll? Was soll er dann fragen? Wie geht es dir? Wie wenig kann ein Kind darüber aussagen in einem kurzen Gespräch. Dazu muß man sich schon lange mit Kindern beschäftigen, um das festzustellen. Bisher waren alle Besucher auf unsere Angaben angewiesen. Und wir können doch viel erzählen. Warum also ein Besuch? Mit Sicherheit würde er unseren Alltag sehr belasten. Seit einem Jahr sind wir nun eine Familie, das ist für Frank und mich schon ein sehr langer Zeitraum. Wir haben unser Leben völlig umgestellt und können es uns nicht mehr anders vorstellen. Für die Kinder aber ist dieses eine Jahr eine Ewigkeit. Das Heim wird fast nicht mehr erwähnt, und das Thema leibliche Eltern ist seit Januar von Peter nicht mehr angeschnitten worden. Für die Kinder ist das Thema Adoption doch abgeschlossen. Der Besuch eines Richters wäre also wenig erfolgversprechend und sehr lästig für uns.

Mit der Entscheidung des Gerichtes rechnet Herr Kramp Anfang Juli. Da er zu diesem Zeitpunkt in Urlaub sei, könnten wir vor Mitte Juli nichts erfahren. Nicht nur für uns ist diese Zeit zermürbend. Dieses Gerichtsverfahren läuft inzwischen seit fast einem Jahr. Ich halte es auch für eine untragbare Zumutung für die leiblichen Eltern, so lange hingehalten zu werden. Was kostet das für Kraft, ein Jahr um das Besuchsrecht der Kinder zu kämpfen. Mir hilft es, unser Päckchen zu tragen, wenn ich an die Last der Gegenseite denke.

11. Juli 1985

Seit fast einem Jahr sind wir nicht mehr im Heim gewesen. Anfang des Jahres wünschten die Kinder einen weiteren Besuch, da brachen aber im Heim die Windpocken aus, und bis Mai gab es eine Besuchssperre. Im Juni waren wir vier Wochen in Südfrankreich.

Die Anregung, hinzugehen, kommt diesmal nicht von den Kindern, sondern von mir, da ich glaube, mein Versprechen von Anfang des Jahres einhalten zu müssen. Zunächst wollen wir einkaufen gehen, dann den Besuch im Heim machen und zum Mittagessen bei der Oma in Buchholz sein. Die Einkäufe dauern aber viel länger, als geplant war. Wenn wir pünktlich bei Oma und Opa sein wollen, bleibt uns für den Heimbesuch nur noch wenig Zeit. Ich bespreche das mit den Kindern. Peter ist sofort dafür, lieber gleich zur Oma zu fahren. Michael aber fängt fast an zu weinen, er will unbedingt den Besuch machen, auch wenn er kurz ist. So entscheiden wir uns dennoch für einen Besuch.

Er wird für die Kinder eine große Enttäuschung. Ihre Gruppe ist aufgelöst. Zum Glück finden wir die Lieblingserzieherin Rosi in einer anderen Gruppe. Peter und Michael fremdeln aber und geben Rosi nur schüchtern die Hand. Michael klammert sich an meine Beine. Peter ist weniger scheu. Aber diesmal gibt es kein Schmusen, kein Auf-dem-Schoß-Sitzen. Nur noch zwei Kinder im ganzen Heim sind beiden bekannt. Sie freuen sich, als sie alle Schränke einmal auspacken dürfen, sind aber nicht böse, als ich nach etwa 20 Minuten sage, daß wir jetzt gehen müssen, um nicht zu spät zum Mittagessen zu kommen. Wieviel Besuche werden sie im Heim noch machen wollen?

9. August 1985

Wir bekommen die für uns glückliche Mitteilung, daß das Landgericht die Klage der leiblichen Eltern zurückgewiesen hat. Für uns ist ein sorgenvolles Jahr mit einer guten Nachricht zu Ende gegangen. Für die leiblichen Eltern bedeutet dies aber, daß sie die Kinder frühestens als junge Männer einmal wiedersehen werden. Für sie hat ein sorgenvolles Jahr ein böses Ende genommen. Warum muß ein Gericht für so eine

Entscheidung ein ganzes Jahr brauchen? Die Menschenwürde wird doch oft bei uns verletzt.

16. Oktober 1985
Was hat mich dieser Besuch von Frau Kleine aufgeregt, und wieviel Kraft hat er mich gekostet. Ich bin völlig erledigt. Jetzt am Abend muß ich aber noch schreiben, da ich morgen vormittag, wenn Michael allein zu Hause ist, nicht dazu komme.
Während ich der Sozialarbeiterin von uns erzählte, wurde mir klar, daß ich nicht mehr gewillt bin, weiterhin unsere Familienprobleme einer mir bis heute fremd gebliebenen Frau mitzuteilen. Einer Frau, die niemals eigene Betroffenheit oder Freude zeigt, einer Frau, die das innige Verhältnis, das zwischen uns und den Kindern herrscht, nicht zu verstehen scheint, einer Frau, die doch recht verschieden von mir ist, ängstlich, pessimistisch und skeptisch. Warum kann sie sich nicht wie so viele andere Menschen, die uns besuchen, mit uns über das Glück freuen, das die Kinder ausstrahlen? Ich habe Hemmungen, ihr etwas zu erzählen. Sie ermutigt mich nicht, sie bremst.
Zu Recht wurde sie in ihrer Ansicht bestätigt, daß Michael für den Kindergarten noch zu klein sei, als ich ihr von den Trennungsschwierigkeiten berichtete. Jede Mutter, der ich es erzählte, winkte nur ab und sagte, bei ihren Kindern sei das nicht anders gewesen. So versuchte ich, Frau Kleine meinen Zwiespalt deutlich zu machen: einerseits dem Kind Geborgenheit und beschützende Liebe zu geben, auf der anderen Seite die Selbständigkeit des Kindes zu stärken, damit es daraus Kraft gewinnt, seine Herkunftsprobleme zu verarbeiten. Im Grunde ist ihre Reaktion auf meine Erklärungen verständnislos. Sie meint, die Probleme der Kinder kämen doch immer wieder, sie wären nie zu verarbeiten, da sie auf Dauer geschädigt seien. Ob sie glückliche Menschen würden, so wie ich ihr das als jetzigen Zustand und als eines unserer Erziehungsziele dargestellt habe, würde sich in der Pubertät zeigen. Erst dann würde sich herausstellen, wie schwer ihre frühere Vergangenheit sie beeinflusse. Jetzt sei ihnen alles unbewußt, und somit könnten sie noch glücklich sein. Wie wenig Ahnung sie doch hat. Und so einer Frau gegenüber müssen wir uns nun schon seit 16 Monaten öffnen und uns ihr gegenüber immer wieder rechtfertigen. Nein, das ist zuviel verlangt.
Daß die Kinder ein Leben lang ein schweres Päckchen zu tragen haben, ist uns auch klar. Und wie sie damit fertig werden, wird sich erst im Laufe ihres Lebens zeigen. Aber wer hat kein Päckchen zu tragen. Wie viele schwere Erziehungsfehler begehen Eltern, in wieviel kaputten Familien müssen Kinder aufwachsen, wieviel Behinderung und Krankheit erschwert das Leben von Kindern, und wie schwer macht unsere Wohl-

stands- und Konsumgesellschaft allen Kindern das Erwachsenwerden. Nach Frau Kleine müßte bei allen diesen Kindern die Mühe vergebens sein, die man ihnen angedeihen läßt. Ich aber glaube an die heilende Kraft der Liebe, wobei sich eben Liebe, wie es auch Erich Fromm schreibt, nicht nur im Festhalten, in der Fürsorge zeigt, sondern auch in der Fähigkeit, sie zur Selbständigkeit zu führen und sie in die Selbständigkeit zu entlassen.

Frau Kleines Meinung, daß Menschen nur glücklich seien, solange ihnen ihre Probleme nicht bewußt sind, ist leider weit verbreitet, aber dennoch falsch. Es ist ja die große Leistung Sigmund Freuds, erkannt zu haben, daß die unbewußten seelisch und körperlich krankmachenden Herde im Menschen aufgedeckt werden müssen. Der Mensch kann weder glücklich sein, noch kann er psychisch wachsen und sich entwickeln, wenn er eine unbewältigte persönliche Vergangenheit hat. Sie liegt wie eine Barriere vor den nächsten Schritten im Leben. Ein geringer äußerer Anlaß, eine schwierige Lebensphase, wie die Pubertät, reichen aus, um die Krankheit ausbrechen zu lassen. Latent war sie aber schon vorher vorhanden. Und wer sehen, hören und fühlen kann, nimmt sie wahr. So ist es auch bei Kindern. Ihr Gefühlsleben und ihr Erlebnisreichtum sind nicht geringer als der der Erwachsenen. Leidet ein Kind an einer tief verwurzelten Angst, einer schmerzhaften Verletzung, macht sich das in seinem Verhalten bemerkbar. Es ist dann besonders empfindlich und verletzbar. Es kann und will den nächsten Entwicklungsschritt nicht machen. Darum ist es so wichtig, schon den Kindern zu helfen, ihre inneren psychischen Wunden zu heilen. Wenn man natürlich keine Augen und Ohren für die Ängste der Kinder hat – da gehört allerdings schon ein sehr dickes Fell dazu, denn sie brüllen laut genug –, unterdrückt man, verdrängt man die wahren Probleme und ist überrascht, wenn plötzlich in der Pubertät Probleme auftauchen, die man längst vergessen hatte.

Von Peter ist nur Positives zu berichten. Schule läuft prima. Er ist begeistert. Er macht mehr, als er muß, und ist ohne unsere Hilfe Seiten voraus in seinem Buch. Ihr Kommentar: »Na, das kann sich natürlich noch völlig ändern.« Verblüffend, wie recht sie mit ihren Äußerungen hat. Meistens läßt sich objektiv nichts dagegen einwenden. Aber sie erkennt nicht, wieviel Kraft uns die Überwindung der jetzigen Probleme kostet. Die Freude, die uns aus dem Erfolg erwächst, gibt uns immer wieder neuen Schwung für den nächsten Schritt. Das alles bedeutet ihr nichts, denn später, da wird es dicke kommen. Dabei ist es uns jetzt häufig schon dicke genug. Dafür brauchen wir unsere ganze Energie, und nicht für belastende Besucher.

Einander näherkommen

Peter und ich

September 1985
Wir hatten uns vorgenommen, bei wunderschönem Wetter zusammen mit der Oma einen kleinen Ausflug an den Maschsee zu machen. Leider gab es davor zu Hause noch einen Krach wegen unwichtiger Dinge. Da ich Kopfschmerzen hatte und mich noch eine halbe Stunde hinlegen wollte, bevor wir los mußten, bat ich die noch essenden Kinder, ihre Stühle aus der Küche wieder in die Eßecke zu stellen, ihre Teller wegzuräumen, die Wasserschüssel von Kater Mischa zu füllen und andere Hosen anzuziehen. Als ich wieder aufstand, war nichts davon gemacht. Die Kühlschranktür stand sperrangelweit offen, von der Terrassentür quer durchs ganze Haus ins Kinderzimmer verliefen Fußstapfen, die von matschigen Stiefeln stammten, und beide Kinder waren verschwunden. Ärger stieg in mir hoch. Warum kann ich mich bloß auf die Kinder nicht verlassen? Kleine Aufgaben, die sie bekommen, erledigen sie nicht. Regeln, wie Schuhe an der Haustüre ausziehen, werden nicht beachtet. Sind sie hier immer noch nicht zu Hause? Ist unsere »Hausordnung« immer noch nicht die ihrige? Besondere Probleme mit der Erfüllung seiner Aufgaben, ob zu Hause oder in der Schule, hat Peter. Er kann nur sehr schwer Beziehungen zu seiner Umwelt herstellen. Menschen und die ihn umgebenden Dinge nimmt er wenig wahr oder nur so weit, wie sein innerer Antrieb es gerade braucht. Ob die Menschen oder Dinge diesen gewünschten Gebrauch gerade zulassen, ist für Peter von geringer Bedeutung. Seine Vorstellungen muß er durchsetzen ohne Rücksicht auf die Umwelt. Mit seinem noch so einseitig introvertierten Verhalten eckt er natürlich furchtbar oft bei Michael – anscheinend auch bei seinen Klassenkameraden – und leider auch bei mir an. So wie C. G. Jung diesen Typ beschreibt[14], wird auch Peter durch seine angepaßte Harmlosigkeit, durch seine »wenig Anteilnahme verratende, wohlwollende Neutralität« Opfer unserer Aggressivität und der Herrschsucht seiner Klassenkameraden. Er rächt sich durch seine Sturheit, Uneinsichtigkeit und Störrigkeit.
Mit mir hat es Peter auch wirklich schlecht getroffen. Er ist der Typ, der dem meinem am meisten entfernt ist.[15] Ich bin wohl ein extrovertierter intuitiver Mensch, mit der Hilfsfunktion Denken, und er ist ein introver-

tierter Empfindungsmensch, ebenfalls mit der Hilfsfunktion Denken. Allerdings sind intro- und extrovertierte Menschen sehr unterschiedliche Brüder. Ringen wir gemeinsam sprachlich um eine Sache, können wir uns nur schwer einigen, da er von einer inneren Vorstellung ausgeht, die er hartnäckig und unbeeinflußbar verfolgt, und ich von den wahrnehmbaren Tatsachen, an denen ich gerecht und hartnäckig – bis zur Lieblosigkeit – alles messe. So gegensätzlich sind unsere Hilfsfunktionen. Genauso gegensätzlich sieht es auch bei den Hauptfunktionen aus. Mir selber liegt nichts ferner als Empfindungen, als Genüsse, mir geht es im Gegensatz zu Peter nie um den Moment. Ihm hingegen liegt nichts ferner als Intuitionen, das Fragen nach dem Woher und dem Wohin. Seine Empfindungsstärke fordert immer vorrangig die Sicherung des momentanen persönlichen Wohlbefindens. Dabei denkt er weder an die Folgen seines Verhaltens noch an die Gefühle anderer. Das ist allerdings immer so, wenn eine, zwei oder sogar drei Funktionen zu stark unterdrückt sind. Nur eine oder zwei gereifte Funktionen sind nicht in der Lage, das Ganze – persönliche Innen- und Außenwelt und die der Mitmenschen – im Auge zu behalten. Wenn die Empfindung vorrangig fordert, befriedigt zu werden, geht das Gespür für andere verloren. Allerdings scheint es mir typisch für Kinder zu sein, daß sie immer nur an eine Sache denken können. Schickt man sie sechs Eier einzukaufen, gleichzeitig noch zwei Liter Milch, brauchen sie einen Zettel oder sie müssen sich diese beiden Sachen die ganze Zeit auf dem Weg vorsagen. Ebenso scheint es mit den Fähigkeiten zu sein. Sie fühlen oder denken, beides auf einmal scheint nicht möglich zu sein. Welcher Erwachsene kann es?

So läßt Peter alles liegen, stehen, fallen, wenn er plötzlich eine andere Idee hat. Dabei stammt diese Idee selten von ihm. Besonders in schlechten Phasen, wenn er z. B. krank ist und ganz auf sich bezogen lebt, existiert er von der Initiative und den Ideen Michaels. Zieht dieser seinem Alter gemäß ein Fädchen durch eine Garnrolle, um sie hinter sich herziehen zu können, muß Peter natürlich das gleiche machen. Baut Michael aus Streichholzschachteln eine Eisenbahn, muß Peter ihm schnell ein paar Schachteln wegnehmen, damit er sich ebenfalls eine machen kann. Malt Michael eines seiner so erstaunlich schönen Hausbilder, muß sich Peter sofort hinsetzen und auch malen; allerdings ist er Spezialist für Schiffsbilder. Dieser Wunsch von Peter nach Angepaßtsein, zu tun, was andere auch tun, ruft in mir heftige Widerstände hervor. Sein Minderwertigkeitsgefühl ist so groß, seine Angst vor der Umwelt so groß, daß er dauernd zeigen muß, was er kann und daß er alles kann und natürlich besser als andere. So bremse ich ihn immer dann, wenn er Michael etwas nachmachen will, was dem Alter von Peter wirklich nicht mehr entspricht, und weil er hinterher immer deutlich machen muß, daß er es viel besser kann als der kleinere Bruder. Dabei kann Peter es überhaupt nicht ertragen, wenn Michael ihm etwas nachmacht, was vom Alter her viel natürlicher ist, aber viel seltener vorkommt. Er fürchtet wohl sofort, daß er seine Vormachtstellung verliert.

Zu sehr hat ihn wohl die eigene Vergangenheit verletzt, daß er sich immer mehr in sich selbst zurückgezogen hat. Zu sehr hat er sich über viele Jahre mit seinem Unbewußten identifiziert. Aber die uns umgebende Wirklichkeit und das uns innewohnende Unbewußte müssen sich die Waage halten. Gerät sie aus der Balance, wird das Ich beschränkt und anfällig. Die vernachlässigte, äußere Wirklichkeit rächt sich, indem sie durch Nichtbeherrschung zum Problem wird. So ist Peters Ungeschicklichkeit erschreckend. Er möchte mir immer so gerne beim Kochen helfen. Da er sich aber nichts sagen läßt und nicht zuhören kann, geht alles schief. Ich bin anschließend damit beschäftigt, ausgelaufene Eier, verschmierte Butter, verspritzte Soßen und anderes wegzuwischen.

Ich glaube, daß ich seine Problematik erkenne, aber was hilft das? Wie kann ich es ändern? Weder aus Erklärungen noch aus Folgen konnte Peter bisher lernen. Wenn jemand im Haus schläft, schafft er es nicht länger als eine Minute, leise zu sein. Er vergißt meine Bitte um Ruhe sofort wieder. Verständlich, aber seine Rücksichtslosigkeit überfordert immer wieder meine Geduld. Aber auch aus Folgen seiner Handlungen kann er nur schwer lernen, da das momentane Wohlbefinden für ihn ausschlaggebend ist. Erst nach knapp 1½ Jahren scheint er gelernt zu haben, seine Jacke in der Garderobe aufzuhängen und seine Schuhe ins Regal zu stellen. Unzählige Male warf ich in den letzten Wochen – wie gemeinsam abgemacht – herumliegende Schuhe die Kellertreppe hinunter. Beim nächsten Gebrauch müssen sie erst wieder aus dem Keller hochgeholt werden, sehr lästig. Zum Vergnügen der Kinder mußte ich den Weg auch mal machen, als meine Schuhe nicht am richtigen Platz standen. Mir fällt die dafür notwendige Sturheit sehr schwer, da ich Ordnung für so etwas Unwichtiges halte. Wir können aber ohne Hausordnung nicht leben. Alle müssen sich um ihre Sachen kümmern, damit nicht einer – in diesem Fall wohl ich – zum Diener der anderen wird. Das alles ärgert mich, aber Sorge macht mir etwas anderes. Dadurch, daß für Peter sein momentanes Wohlbefinden so ausschlaggebend ist, löst er Probleme vorwiegend durch Verdrängung, d.h. er belügt uns. Viel schlimmer noch, er belügt sich selber, um einem Problem aus dem Wege zu gehen. Darum steht er nicht zu einer Sache, die er verpatzt hat, bloß keine Vorwürfe, Ermahnungen, kein Schimpfen. Darum gibt er immer anderen die Schuld und ist völlig uneinsichtig. Darum lernt er so schwer aus seinem Verhalten.

Diese seine größte Schwäche ist nun meine größte Stärke, da meine Hauptintention die Suche nach den Antworten hinter den Dingen, die Suche nach der Wahrheit ist. Da meine Empfindungen unterentwikkelt sind, spielt für mich die momentane Unlust keine Rolle. Die daraus resultierende Schwäche, daß für mich auch die Empfindungen und Gefühle der anderen im Moment keine Rolle spielen, sei nur am Rande vermerkt. Natürlich auch die von Peter nicht. So ist Hartnäkkigkeit meine Stärke und Schwäche. Zum Glück wirkt Frank ausgleichend. Er ist wie Peter introvertiert und kann ihn so viel besser verstehen.
Eine Lösung aus unserem augenblicklich gespannten Verhältnis muß gefunden werden, und die kann natürlich nur von mir kommen, da ich die Ältere bin und vom Typ her immer auf der Suche nach Lösungen. So nehme ich mir vor, ihm fürsorglicher bei Äußerlichkeiten zu helfen, die ihm so fern und so bedrohlich und für mich so selbstverständlich und unproblematisch – höchstens lästig – sind. So will ich mich bemühen, zusammen mit ihm die Schultasche zu packen, die Garderobe wegzuhängen, den Tisch abzuräumen und ihn an seine kleinen Pflichten zu erinnern. Vielleicht wird ihm die Gewohnheit helfen, sich in der Wirklichkeit besser zurechtzufinden. So ist mir immer wieder aufgefallen, daß er – im Gegensatz zu mir – Regeln liebt und es ihm leichter fällt, sich an Normen als an meine Bitten zu halten. Ich habe Angst, durch Regeln und Normen die Kinder zu gängeln und unselbständig zu machen. Es ist aber vielleicht das, was Peter als notwendigen Halt und Orientierungshilfe in der Welt braucht. Wichtig erscheint mir, daß er auf irgendeine Art lernt, seine Umwelt wahrzunehmen.

Zärtlichkeiten

Oktober 1985
Wenn Michael dem Papa am Abendbrottisch erzählt, was er am Tage gemacht hat, hört sich das so an: »Wir waren im Wald, wir haben bei Katrin Windbeutel gegessen, und ich habe mit Mama geschmust.« Die letzte Aussage fehlt selten. Schmusen gehört zum Tagesprogramm, und wir tun es häufig.
Als Frank vor ein paar Tagen schon zur Arbeit und Peter zur Schule aus dem Haus waren, saßen Michael und ich noch am Frühstückstisch. Der kleine Kerl hatte sich in meinem Schoß gekuschelt. Es ist für ihn das höchste Glück, auf meinem Schoß zu sitzen und gefüttert zu werden. Über meinen Bademantel hatte ich eine weite Wolljacke angezogen. In die verkroch sich Michael immer mehr. Er legte seinen Kopf gegen

meine Brust und machte die Augen zu. »Ich bin ein Baby, ich bin noch in deinem Bauch, mich kann keiner sehen.« So zog ich die Jacke ganz über ihn und wiegte ihn hin und her, alle ihm bekannten Lieder summend. Sobald ich aufhörte, forderte er weiterzumachen. Ab und zu bemerkte er: »Keiner kann mich sehen, ich bin in deinem Bauch.« Dabei achtete er genau darauf, daß meine Jacke ihn ganz zudeckte. Nach einer Viertelstunde fielen auch mir die Augen zu. Ich stand auf und trug ihn in mein Bett. Hier ging das Spiel weiter. Leider war an Schlaf nicht zu denken, denn das »Baby« wurde recht beweglich und krabbelte dauernd unter die Decke und wieder hervor. »Ich werde jetzt geboren.« Nach einer halben Stunde geduldigen Ertragens stand ich auf und brach damit das Spiel ab. Noch hatte es an Intensität nichts verloren.

Meistens nehmen die Zärtlichkeiten zu, je weiter der Tag fortschreitet. Wohl zwanzigmal am Tag kommt Michael schnell gelaufen und sagt: »Mama, du bist soooo lieb.« Ich muß ihn drücken, und ich bekomme viele Küßchen. Manchmal kommt er dafür extra aus seinem Zimmer gelaufen und verschwindet dann wieder.

So hat sich auch in dieser Hinsicht die Zubettgehzeremonie ausgeweitet. Weiterhin bringt Frank die beiden ins Bett und liest ihnen evtl. noch etwas vor. Wenn es dann nicht schon zu spät ist, komme ich, und die Kinder werden gestreichelt. Das habe ich bei einer Atemtherapeutin gelernt. Beide lieben es sehr, und es kann nicht häufig und lang genug sein. Ganz sanft und weich wird über den ganzen Körper gestrichen. Manchmal wird auch nur die Hand aufgelegt. Besondere Sorgfalt wird auf die Füße verwandt. Dann werden alle Gliedmaßen angehoben. Sie müssen ganz locker fallen. Das mögen beide am liebsten. Immer wieder fordern sie mich dann auf: »Und jetzt noch mal die Beine, die Arme, nochmal der Kopf.« Wenn am Abend die Zeit nicht reicht, sind sie sehr enttäuscht.

Zum Abschluß folgt immer das Beten. Sicher könnten die Kinder nicht schlafen, wenn das ausfiele. Die Form hat sich nicht gewandelt, aber die Aktivität der Kinder hat zugenommen. Michael, bei dem ich immer anfangen muß, ist fast aktiver dabei als Peter. Wenn wir zunächst bedenken, was sich am Tag ereignet hat, achtet er darauf, daß ich ja nichts auslasse. Sie schaffen es noch nicht, diese kleine Vorübung für eine Gewissenserforschung allein zu machen. Aber jeder für sich erinnert mich an die kleinste Kleinigkeit, die ich ausgelassen habe. Besonders wichtig ist beiden der abschließende Dank für den heutigen Tag und die Bitte für den kommenden. So denken sie beide immer ganz konzentriert nach, wenn ich frage: »Was war denn heute besonders schön, wofür bedankst du dich?« Dann kommt eine ganz genaue Antwort, manchmal korrigieren sie sich auch: »Nein, nicht das Fahrradfahren, daß Katrin da war, war besonders schön.« Viele Wochen antwortete Michael auf diese und die abschließende Frage: »Was wünschst du dir für morgen, um was bittest du den lieben Gott?« mit: »Daß ich dich so lieb habe« und »daß ich dich morgen wieder lieb habe«. Jetzt hat aber auch er ganz konkrete Wünsche: »Daß wir morgen draußen spielen können« oder »daß Regine kommt« oder viele andere kleine Kinderwünsche. Nach dem Kreuzzeichen gebe ich dann beiden einen Kuß und sage: »Lieber Gott, laß meinen Michael gut schlafen«, entsprechend natürlich bei Peter. Michael sagte vom ersten Tag an darauf: »Lieber Gott, laß meine Mama gut schlafen.« Obwohl Peter das jeden Abend von Michael hört, hat er diese Bitte noch nie ausgesprochen. Seine Öffnung nach außen geht ganz langsam vor sich.

Der gesichtslose Geist

Oktober 1985
Gestern abend erzählte Peter im Bett laut eine Schauergeschichte, um Michael Angst zu machen. Das ist im Moment nicht schwer, da er dauernd von Angstphantasien heimgesucht wird. So mag er nicht in den Keller gehen: »Da ist der Wolf.« Darum bremse ich Peter, der sich verteidigt: »Ja, aber Mama, das hab ich doch geträumt. Ein weißes Gesicht kam vom Boden herauf in mein Bett und hat mich in den Finger gebissen. Das tat richtig weh. Warum träumt man?«
Seit Anfang Januar hat er keine Träume mehr erzählt und auch seinen Trennungsschmerz nicht mehr erwähnt. Ich hatte schon befürchtet, daß unsere Gespräche ihn veranlaßt haben könnten, mir gegenüber diesen schmerzhaften Punkt zu verschweigen. Jetzt haben wir Gelegenheit, nach zehn Monaten bei den Träumen und Gesprächen wieder anzuknüpfen.
»Peter, wir haben doch schon vor längerer Zeit über Träume gesprochen, weißt du das noch?« – »Ja, der Traum, in dem mich... jemand in die Mülltonne geworfen hat. Meine Mama.« Bei dem Wort »jemand« zögert er kurz. Ihn schmerzt es wohl zu sehr. Aber er schafft es, »meine Mama« noch nachzuschieben. »Weißt du denn auch noch«, frage ich, »was der Traum bedeutete?« – »Ja, meine Mama wollte mich nicht haben.« – »Peter, daß sie dich nicht haben wollte, kann man vielleicht nicht so sagen. Sie wollte wohl, aber sie konnte nicht, ihre anderen Probleme waren zu groß.« Peter bleibt ganz ruhig, es ist nicht das, was ihn jetzt interessiert. So fragt er weiter und erzählt seinen Traum. »Aber was bedeutet das weiße Gesicht. Es war ein ganz kugelrunder Geist, der nur

noch etwas hinter sich herzog. Der kam zu mir rauf ins Bett (Peter schläft im Etagenbett oben) und hat mich in den Finger gebissen. Es hat richtig weh getan.« Ich erkläre ihm, daß manchmal ein körperlicher Schmerz oder das körperliche Befinden überhaupt Auslöser für einen Traum sein kann, wobei die Bedeutung des Traumes nicht gemindert wird. Etwas vereinfacht versuche ich ihm verständlich zu machen, daß der »Traum versucht in seiner für ihn so typischen Bildersprache, die man Traumsymbolik nennt, uns etwas mitzuteilen, was wir noch nicht wissen und was sich mit Worten oft nicht so gut sagen läßt«.[16] Wie gut verständlich war doch der Traum, in dem Peter in den Mülleimer geworfen wurde. Mir ist klar, daß ich die völlig richtige Interpretation von Peter durch mein »sie wollte schon, konnte nur nicht« verfälscht habe. Ich glaube, sein wirkliches Verständnis für den Traum habe ich dadurch nicht verändert, hoffe aber, einen Grundstein für das Verständnis für die Probleme seiner leiblichen Mutter gelegt zu haben.
»Ja, aber warum tut mir das weiße Gesicht weh?« Ich weiß es auch nicht. »Du fürchtest dich wohl davor, daß dir irgend jemand weh tut? Sind es vielleicht deine Klassenkameraden, vor denen du Angst hast?« Es gibt in der Schule heftige Auseinandersetzungen, und er scheint in der Hackordnung eine tiefe Stellung einzunehmen. Peter meint aber, er habe den Traum schon geträumt, als er noch nicht in der Schule war. Er liegt also Monate zurück. »Peter«, frage ich fast ängstlich, »kann es allgemein die Angst sein, daß dir jemand weh tut? Hast du Angst davor, daß dich jemand verletzt, dich nicht lieb hat?« – »Ja, aber warum träume ich das?« – »Der Traum sagt dir, was du fühlst, aber noch nicht weißt.« – »Wie kann das aber weggehen?« – »Es geht dadurch weg, daß du nun für immer bei Papa und Mama bist und täglich merkst, daß wir dich liebhaben.«
Meine Besorgnis, Peter habe seine damaligen Träume und unsere Gespräche verdrängt, scheint mir unbegründet zu sein. Sein neuer Traum wird von einer undefinierbaren, gesichtslosen Angst ausgelöst. Der Traum spricht in der ihm eigenen Sprache Peters Angst aus, nicht geliebt zu werden. Er ist nun in eine neue Phase eingetreten, in der der Traum ihm zunächst seine Überempfindlichkeit mitteilt. Nun kann er sich bewußt mit seinen Ängsten auseinandersetzen. Sicher ist für ihn das Wichtigste, daß er mit uns darüber sprechen kann. So kann er seine Ur-Angst überwinden und sein Vertrauen zu uns kann wachsen.

Zeichen

Oktober 1985
Am Abend, nachdem Peter seinen Traum von dem »weißen Gesicht« erzählt hatte, ereignete sich plötzlich etwas Neues. Die Kinder saßen zusammen in Michaels Bett. Sie hatten ein Buch angeguckt, und so beteten wir ausnahmsweise alle drei zusammen. Wie immer umarmte ich beide nach dem Beten, bei Peter angefangen, und sagte: »Lieber Gott, laß Peter (dann Michael) gut schlafen.« Wie immer schlang Michael seine Ärmchen um meinen Hals und sagte, mich küssend: »Lieber Gott, laß meine Mama gut schlafen.« In dem Moment ging eine Bewegung durch Peter. Sobald Michael mich losließ, schlang auch er seine Arme um mich, sagte aber nichts, obwohl ich es von seiner nachgemachten Geste erwartet hätte. Beim abschließenden Gutenachtkuß in seinem eigenen Bett – wir finden für neue Umarmungen und Küsse immer wieder einen Grund – ließ mich Peter nicht los. Ich mußte mich gegen seinen Willen aus seiner Umarmung lösen.
Einen Abend später war es soweit. Zum ersten Mal, nachdem er es eineinhalb Jahre jeden Abend gehört hatte, konnte auch Peter sagen: »Lieber Gott, laß meine Mama gut schlafen.« Hinterher wollte er mich wie auch den Abend zuvor nicht loslassen. Am Morgen darauf empfing er mich ungewöhnlich herzlich. Er lag noch im Bett, setzte sich aber sofort hin, als ich kam, und schlang seine Ärmchen um mich und überschüttete mich mit Küßchen. Sonst rekelte er sich noch müde im Bett und brachte kein guten Morgen heraus. Wenn er schon vor uns auf war, spielte er so intensiv, daß unser Auftauchen für ihn nur die Bedeutung hatte: Da ist jemand, der meine »Produkte« bestaunen kann. Nun freut er sich über unser Erscheinen, ohne uns gleich zu gebrauchen.
Aber noch ein anderes Zeichen gibt es für Peters Öffnung, für sein wachsendes Vertrauen zu uns. Vor einigen Wochen sah ich den Film ›Yentl‹. Fasziniert war ich von der körperlichen Ausdrucksfähigkeit von Barbra Streisand. In einer Szene wirft sie sich weinend auf ihr Bett. Sie hatte erkannt, wie einsam und hilflos sie dem Schicksal ausgeliefert war. Weit breitet sie die Arme auseinander, ihre Finger dehnen sich weit nach außen. Bei dieser Geste fiel es mir wie Schuppen von den Augen. Diese Handhaltung hatte Peter bisher beim Schlafen, und wir hatten so oft darüber nachgedacht, was das wohl bedeuten könne. Nun wußte ich es: Es drückte seine Verletzbarkeit, sein fehlendes Vertrauen, seine Hilflosigkeit, sein Sich-nicht-entspannen-Können, einfach seine Lebensangst aus. Am selben Abend trat ich an sein Bett und betrachtete seine kleinen weit gedehnten Hände. Mich rührte die Verlassenheit und Hilflosigkeit, die sie ausdrückten. Am Tage allerdings wurde daraus der

Ehrgeiz, immer der Erste und Beste sein. Dabei war er stur, verstockt und hartnäckig. Diese Verhaltensweisen erweckten natürlich kein Mitleid, sondern zunächst bei mir den Willen, mich gegen Peter zu behaupten. Er nahm sich als Erster beim Essen, er nahm das größte Stück, er wollte als Erster angezogen sein, er mischte sich überall ein, seien es Gespräche, seien es Spiele.
Inzwischen hat sich das geändert. Seine Sturheit, Verstocktheit und Hartnäckigkeit sind gewichen. Er hat erfahren und verstanden, daß momentaner Unmut unsererseits sich immer nur auf eine bestimmte Handlungsweise von ihm beziehen, nie auf seine ganze Person. Er läßt sich sehr viel vertrauensvoller etwas sagen. Bei mir ist das Bedürfnis, mich gegen ihn durchzusetzen, der Sorge gewichen, ihn zu verletzen. Jetzt habe ich Angst, sein Vertrauen und seine neue Offenheit zu mißbrauchen.
Als Frank und ich uns gestern abend beglückt über die neue Entwicklung unterhalten, fallen uns auch seine offenen Hände ein, die er im Schlaf immer hatte. Hat er sie wirklich noch, fragen wir uns plötzlich. Neugierig geworden, gehen wir an sein Bett. Zart und weich ist sein Gesichtchen, nicht offen und verletzbar. Schon seit Tagen habe ich abends das Bedürfnis, das schlafende Kind zu küssen, wie sonst nur Michael den Wunsch in mir weckte. Wir schlagen die Decke zur Seite. Er liegt auf dem Rücken, und seine Hände ruhen entspannt als lockere Fäuste auf seiner Brust.
Diese kleinen leicht überhörbaren und übersehbaren Zeichen der letzten Wochen sprechen von der sich vollziehenden Wandlung, von der wachsenden Fähigkeit, sich nun vertrauensvoll hingeben und öffnen zu können.

Die Prüfung

22. Oktober 1985
Wir bekommen einen Brief vom Gesundheitsamt an unsere Adresse mit dem Nachnamen der Kinder. Darauf reagiere ich überempfindlich. Wo bleibt das Inkognito? Zum Glück hat Peter heute die Post nicht aus dem Briefkasten genommen. Als ich die Leiterin der Adoptionsbehörde anrufe, erklärt sie mir, daß die Einwohnermeldeämter für die Voruntersuchung zur Einschulung Computerlisten an die Gesundheitsämter geben würden. Auf denen sollten zumindest die Namen der Pflegeeltern vermerkt sein, besser aber die Kinder unter dem Namen der Pflegeeltern geführt werden. Aber leider... da sei im Moment nichts dran zu machen.

29. Oktober 1985
Der Vormund, Herr Kramp, ruft an. Er berichtet vom letzten Termin des Ersetzungsverfahrens. Wie zu erwarten, widersetzen sich die Eltern der Adoption. Ihr Anwalt plädiert dafür, daß die Kinder weiterhin zur Pflege bei uns bleiben, eine Adoption sei doch nicht mehr notwendig. Zu diesem Punkt möchte uns der Richter anhören. Er wird sich in den nächsten Wochen an uns wenden. Da Frank im November bis Weihnachten für sechs Wochen in die USA geht, versuche ich, noch vorher einen Termin zu bekommen. Die Aussicht auf eine solche Anhörung ist zwar belastend, dennoch halten wir es für positiv, daß die zukünftigen Adoptiveltern auch einmal gehört werden.
Es sei zudem erwähnt worden, daß wir bereit seien, den leiblichen Eltern Bilder und einen Brief zukommen zu lassen. Wenn dem noch so sei, würde das Gericht das befürworten. Wir sind noch immer bereit, einen Brief zu schreiben, waren allerdings noch nie bereit, ihnen Bilder zu schicken, und sind es auch heute nicht. Das ist wirklich ein besonderer Wunsch. Mich verfolgt die Vorstellung, die Eltern könnten durch einen Zufall die Kinder auf der Straße wiedererkennen. Wir entschließen uns, erst einmal einen Brief zu schreiben und die Reaktion abzuwarten.

30. Oktober 1985
Anruf bei der Sekretärin des Richters. Ich teile ihr unsere Terminschwierigkeiten mit und bitte sie, wenn möglich, um einen Termin noch in den nächsten zwei Wochen.

4. November 1985
Eigentlich will ich den Brief noch gar nicht schreiben. Frank und ich wollen erst gemeinsam den Inhalt überlegen, aber als ich im Bett liege, kann ich nicht aufhören, ihn in Gedanken vorzuformulieren. Schnell stehe ich auf, hole Papier und Stift und mache mir ein paar Notizen. Daraus werden viele Seiten. So stark ist mein Bedürfnis, mich der unbekannten Familie mitzuteilen. Hier nur die Teile, die ich später nicht weiterverwendete.

Der Brief ist für mich die Erfüllung eines lang vorhandenen und tiefen Bedürfnisses, direkt mit Ihnen Kontakt aufzunehmen. Unser Schicksal ist wohl ungewollt miteinander verbunden. Das Band sind die Kinder, an denen alle unsere Herzen hängen.

Wie oft habe ich mir gewünscht, das Inkognito zu durchbrechen, aber ich glaube, daß wir dem alle nicht gewachsen wären, am wenigsten die Kinder.

Im Moment müssen wir die Behörde als Briefkasten benutzen. Wir wünschen uns, daß wir eines Tages ohne Institutionen oder juristische Überlegungen miteinander und vielleicht auch Sie mit den Kindern Kontakt aufnehmen können. Es ist nicht so, daß uns dieses Angebot an Sie leichtfällt, da wir natürlich alles vermeiden wollen, was unser junges Familienleben und die Entwicklung der Kinder zu sehr belasten oder gar gefährden würde.

Bisher erschien es uns so, als wenn jeder Kontakt mit Ihnen der Bewältigung der Vergangenheit nur im Wege stehen würde. Wir fürchteten, die so schwer zu bewältigende Vergangenheit durch eine belastete Gegenwart noch schwerer verarbeiten zu können. Vielleicht aber ist das ganz falsch, und es wäre für Sie und die Kinder gut, ab und zu Kontakt miteinander zu haben.

Was meinen Sie dazu? Könnten Sie akzeptieren, daß die Kinder zu uns Mama und Papa sagen? Daß Sie für die Kinder nur Bekannte unter vielen anderen sind?

In dieses so unübliche und risikoreiche Abenteuer könnten wir uns aber nur begeben, wenn die rechtliche Seite voll geklärt ist.

Bis um ein Uhr sitze ich im Bett und schreibe. Eine Vision von Brüderlichkeit und allumfassender Liebe hat mich erfaßt. Nun will ich erst einmal mein Konzept liegen lassen und abwarten, ob die Vision den Alltag übersteht. Noch will ich das Konzept Frank nicht zeigen. Mein tiefer Wunsch, die leiblichen Eltern der Kinder nicht außen vor, sondern sie teilhaben zu lassen, entspricht zu wenig den üblichen Gepflogenheiten.

7. November 1985
Zwischen vielen Terminen finde ich am Abend Zeit, das Konzept des Briefes noch einmal zu überarbeiten, mit Frank zu besprechen und dann einen vielseitigen Brief zu schreiben. Er enthält ein bißchen über uns, Seiten über die Entwicklung der Kinder und eine kurze Begründung unseres Adoptionswunsches. Die oben geäußerten Gedanken lasse ich aus, da ich zunächst einmal eine Reaktion auf unseren Brief abwarten möchte, der schon ungewöhnlich genug ist. Die Hand, ja unser Herz, können wir immer noch reichen. Nach der Antwort der Gegenseite ist unser Abenteuer eher absehbar.

8. November 1985
Da wir ein sehr langes Chorwochenende vor uns haben und die Kinder zu den Großeltern gebracht werden müssen, ich außerdem schon mit den Vorbereitungen für Franks sechswöchige Reise nach Amerika beschäftigt bin, strengt mich das Tippen des Briefes sehr an. Zudem haben wir fürs Wochenende noch drei Schlafgäste, die neben dem Singen rund um die Uhr verpflegt werden wollen. Dabei geht es nicht um das Tippen, sondern um die damit verbundene seelische Belastung. Unsere beiden Kinder brauchen aber eine ausgeglichene Mama.

12. November 1985
Der Vormund bestätigt schriftlich den Eingang meines Briefes, der ihm gut gefallen hat. Er will ihn gleich weiterleiten. Er gibt mir noch einmal den Wunsch der Eltern nach Fotos weiter. Wir können uns noch nicht entscheiden.

29. November 1985
Frank und ich erhalten Ladungen fürs Amtsgericht. Unsere ersten im Leben. Leider kann ich meine dadurch entstehende Unruhe niemandem mitteilen, da Frank in den USA ist und ich mit der Verwandtschaft nicht darüber sprechen mag. Auf der einen Seite möchte ich unnötige Belastungen vermeiden, auf der anderen Seite fürchte ich, daß die Zurückhaltung eines Teiles der Familie gegenüber den Kindern noch größer wird, wenn sie von der schwierigen Rechtssituation erfahren. Für uns gehören die Kinder zu uns – mit oder ohne Adoption. Diese Einstellung können wir aber nicht von allen Verwandten und Bekannten erwarten.

30. Dezember 1985
Wir erhalten einen Brief der leiblichen Eltern. Viele Seiten. Ich muß ihn mehrfach lesen, um ihn zu verstehen. Ein Brief über die Familienge-

schichte, so wie diese sie sehen. Ich bin so verwirrt, da viele Daten einfach objektiv falsch sind. Er ist eine einzige Rechtfertigung ihres Verhaltens. Verständlicherweise ohne Schuldeingeständnis, dafür aber mit vielen Schuldzuweisungen an andere. Wir hatten gedacht, ihnen ginge es um die Kinder. Es scheint sich aber alles um sie selbst zu drehen.
Wir begreifen, daß wir nicht die richtigen Personen sind, den leiblichen Eltern unserer beiden Kinder aus dieser seelischen Verwirrung herauszuhelfen. Wir entschließen uns daher, den Briefkontakt bereits jetzt abzubrechen. Der von mir so erhoffte Schritt nach vorne, aufeinander zu, wäre nur mit Menschen möglich, die sich selber gegenüber ehrlich sind. Aber dieser Brief zeigt deutlich, daß gerade diese Bedingung nicht vorliegt. So gibt es für uns keine andere Entscheidung, als den Kontakt abzubrechen. Verschweigen will ich nicht, daß mir auch die Kraft dafür einfach fehlt.

7. Januar 1986
Der Tag unseres Gerichtstermins. Wir gehen beide mit zitternden Beinen hin, wie zu einer Prüfung. Ich habe mich gründlich vorbereitet. Ein mit uns befreundeter Jurist hat uns sechs verschiedene Kommentare zum BGB, § 1748, kopiert. Alles mir wichtig Erscheinende habe ich herausgeschrieben und versucht, auf unseren Fall anzuwenden.
Im Amtsgericht beginnt der Richter die Verhandlung mit der Frage: »Sie sind das Ehepaar Wolters?« Wir bestätigen. »Wie geht es denn Peter und Michael?« Komisch, ich habe das Gefühl zu schwimmen. Was soll man auf so eine allgemeine Frage antworten? Ich schaue Frank an, ob er nicht was sagen will. Er will auch nicht. So fange ich an, etwas zu erzählen. Ich erinnere mich noch, daß ich von der ersten Besuchszeit im Heim berichtete. Der Rest ist mir schon jetzt nach zwei Tagen entfallen. Auch während des Erzählens hatte ich das Gefühl, nur Unwichtiges zu sagen.
Zum Glück werde ich nach nicht zu langer Zeit von dem Richter unterbrochen, allerdings mit einer nicht weniger merkwürdigen Frage: »Wie steht es denn jetzt um das Verfahren von Peter und Michael?« Aber das wissen wir ja auch nicht. Das soll doch er wissen und entscheiden. So geben wir beide – unser Erstaunen ausdrückend – die Frage zurück. Und dann folgt die uns zum Teil bekannte, aber zum Teil auch unangenehm überraschende Aufklärung. Zu der Adoption ist die Einwilligung der Eltern notwendig. Da sie diese Einwilligung nicht geben wollen, besteht die Möglichkeit, daß das Gericht diese ersetzt (BGB § 1748). Dazu müssen zwei Voraussetzungen erfüllt sein. Zum einen muß das Unterbleiben der Annahme zur Adoption dem Kind zu einem unverhältnismäßigen Nachteil gereichen. Zum anderen, und das sei hier anscheinend nicht er-

füllt, müsse ein Elternteil »seine Pflichten gegenüber dem Kind anhaltend gröblich verletzt« haben »oder durch sein Verhalten gezeigt« haben, »daß ihm das Kind gleichgültig ist«. Diese Aussage macht mich ganz sprachlos. Meine Beine zittern. Zum Glück sitzen wir. Frank geht es wohl ähnlich. Auch er muckst sich nicht. Wird es doch noch ein dickes Ende geben? Was sollen wir denn zu diesem Punkt sagen, dafür sind wir doch nicht zuständig. Wir wissen doch nicht einmal Näheres über die Familiengeschichte. Und was wir wissen, weiß er sicher schon lange. Zudem wollen wir zu diesem Punkt nichts sagen, denn dann müßten wir gegen die leiblichen Eltern unserer Kinder Stellung beziehen. Dagegen wehren wir uns innerlich. Wir haben uns in den vergangenen zwei Jahren nie als Gegner empfunden. Viel eher haben wir tiefes Mitgefühl für die um ihre Kinder kämpfenden Eltern gehabt, die zwar durch eigenes Versagen über Jahre nicht fähig waren, für die Kinder zu sorgen, aber darum nicht weniger unter diesem Versagen und unter dem Verlust der Kinder leiden.
Zur Sache sagen wir nur wenig. Unserer Kenntnis nach ziehe sich die Zeit der »anhaltenden Pflichtverletzung« und das »gleichgültige Verhalten« über mindestens drei Jahre. Für Kinder doch eine viel zu lange Zeit. Zwei Jahre seien sie im Heim gewesen, die meisten Kinder blieben aber bis zur Vermittlung nur wenige Monate in den Heimen. Wären die Kinder im Mai 1984 nicht zu uns gekommen, hätte Peter von seinem Bruder getrennt werden müssen und in eine andere Gruppe und damit in ein anderes Gebäude gemußt, da er mit sechs Jahren für das Kleinkinderhaus zu alt war.
Am wichtigsten erscheint es mir aber, einige in den letzten Wochen gelernte Argumente vorzutragen, die aufzeigen, daß »das Unterbleiben der Annahme (zur Adoption) dem Kind zu einem unverhältnismäßigen Nachteil gereichen würde«. Der Status eines Pflegekindes sei doch rechtlich sehr viel unsicherer. Kein Erbrecht, kein Unterhaltsanspruch, keine Waisenrente usw. Zudem sei rechtlich der Abbruch eines Pflegeverhältnisses jederzeit möglich. Die Kinder sind in bald zwei Jahren Teil unserer Familie geworden. Für alle sind es unsere Adoptivkinder, für die Großeltern ihre Enkelkinder. Sie machen keinen Unterschied zwischen leiblichen und angenommenen Enkeln, aber immer im Hinblick auf eine sichere Adoption. Die uns belastende Verunsicherung durch die offene Rechtslage wollen wir nicht auf sie übertragen. Ihre vorsichtigen Fragen, den Abschluß des Adoptionsverfahrens betreffend, sind immer schwerer zu beantworten.
Wir haben die Kinder in der Verwandtschaft, Bekanntschaft und Nachbarschaft als Adoptivkinder vorgestellt. Wir haben das Gefühl, sie wären nicht mit so offenen Armen aufgenommen worden, wenn wir sie als

Pflegekinder vorgestellt hätten. Die damit verbundene Unsicherheit und Unverbindlichkeit hätte sicher Zuwendung und Verantwortungsgefühl des Familienumfeldes wesentlich geschwächt.
Jetzt, wo sie noch klein und niedlich sind, liebt die Großfamilie sie und nimmt sie an. Wie wird es sein, wenn sie in der Pubertät Schwierigkeiten machen. Könnte die Familie dann nicht vielleicht froh sein, wenn sie sich von ihnen distanzieren können?
Oder was passiert, wenn wir, die Pflegeeltern, früh sterben? Wird die Familie sich dann für beide verantwortlich fühlen? Oder was ist, wenn wir eine Pflege der Kinder ablehnen, da wir doch Adoptivkinder haben wollten? Da weiß der Richter, wie auch schon einmal die Sozialarbeiterin, eine einfache Antwort: Es bestehe die Möglichkeit der erneuten Heimunterbringung und/oder die Suche nach einer neuen Pflegefamilie. Darauf wären wir gar nicht gekommen. Ist doch alles ganz einfach. Von den leiblichen Eltern ist in diesem Zusammenhang nicht mehr die Rede.
Ein großes Problem scheint mir der Familienname der Kinder zu sein. Er birgt die Gefahr in sich, daß das Inkognito zerstört wird. Zudem ist der gemeinsame Familienname ein äußeres Zeichen für die Einheit einer Familie. Tragen die Kinder einen anderen Namen als wir, werden sie dauernd daran erinnert, daß sie nicht so sind wie andere Kinder. Sie werden deswegen Fragen ausgeliefert sein, vor denen wir sie schützen möchten. Jetzt nach einem halben Jahr in der Schule hat Peter seinen Klassenkameraden gegenüber noch nicht davon gesprochen, daß er im Heim war bzw. ein Adoptivkind ist. Und das, obwohl oder weil wir zu Hause darüber sprechen. Er hat ein natürliches Gefühl für Intimsphäre. Was man in der Familie bespricht, kann man nicht unbedingt in einer großen Gemeinschaft verkünden.
Noch haben wir die Kinder vor diesen Problemen schützen können, da sie ihren Familiennamen nicht kennen und ihnen auch gar nicht bewußt ist, daß sie nicht adoptiert sind. Sie kennen den Unterschied zwischen Pflege und Adoption nicht. Wir haben ihnen gesagt, um ihnen Geborgenheit zu geben und Sicherheit zu vermitteln, daß sie immer bei uns bleiben können, was immer auch passiert. Das Zusammengehörigkeitsgefühl haben wir gefördert, wo es ging. Jede gegenwärtige Unsicherheit haben wir von ihnen ferngehalten, damit sie die vergangenen Unsicherheiten bewältigen können.
Wir haben nach dem ersten Besuch bei den Kindern ja zu ihnen gesagt, und uns war klar, daß wir von da an alle Handlungen, Verhaltensweisen der Kinder mittragen mußten, wie es Eltern auch bei ihren leiblichen Kindern tun müssen. Ohne dieses Verantwortungsgefühl den Kindern gegenüber kann man diese schwere Aufgabe, zwei so verhältnismäßig

große Kinder zu sich zu nehmen, nicht durchstehen. Die Vorstellung, wenn es nicht läuft, steige ich aus, verurteilt sicher die meisten Familiengründungen dieser Art – aber auch Ehen – zum Scheitern. Wir wollen also zu allen Pflichten stehen[17], aber auch unsere Rechte wahrnehmen. Das Recht, ohne zu fragen verreisen zu dürfen, das Recht, über ihre Religionszugehörigkeit zu entscheiden, das Recht, einen gemeinsamen Namen zu tragen und vieles mehr.

Zum Schluß weist Frank noch auf zwei Punkte hin: »Meine Frau hat viele menschliche Aspekte angesprochen, die eine Adoption wünschenswert erscheinen lassen. Vielleicht kann ich das noch durch etwas anderes deutlich machen. Meine Frau verzichtet seit etwa zwei Jahren auf ihr Gehalt als Lehrerin, und wir würden, wenn die Kinder Pflegekinder wären, doch eine erhebliche Unterstützung monatlich vom Staat bekommen. Das ist uns völlig unwichtig, uns scheint für die Kinder wichtig zu sein, daß sie in einem Familienverband leben, der dem einer ›normalen‹ Familie so nahe wie möglich kommt.«

Als wir nach etwa einer ¾ Stunde den Raum verlassen, fühle ich mich erschöpft. Diese Art Befragung hat für mich Prüfungscharakter. Unsere Argumente und Emotionen scheinen wie an einer Wand abzuprallen. Der Richter und die anwesende Urkundsbeamtin, die die ganze Zeit, ohne ein Wort mitzuschreiben, vor ihrem leeren Stenoblock saß, warfen sich während unserer Ausführungen nur vielsagende, für uns nicht zu deutende Blicke zu. Im nachhinein versuche ich, eine Erklärung zu finden. Vielleicht dachten sie, Sie haben ja recht, interessiert uns hier aber nicht. Wir brauchen etwas Neues zum Punkt »Gleichgültigkeit«. Dazu waren wir aber weder fähig noch willens, etwas vorzubringen. Mir scheint es sehr fraglich, ob wir die Prüfung bestanden haben.

9. Januar 1986

Rufe beim Vormund an und berichte von unserem Termin beim Richter. Mir scheint nun wirklich der Zeitpunkt gekommen, wo wir etwas mehr über die Vorgeschichte der Kinder erfahren sollten. Auch wenn wir gewollt hätten, wir hätten den Richter aufgrund fehlender Informationen gar nicht in puncto »anhaltender Pflichtverletzung« bzw. »Gleichgültigkeit« überzeugen können.

In diesem Zusammenhang taucht bei uns die Frage auf, wie häufig die Kinder eigentlich im Heim besucht wurden. Frank erkundigte sich daraufhin gestern bei den Kindern, ob sie jemand im Heim besucht habe. Die Antwort war: »Ja, ihr.« – »Sonst keiner?« – »Nein, sonst keiner.« Sogar Peter, der ein so gutes Gedächtnis hat, kann sich nicht erinnern. Wir wissen aber, daß das nicht stimmt, und fragen nach. Mit Sicherheit werden die Kinder später, wenn sie auf die Suche nach ihrer Vergangenheit gehen, das einmal wissen wollen, und die leiblichen Eltern sollten dann nicht die einzigen Informanten sein.

21. Januar 1986
Frau Westendörfer, die neue Sozialarbeiterin, besucht uns. Ein kurzer, unkomplizierter Besuch. Wir sitzen am Eßtisch, und die Kinder laufen spielend durchs Haus. Dabei können wir sie beobachten, und gleichzeitig kann ich ein bißchen von ihnen erzählen. Erfreulicherweise erzählt sie sogar etwas von sich selber, so daß der Strom der Mitteilungen nicht einseitig bleibt. Fröhlich bringen wir sie zum Auto. Sie wirkte nicht als Amtsperson, sondern als Mensch.

5. Februar 1986
Am Abend schreibe ich den dritten und letzten Brief an die leiblichen Eltern der Kinder (der erste Brief erreichte sie ja nie). Ich fasse ihn so nüchtern und knapp wie möglich. Ich will ihnen nicht weh tun, sie nicht verletzen, ihnen aber deutlich machen, daß ich nicht bereit bin, auf ihre Art von Kommunikation einzugehen. Außerdem teile ich mit, daß wir keine weiteren Briefe zu schreiben gedenken. Da sie in ihrem Brief einige Fragen zu den Kindern gestellt haben, beantworte ich diese, soweit es uns sinnvoll erscheint. Außerdem erhalten sie zwei Fotos von den Kindern, die noch im Heim von einer Erzieherin gemacht wurden und von denen ich mich etwas schwer trenne, da es die ersten Bilder von »unseren Kindern« sind. Alles zusammen schicke ich mit einem kommentierenden Brief an den Vormund.

2. Mai 1986
Wir erhalten einen weiteren Brief der leiblichen Eltern über den Vormund. Rufe Herrn Kramp sofort an und teile ihm mit, daß wir entschlossen seien, den Briefkontakt nicht fortzuführen und ihm deshalb den Brief ungeöffnet zurückschicken würden. Die Eltern würden hauptsächlich von ihren persönlichen Problemen sprechen, und wir seien nicht die Richtigen, um das mit ihnen aufzuarbeiten.
Vom Ausgang des Ersetzungsverfahrens hat Herr Kramp noch nichts gehört. Unser Termin liegt nun bereits vier Monate zurück. Uns hatte der Richter eine Frist von zwei Monaten bis zur Urteilsverkündung genannt.

Trauer

Weinen

Januar 1986
Wie weit wird es Peter schaffen, seine Vergangenheit zu bewältigen? Er hat seit langem nichts mehr von seiner »ersten Mama« erzählt. Werden wir es gemeinsam schaffen, das Schwerste aufgearbeitet zu haben, bevor er in die Pubertät kommt? Er ist zwar erst siebeneinhalb Jahre alt, aber mir wird immer deutlicher, wieviel Zeit wir dafür brauchen. Eigentlich müßte ich heute abend ganz zuversichtlich sein. Peter hat zum ersten Mal weinend in meinem Arm gelegen, er hat zum ersten Mal über die Trennung von seiner »ersten Mama« weinen können. Es ist sicher ein großer Schritt nach vorn. Gleichzeitig zeigt es mir, wie tief und anhaltend der Schmerz sitzt. Beruhigend und zugleich etwas belustigend ist Michaels Verhalten. Er gibt zu Peters Erzählungen dauernd seinen Kommentar ab, wie im Moment zu allem. Er wiederholt Peters und meine Aussagen in altkluger Form, und ich merke, daß er innerlich den Schmerz mit Peter nicht teilen kann.
Unser Gespräch begann damit, daß Peter sich darüber beklagte, daß Michael sehr viel häufiger als er Geschenke bekomme. Als er in den Kindergarten kam, hätte er ein Geschenk bekommen. Und wenn er in die Vorschule komme, würde er wieder etwas bekommen, und nächstes Jahr zum Schulbeginn auch. Er selber hätte aber nur zum Schulbeginn etwas geschenkt bekommen. Ich versuchte, ihm zu erklären, daß Michael einfach jünger gewesen sei, als sie beide zu uns gekommen seien. Er sei doch schon drei Jahre auf der Welt gewesen, als Michael geboren worden sei, und habe bestimmt von seinen ersten Eltern in dieser Zeit auch schöne Dinge bekommen. Sofort zählte Peter verschiedene Feste auf, bei denen er etwas geschenkt bekam. Merkwürdigerweise verlegte er sie alle in die Kindertagesstätte, die er als Kleinkind besucht hat, oder in das Kinderheim. Von mir wollte er noch einmal wissen, wie alt er war, als er ins Heim kam. Dabei kam er wieder auf die Trennung von seinen Eltern zu sprechen.
Seine Erinnerungen daran waren sehr lebendig. Er sprach davon konzentriert, ruhig und sehr traurig. »Ich mußte nur ins Heim, weil die Mama wieder krank war. Papa wollte uns doch was zu essen machen. Da kamen aber drei Frauen, und ich durfte nicht mehr zu meiner Mama. Ich

mußte mit weggehen.« Seine Augen füllten sich mit Tränen. Ich setzte mich schnell neben ihn, und dann umarmten wir uns beide und weinten heftig miteinander. Vorsichtig, aber ehrlich berichtete ich ihm: »Peter, deine Mama schaffte es nicht mehr, zu kochen und den Haushalt zu versorgen. Darum warst du auch den ganzen Tag in einem Kindergarten und hast sogar manchmal da geschlafen. Als es gar nicht mehr ging, mußtet ihr ins Heim.« Ich erzählte ihm auch noch, daß es seine Eltern in den beiden Jahren, in denen sie im Heim waren, nicht gelang, die Auflagen zu erfüllen, die ihnen die Sozialbehörde gestellt hatte. Auf seine vielen Zwischenfragen hin mußte ich immer wieder das gleiche berichten. Die Lüge von der Krankheit der Eltern ist nun überwunden.
Zwischendurch weinte Peter immer wieder, mich umklammernd. So fragte ich ihn, ob er denn seine Mama und seinen Papa mal wiedersehen möchte, was er bejahte. »Möchtest du denn wieder bei ihnen wohnen?« – »Nein, sie sollen hierherkommen.« Darum bat er mehrere Male. Ich glaube nicht, daß ich ihm deutlich machen konnte, daß dieser Wunsch unrealistisch ist und weder für ihn noch für seine leiblichen Eltern die Gegenwart leichter wird, wenn sie sich sehen. Wie dachte ich selbst darüber? Wir hatten zu diesem Zeitpunkt den Antwortbrief der leiblichen Eltern noch nicht bekommen. Und in mir lebte noch die Vision, daß sich die Vergangenheit am besten mit allen gemeinsam bewältigen ließe.
Plötzlich war für ihn das Gespräch beendet. Leise sagte er, daß er jetzt spielen wolle. Da es für sie eigentlich schon Schlafenszeit war, schlug ich vor, lieber noch etwas vorzulesen. Damit waren beide einverstanden. Wie so oft bat Peter auch heute abend: »Darf ich bei euch einschlafen?« Da der Papa noch in Amerika war, durfte Peter die ganze Nacht in seinem Bett schlafen und Michael auf einer Liege daneben. Fest umschlungen trug ich Peter ins Bett. Auf dem Bettrand blieb er auf meinen Knien sitzen und bat, Hoppe, hoppe Reiter. Wir spielten es mehrmals. Nach und nach fing er an, ausgelassen zu lachen. Er wirkte befreit, wenn auch nicht frei. Glücklicher Michael, der sich dem Moment so hingeben kann. Wenn er etwas gelernt hat, ist er einfach glücklich und will niemals stolz anderen zeigen, was er nun kann. Er genießt es einfach. Michael kann sein, Peter muß haben. Ob er es noch schafft, seine Vergangenheit zu verarbeiten?

Verlieren

Februar 1986
Wie alle Kinder verlieren oder verlegen die beiden häufig ein Buch, ein Spielzeug, einen Schuh oder etwas anderes. Peter berührt das überhaupt

nicht. Sein Kommentar lautet dann nur: »Dann nehme ich was anderes ... kaufen wir neu.« Darüber hatte ich mich schon oft geärgert, weil die Beziehungslosigkeit Dingen gegenüber verwandt ist mit der Bindungslosigkeit Menschen gegenüber.
Ein typischer Fall ereignete sich vor meinem Geburtstag. Peter wünschte sich so sehr, mir ein richtiges, großes Geschenk machen zu können. Da fiel mir ein, daß er im Herbst bei uns im Garten eine kleine Goldmünze mit Kettenaufhänger gefunden hatte, und schlug ihm vor, mir diese zum Geburtstag zu schenken. Er war begeistert. Ich hatte sie gut weggelegt. Wir suchten dazu eine kleine Schmuckschachtel. Peter wollte alles an sich nehmen. Ich riet ihm, sie lieber in unseren Schreibschrank zu legen, damit sie nicht verloren ginge. Da lag sie etwa drei Wochen. Ab und zu fragte Peter danach, schaute sie sich wieder an und freute sich auf den Geburtstag. Am Tag zuvor bekam er vom Papa Papier zum Einpacken und zog mit seinem Geschenk los. Eine halbe Stunde später war das Geschenk verschwunden und ist auch heute nach zwei Wochen nicht wieder aufgetaucht. Trauer oder Ärger waren Peter nicht anzumerken: »Dann schenk ich dir was anderes!«
Gestern ging wieder etwas verloren. Wir haben eine große Fahrradpumpe mit einem kleinen Ventilvorsatz für mein französisches Fahrrad. Michael wollte mit der großen Pumpe so gerne sein Fahrrad aufpumpen. Ich erklärte ihm deutlich – Peter stand neben ihm –, er möge sehr gut auf das Ventil achtgeben und es nicht verlieren. Fünf Minuten später war Peter in der Küche. Er hatte die Pumpe mit in die Sandkiste genommen und dort das Ventil verloren. Bedauernd und gleich eine Lösung parat erklärte er: »Mama, wir haben das Ding von der Luftpumpe verloren, wir müssen ein neues kaufen.« Das verschlug mir den Atem. Ich blieb ruhig wie er und hatte auch eine Lösung parat: »Nein, es wird nichts neu gekauft, ihr habt es gerade verloren, da werdet ihr es noch wiederfinden. Sucht bitte in der Sandkiste.« Ich ließ sie bis zum Abendessen suchen und half ihnen schließlich, Schaufeln, Siebe und sonstiges zu säubern und wegzubringen. Sie zogen bekümmert ins Badezimmer zum Händewaschen, und ich ging in die Küche. Hatte meine Sturheit Sinn gehabt? Unsere Suche war letztlich erfolglos geblieben. Während ich noch überlegte, kam Peter in die Küche gelaufen. »Liebe Mama, du bist ja so lieb, Mama« und drückte sich an mich. »Ich hätte in der Sandkiste fast geweint.« – »Warum denn«, frage ich. »Weil wir dachten, wir müßten die ganze Nacht suchen.« – »Ja, aber davon habe ich doch nichts gesagt, glaubst du wirklich, Mama würde so etwas zulassen?« – »Es tut mir so leid, Mama, daß du jetzt immer mit der kleinen Luftpumpe dein Rad aufpumpen mußt.« Er war weich und wirklich voller Mitleid. Meine Sturheit war wohl gerechtfertigt. Er hat zumindest eingesehen, welchen Wert dieses kleine Teil besaß.

Am Abend betete er: »Lieber Gott, laß uns nicht immer etwas verlieren, sondern gut auf die Sachen achtgeben.« Ich nahm diese Bitte zum Anlaß für ein Gespräch. »Peter, man kann nicht nur Sachen verlieren, weil man nicht auf sie aufpaßt, sondern auch Menschen!« – »Können sie sich verlaufen?« fragte er erstaunt. »Nein, so meine ich das nicht. Stell dir zum Beispiel einmal vor, Mama wäre lieb zu einem anderen Mann, dann würde ich Papa so traurig machen, daß ich ihn verlieren würde. Oder auch andersherum, Papa wäre zu einer anderen Frau lieb, dann würde er mich verlieren.« – »Aber das tut ihr doch nicht?« kam die ängstliche Frage. »Nein, Papa und Mama passen ganz genau auf, daß sie sich nicht verlieren. Man muß aber etwas dafür tun, daß man Sachen und Menschen nicht verliert. Für alles, was zu dir gehört, bist du mitverantwortlich. Deine ersten Eltern haben nicht aufgepaßt und haben euch verloren. Sie haben nicht genug achtgegeben auf euch. Sie haben euch verloren, weil andere Dinge sie so sehr beschäftigt haben. Nun müssen sie die Folgen tragen, aber nicht nur sie, auch ihr müßt die Folgen tragen. Wir versuchen, euch dabei zu helfen. Wir wollen versuchen, nie einen Menschen zu verlieren. Als Papa und Mama vor zwei Jahren euch zum ersten Mal gesehen haben, haben wir hinterher zu Herta, der Heimleiterin, gesagt: ›Von heute ab sollen Peter und Michael zu uns gehören. Wir wollen sie nie mehr verlassen oder verlieren. Wir übernehmen ab jetzt die volle Verantwortung für die beiden. Und wenn sie im Haus alle Fenster einschmeißen oder sonst schlimme Sachen anstellen, wir halten zu den beiden.‹« Daß wir schon manchmal überlegt haben, was wir tun würden, wenn die Behörde uns die Kinder wieder nehmen würde, nämlich lieber mit ihnen auswandern, als die Schuld auf uns zu nehmen, sie wieder herzugeben, sagte ich ihnen allerdings nicht. Die beiden waren ganz begeistert. »Hast du das wirklich gesagt, Mama?« Dabei schlang Peter seine Arme um mich und sagte: »Mama, wenn du so etwas erzählst, werde ich immer so traurig, daß ich fast weinen muß.« – »Ja, Peter, was ich erzählt habe, ist auch furchtbar traurig. Und die Trauer ist in dir. Darum ist es besser, wenn du jetzt weinst. Je mehr du darüber weinst, je mehr kannst du später im Leben lachen.« Mich fest drückend, versuchte er zu weinen, aber es wurde nur ein Schmusen daraus. Auch diesen Abend bat er darum, bei uns in den Betten einschlafen zu dürfen. Mit meinem Einverständnis kletterten sie glücklich aus ihren Betten und liefen in unser Schlafzimmer. Nach erneutem Küßchengeben und Zudecken war schnell Ruhe.

Rückblick

7. Februar 1986
Bei unserem Termin vor Gericht haben wir wieder festgestellt, wie wenig wir von der Vergangenheit der Kinder wissen. Schon lange hatte uns Herr Kramp versprochen, uns mehr Informationen zu geben. Nächste Woche haben wir einen Termin. Um das Bild abrunden zu können, rufe ich die Heimleiterin an, um Näheres über die Entwicklung der Kinder im Heim zu erfahren und wie oft sie von ihren Eltern besucht worden sind. Wir machen einen Termin aus, damit ich mir alles, was von Interesse für uns und später für die Kinder ist, aus den Akten herausschreiben kann.
Ich berichte ihr ausführlich über die Entwicklung der Kinder. Besonders die Gespräche mit Peter interessieren sie. Sie bezweifelt, daß die Kinder ihre Vergangenheit, die Trennung vom Elternhaus, begreifen können. Ich denke aber, daß Peter es sogar besser begreifen kann als wir, er hat das Verlassenwerden erfahren. Mit dieser Erfahrung lebt er nun. Man kann versuchen, sie zu vergessen oder zu verdrängen. Ich habe aber bei mir selbst immer wieder die Erfahrung gemacht, daß ich meinen Frieden mit mir, meinen Mitmenschen und mit Gott erst wiederfand, wenn die Probleme erkannt und oft in langen quälenden Gesprächen geklärt waren. Wo das nicht möglich ist – das hat auch jeder Mensch einmal erfahren –, kann kein Friede einkehren. Als ich Frau Rathke auch berichte, daß Peter über den ihm zugefügten Schmerz auch weinen kann, meint sie, Kinder sollten doch nicht nur traurig sein. Das sind sie ja auch selten. Wenn aber der Schmerz kein Ventil nach außen findet, z. B. durch ein Gespräch, durch Tränen oder durch einen Traum, wird es viel schwieriger, damit zu leben. Nur wenn Trauerarbeit durch Bewußtmachung geleistet wird, kann das schwere Erlebnis des Verlassenseins aufgearbeitet werden. Sonst zeigt sich die Angst vor der Einsamkeit, die Angst vor dem Nicht-geliebt-Werden in auffälligen Verhaltensweisen, die das Kind und seine Umgebung belasten.
Das stärkste Argument für unser Vorgehen ist Peters Verhalten. Wir können es manchmal selbst kaum fassen, wie er sich in den letzten Wochen und Monaten verändert hat. Nach jedem Gespräch ist ein Stückchen mehr Last von ihm gefallen. Er betrachtet uns nun nicht mehr als seinen Besitz, den er verteidigen muß. Der Austausch von Küßchen ist

nicht mehr nur Ausdruck der Eroberung, sondern Austausch von Zärtlichkeiten geworden. Begonnen hatte die Entwicklung vor über einem Jahr mit den Gesprächen über seine Träume. Danach wurde er sehr viel ausgeglichener. Ein paar Wochen später, während einer Fahrradtour mit der Nachbarfamilie, fuhr er plötzlich neben mir und sagte: »Mama, ich möchte jetzt nur noch mit dir fahren, denn dich habe ich am allerliebsten.« Dieses spontane Zeigen von Glücksgefühlen war neu. Bis dahin konnte er sich nur über Erfolge und über Dinge, die er besaß – seien es Sachen oder Personen –, freuen. Nun ist er bei Unterhaltungen offen geworden, kann Scherze auch über sich selbst machen, kann über Michael lächeln und kämpft nicht mehr unentwegt um den ersten Platz. Besonders schön ist, daß er anfängt, sich einfach über bestimmte Situationen, Ereignisse und neu Erlerntes zu freuen.

Für Frau Rathke sind nach 25jähriger Tätigkeit im Heim diese Überlegungen neu. Normalerweise würde nach wenigen Wochen nicht mehr über die Vergangenheit gesprochen und sobald nach etwa einem Jahr das Adoptionsverfahren abgeschlossen sei, wäre dafür ja auch kein Grund mehr vorhanden. Bei uns läge das sicher daran, daß wir so lange warten müßten. Für mich hat das allerdings nichts damit zu tun. Über das Verfahren, über den jetzt anstehenden Besuch bei dem Vormund und den Sinn des Heimbesuches in dieser Woche sprechen wir nicht mit den Kindern. Bei aller Offenheit ihrer Vergangenheit gegenüber gibt es doch einen Bereich, den die Kinder unserer Meinung nach nicht verstehen können und über den wir mit ihnen nicht sprechen. Für sie war und mußte alles Unsichere abgeschlossen sein mit der Übersiedlung zu uns.

Wir hoffen sehr, daß in absehbarer Zeit die Phase der Bewußtmachung bei Peter abgeschlossen ist, damit er noch vor der Pubertät Jahre der ungestörten Entwicklung durchleben kann. Ich denke allerdings, daß auch für Michael noch eine schwierige Phase kommt. Noch ist er mit fünf Jahren nicht in dem Alter, in dem man etwas mit ihm besprechen kann. Erschwerend kommt hinzu, daß er keine Erinnerung hat. Erleichternd wiederum ist seine Vitalität, mit der er alle Probleme angeht. Seine Wutanfälle sind seltener geworden, aber noch sind sie nicht verschwunden. Alle paar Tage tobt er aus dem geringsten Anlaß los, liegt auf dem Boden und brüllt. Ihn zu trösten, hat keinen Sinn. Am besten ist es immer noch, ihn nicht zu beachten. Nach ein paar Minuten ist er entweder fröhlich und hat schon alles vergessen – wir natürlich auch –, oder er setzt sich bei mir auf den Schoß und weint noch ein bißchen. Dann wird er gestreichelt, geküßt und gedrückt. Heute abend, nachdem »der Bock« ihn zweimal heimgesucht hatte, betete er: »Lieber Gott, ich wollte den Bock doch auf Mallorca lassen. Er soll weggehen.« Ich habe »den Bock« dann lachend weggepustet, indem ich meinen Mund auf sein Bäuchlein legte und kräftig pustete. So konnte er wenigstens noch einmal befreit lachen, ehe er einschlief.

11. Februar 1986

Heute nachmittag waren wir zu einem Informationsbesuch bei dem Vormund der Kinder. Herr Kramp läßt alles, was die Kinder nicht direkt betrifft, aus Datenschutzgründen beiseite. Als wir das erste Mal mit der Geschichte der Kinder konfrontiert wurden, hatten wir zwar Ohren für die Mitteilungen, und ich schrieb noch am Abend für die Kinder alles genau auf, aber unsere Herzen waren so sehr mit dem uns bevorstehenden ersten Zusammentreffen beschäftigt, daß das notwendige Interesse zum Nachfragen fehlte.[18]

Drei Gründe leiten uns jetzt, mehr über das Vorleben der Kinder zu erfahren. Erstens sind wir überzeugt, daß die Kinder eines Tages mehr über diesen Zeitraum erfahren wollen.[19] Falls die Akten dann überhaupt noch existieren, werden sie sie nicht einsehen dürfen. Noch wichtiger erscheint uns das nun, nachdem wir durch den Brief der leiblichen Eltern eine Darstellung des Familienproblems aus deren Sicht haben. Um sich selber ein Bild machen zu können, müssen die Kinder später auch Informationen von seiten des Jugendamtes erhalten.

Der zweite Grund ist pädagogischer Natur. Peter erzählte manchmal etwas von seinem ersten Zuhause, aus dem wir uns kein Bild machen können. Häufiger tauchte ein Kindergarten auf, von dem uns nichts bekannt war.

Der dritte und wichtigste Grund ist erstaunlicherweise erst in den letzten Wochen durch den Brief und den Termin beim Gericht entstanden: einfach Neugierde. Wir wollen endlich die Geschichte der Kinder etwas besser kennenlernen, nachdem wir seit bald zwei Jahren mit so vielen Halbwahrheiten konfrontiert worden sind und unser Leben doch von dieser Vorgeschichte mitbestimmt ist. Zwei Stunden lang trägt uns Herr Kramp mit Hilfe der Akten die Geschichte der Kinder vor. Frank und ich schreiben eifrig mit, was mich doch ziemlich viel physische und psychische Kraft kostet. Am Nachmittag schreibe ich aus Franks und meinen Notizen einen elf Schreibmaschinenseiten umfassenden Bericht.

Neu für uns ist, daß beide Kinder häufiger sehr heftige Auseinandersetzungen zwischen den Eltern erlebt haben, ohne daß sie die Ursache des Streits gewesen wären. Sie haben also schon sehr früh erlebt, daß manche Menschen dazu neigen, ihren Willen mit Gewalt durchzusetzen. Zudem übertragen sich aggressive Stimmungen auch ungewollt auf alle anderen Personen, die sich im Umkreis befinden. Kindererziehung erfordert aber Ausgeglichenheit und Konzentration auf die Kinder. Ha-

ben die Eltern aber schwere, nicht lösbare Probleme, leiden die Kinder immer darunter.
Noch etwas anderes ist für uns neu. Es betrifft in erster Linie Peter. Schon kurz nach seiner Geburt waren die Familienprobleme dem Jugendamt bekannt. Bis er schließlich mit vier Jahren in das Heim eingewiesen wurde, aus dem er zwei Jahre später zu uns kam, hatte er für jeweils kürzere Zeiträume schon mehrere Einrichtungen durchlaufen. So ist verständlich, daß Peter von dem Gefühl beherrscht wird, immer zu kurz zu kommen. Als er im Alter von sechs Jahren zu uns kam, hatte er fast vier Jahre in Heimen verbracht, während Michael in seinem ersten Lebensjahr zu Hause sein durfte. Es ist daher eher verwunderlich, daß Peter so viel Liebe und Zärtlichkeit für Michael empfinden kann und er seine Eifersucht weitgehend überwunden hat. Und wir hatten geglaubt, er habe mehr oder weniger vier Jahre geborgen zu Hause gelebt. Ich bin nachträglich betroffen über meine Ungeduld, die ich oft ihm gegenüber zum Ausdruck gebracht habe. Möge unser größeres Verständnis, bedingt durch diese lange überfälligen Informationen, uns mehr Ruhe und Geduld Peter gegenüber ermöglichen.

13. Februar 1986
Bei unserem fünften Heimbesuch ist der Hauptanlaß die weitere Informationssammlung über die Vergangenheit der Kinder. Ich bekomme ihre Personalbögen und darf aufschreiben, was mir wichtig erscheint, vor allem die tatsächlichen Besuche der leiblichen Eltern. Leider sind die Berichte sonst nicht sehr aussagekräftig.
Völlig überraschend ist das Verhalten der Kinder im Heim. Ich hatte sie vorbereitet und ihnen gesagt, sie müßten damit rechnen, daß sie keine Kinder mehr kennen würden. Erstaunlich ist, daß Michael sich schon vor dem Besuch vergewissert, daß sie nicht immer dableiben müssen. Nach kurzem Streit im Auto entscheiden sie sich, daß Peter klingeln soll. Statt wie bisher gleich an die Haustür zu stürzen, geht Peter ruhig neben mir her, und Michael umklammert fest meine Hand. Wir werden hereingelassen, und da wir niemanden in der Gruppenwohnung finden, gehen wir hinaus in den Garten. Hinten im Garten sehe ich die Erzieherin Rosi sitzen und winke ihr zu. Peter winkt auch gleich. Nach einigen Schritten fragt er nach Rosi. Er hatte sie noch nicht erkannt, wollte sich aber keine Blöße geben und winkte gleich mit. Als beide sie dann sehen, zögert Michael, bleibt stehen, sieht mich an und sagt, wobei es fast nach einer erschrockenen Erkenntnis klingt: »Mama, ich habe dich doch viel lieber.«
Beide geben Rosi ruhig die Hand, ohne die sonst übliche große Freude. Sie haben sie seit neun Monaten nicht gesehen. Ein kleiner Junge aus ihrer alten Gruppe ist tatsächlich noch bzw. wieder da, aber sie erkennen

ihn auch nicht wieder. Michael ist nicht so verschämt wie vor Weihnachten. Er hält mich zwar zunächst fest, dann ist seine Neugierde aber groß genug, und er geht auf Entdeckungsreise im Garten. Ich bekomme noch einige Küßchen, dann darf ich, nachdem sie sich genau erkundigt haben, wo ich sitzen werde, ins Haus gehen und ungestört fast 2½ Stunden schreiben. Ich kann es gar nicht glauben, daß die Kinder so lange ohne mich auskommen. Fühlen sie sich hier wieder zu Hause?
Beim Abschied zeigt uns die Heimleiterin noch Küche und Waschküche, von denen die Kinder immer erzählt haben. Wie froh müssen sie nun sein, dies alles noch einmal gesehen zu haben. Aber der Abschied gestaltet sich ganz anders als erwartet. Michael zieht mich zum Auto. Er will jetzt weg. Fassungslos wiederholt er bis zum Einschlafen immer wieder: »Ich kannte überhaupt keinen mehr. Auch nicht den Garten.« Auf meinen Einwand: »Aber du kanntest doch Rosi und Herta«, antwortet er tief erschüttert: »Ja, aber ich kannte gar keinen mehr.« Im Gegensatz zu mir haben die Kinder auch noch die anderen beiden Erzieherinnen, Maja und Angelika, gesehen. »Maja habe ich auch nicht erkannt.« Sogar Peter gibt zu: »Die hatte ganz andere Haare und eine Brille.« Peter ist im Gegensatz zu Michael ganz still. Sein Gesicht ist wie schon lange nicht mehr starr und verschlossen. Er gibt nur einen leicht protestierenden Kommentar zu Michaels Äußerungen, sagt aber nichts überzeugend Gegenteiliges.
Auf dem Heimweg holen wir Frank ab. Gegen 18 Uhr, unserer Abendbrotzeit, sind wir zu Hause. Die Kinder können schon im Wagen nicht mehr gerade sitzen, so völlig entkräftet sind sie. Michael schläft häufiger um diese Zeit im Wagen ein, aber diesmal geht es Peter ebenso. Der Papa muß beide aus dem Auto tragen. Da er sie nicht gleichzeitig tragen kann, legt sich Michael mitten auf den Weg. Er kann nicht mehr. Wir müssen sie beide zum Händewaschen ins Bad tragen. Sie essen und trinken noch, allerdings mit den Köpfchen an uns gelehnt. Michael kommentiert das so: »Ich bin so kaputt.« Nach dem Essen ziehen wir beide schnell aus, und es geht ohne Zähneputzen ins Bett. Dabei wiederholt Michael immer wieder: »Ich kannte überhaupt keinen, auch nicht den Garten.«
Peter ist weiterhin sprachlos. Er umklammert mich, schüttelt mich lange hin und her und gibt dabei stöhnende Laute von sich. Ich rede vorsichtig auf ihn ein: »Peter, was ist denn. Sag mir doch, bist du wütend, bist du traurig?« Er kann nicht antworten. Im Bett bittet er mich, was er schon lange nicht mehr getan hat: »Bitte streichel mich.« So streichel ich ihn. Langsam entspannt er sich. Als wir das Zimmer verlassen, sind sie nach wenigen Minuten eingeschlafen. Noch nie haben wir sie so müde gesehen. Ich glaube, das wird nun für viele Jahre der letzte Besuch im Heim gewe-

sen sein. Ein paar Tage später auf der Rückfahrt von einem Ausflug fragte ich beide: »Wollt ihr denn noch einmal einen Besuch im Heim machen?« Michael antwortet spontan: »Nein, da kenne ich ja keinen mehr.« Peter bestätigt die Ablehnung. Dieser Lebensabschnitt scheint abgeschlossen zu sein.

Achtung vor dem anderen

Ich bin böse

Mai 1986
Die im Oktober letzten Jahres einsetzende Entwicklung Peters zu Offenheit hat angehalten. Im Moment probiert er alle emotionalen Register aus. Bekommt er nicht, was er möchte, war er bisher beleidigt, wütend, trotzig und zog sich zurück. Jetzt fängt er an zu schmusen, zu betteln, weich und verführerisch zu bitten. Das mag nicht gut klingen, ist aber ein riesiger Schritt nach vorn. Sein einseitig »zögerndes, reflexives, zurückgezogenes Wesen« hat sich erweitert in »ein entgegenkommendes anscheinend offenes und bereitwilliges Wesen«[20]. Nun versucht er, auch mal handelnd seine Probleme zu lösen, und holt sich seine »Streicheleinheiten« selber. Zu Michaels »Mama, du bist sooo lieb« hat Peter seit etwa einer Woche ein Pendant, »du bist die liebste Mama von der Welt«! Dieser mehrmals täglich wiederholten Liebeserklärung war ein Gespräch vorausgegangen.
Eines Abends im Bett sagte Peter plötzlich ohne jeden Anlaß: »Ich bin böse!« – »Warum bist du böse Peter?« – fragte ich. »Nur so!« – »Peter, findest du das wirklich? Du bist doch nicht böse, du bist doch unser ganz lieber Peter.« – «Nein, ich finde, ich bin böse!« – »Meinst du, daß andere das auch finden? Meinst du, daß Mama dich böse findet?« – »Ja!« – »Meinst du, daß Papa dich böse findet?« – »Ja!« – »Oma und Opa drüben, finden die dich böse?« – »Ja!« – »Und deine ersten Eltern?« – »Ja!« – »Oma und Opa in Buchholz?« – »Nein, die finden mich lieb!« – »Wie findet dich Michael?« – »Böse!« Ich nahm ihn lieb in den Arm und versuchte, ihn durch Worte und Zärtlichkeiten vom Gegenteil zu überzeugen.
Erschrocken überlegte ich, welche Ursache dieser Einschätzung zugrunde lag. In der Tat haben die Großeltern in Buchholz eine besondere Gabe, die Kinder anzunehmen. Nie habe ich sie ungeduldig erlebt, obwohl die Kinder doch einmal im Monat zwei Tage bei ihnen sind. Sie nehmen sie, wie sie sind, und kritteln in keiner Weise an ihnen herum. Natürlich stellen sie im Gegensatz zu uns – wie alle Großeltern – keine besonderen Anforderungen an die Kinder. Was ist bei uns anders? Wieder beschäftigen mich die vier Grundelemente, die nach Erich Fromm die Liebe enthält, »Fürsorge, Verantwortungsgefühl, Achtung vor dem

anderen und Erkenntnis«.[21] Das zweite Element, die Verantwortung, war bei uns von vornherein vorhanden und Ursache für den Wunsch nach Adoption. Bei dem vierten Grundelement, der Erkenntnis, haben wir selber immer wieder erlebt, wieviel leichter es uns war, die Eigenarten der Kinder zu akzeptieren, wenn wir deren Ursprung verstanden. Es ist für mich das Grundelement, das die meiste intellektuelle Arbeit erfordert. Schwierig ist für mich das dritte Grundelement, die »Achtung vor dem anderen«. Was ist das eigentlich?
Nach Fromm bezeichnet Achtung »die Fähigkeit, jemanden so zu sehen, wie er ist, und seine einzigartige Individualität wahrzunehmen... Wenn ich den anderen wirklich liebe, fühle ich mich eins mit ihm, aber so, *wie er wirklich ist*, und nicht, wie ich ihn als Objekt zu meinem Gebrauch benötige.«[22] Welche meiner Verhaltensweisen könnte diesem Recht der Kinder im Wege stehen? Wenn ich darüber nachdenke, was mir an meinem Verhalten den Kindern gegenüber nicht gefällt, kommt mir als erstes das Schimpfen in den Sinn. Entgegen meinem Vorsatz komme ich nicht ohne es aus. Zunächst ignoriere ich die Aggressivität der Kinder, kann es dann plötzlich nicht mehr ertragen und explodiere.
Jedem Donnerwetter gingen allerdings mehrere verbal sanfte Versuche voraus, die bei Peter aber lange Zeit auf völlig taube Ohren stießen. »Peter, bitte pack erst deine Schulsachen weg, ehe du spielen gehst. Ich muß doch gleich den Tisch decken usw.« Die Antwort ist meistens, gleich! Der unnötige Kleinkrieg hat begonnen. Wenn ich dann den Tisch brauche, steigt der Ärger in mir hoch, und ich fange an zu schimpfen. Wenn er wie üblich protestiert, schleicht sich ein diskriminierender Ton in mein Schimpfen ein: »Immer muß ich dich mehrmals bitten. Nie hörst du. Alles läßt du schlampig herumliegen!« Diese Verallgemeinerungen und mein Ton sind dabei lieblos, verletzend, das will ich in solchen Momenten auch unbewußt, manchmal sogar bewußt, wenn meine Nerven schon zu sehr strapaziert sind. Hinterher bin ich ganz geknickt und versuche, es das nächste Mal besser zu machen, aber wir Eltern sind eben keine Psychotherapeuten oder Erzieher, die mal Pause von ihrem Beruf haben.
Ich glaube, daß meiner Schwäche eine Schwierigkeit zugrunde liegt, die mit der Adoption größerer Kinder zusammenhängt. Dadurch, daß sie nicht auf unsere Anweisungen hören, sich nicht unseren Gruppennormen anpassen wollen, uns in unserer Eigenständigkeit nicht achten – »wie wir wirklich sind« –, protestieren sie gegen erfahrene Lieblosigkeit in der Vergangenheit. Sie wollen uns durch Ignoranz und Aggressivität verletzen. Und das schaffen sie natürlich auch. Reagiert man verletzt, fühlen sie sich in ihrer Einschätzung von Erwachsenen bestätigt. Darum müßte man ihnen, wenn sie neu in eine Familie kommen, zu-

nächst auch ihre negativen Verhaltensweisen gestatten und nicht an ihnen rumkritisieren oder schimpfen. So bietet A. S. Neill einem neuen Schüler, an dessen Händen er erkennt, daß er ein starker Raucher ist, eine Zigarette an, um ihm deutlich zu machen, daß er auf seiner Seite steht. Oder er wirft gemeinsam mit einem neuen Schüler Scheiben ein.[23] Für Kinder, die in ihrer Vergangenheit mit Erwachsenen schlechte Erfahrungen gesammelt haben, ist es wichtig zu erfahren, daß sie bedingungslos angenommen werden.[24] Dazu hatte ich aber weder den Mut und noch viel weniger die Nerven. Zudem richten sich die Aggressionen der Kinder ja nicht nur gegen uns und gegen Sachen, sondern besonders gegeneinander, und da mußte ich eingreifen.

Ich hoffe aber dennoch, daß meine groben Fehler auf die Dauer durch unsere positive Grundhaltung den Kindern gegenüber ausgeglichen werden. Natürlich will ich mich bemühen, so selten wie möglich ablehnend zu reagieren. Aber wie sich gezeigt hat, hat es Peter auch geholfen, mit mir über seine eigene Einschätzung zu sprechen. Zwar kann er noch nicht sagen, ich bin lieb, aber er ist wohl auf dem Weg, indem er die Formel gefunden hat: »Du bist die liebste Mama von der Welt!« Er ist wohl auf dem Weg, auch Achtung vor sich selbst zu bekommen. »Ein Kind, das Achtung vor sich selbst haben kann, hegt normalerweise keine Haßgefühle, und es findet auch kein Vergnügen daran, einen Erwachsenen so zu reizen, daß ihm der Kragen platzt.«(A. S. Neill) Mögen die Kinder es mit unserer Hilfe eines Tages erreichen.

Der Haustyrann

Juni 1986

So erfreulich sich Peter entwickelt hat, so schwierig verläuft im Moment die Entwicklung von Michael. Dabei haben wir vier wunderschöne Pfingstferientage hinter uns, an denen wir Fahrradtouren machten.

Seit etwa drei Wochen sind die Wutanfälle und Szenen bei Michael sehr viel häufiger und heftiger geworden. Wie sollen wir uns verhalten, wie können wir ihn beeinflussen? Wir sind ziemlich ratlos. Er scheint nun wirklich »dran« zu sein. Was in ihm tobt, läßt sich leider nicht mit den bei Peter angewandten Methoden bändigen. Mit ihm die Vergangenheit im Gespräch aufzuarbeiten, ist nicht möglich, da er keine Erinnerungen hat. Leider kann er sich auch nicht an seine Träume erinnern. Ihn in problematischen Situationen zu überzeugen, schlägt fast immer fehl. In den letzten Wochen gab es einige recht heftige Szenen.

Am letzten Sonntag waren Bekannte bei uns zum Kaffeetrinken. Als wir hinterher am Kamin saßen, kamen noch Onkel Uwe und der kleine

Bodo dazu. Die sechs Kinder spielten, hörten zu oder beteiligten sich an der Unterhaltung. Nur Michael nicht. Mit seinen fünf Jahren mußte er auf meinem Schoß sitzen bzw. herumturnen. Ich mußte mich nur mit ihm beschäftigen, damit die anderen sich unterhalten konnten. Als ich etwas später in der Küche mit der Vorbereitung für das Abendbrot beschäftigt war, hörte ich, wie er die ganze Mannschaft unterhielt bzw. tyrannisierte. Ich rief ihn zu mir, aber er kam nicht, da er sofort wußte, warum. Nachdem ich ihn mehrfach aufgefordert hatte, zu kommen, schloß ich die Küchentür und sagte ihm, daß es mir nicht gefalle, wie er sich in den Mittelpunkt spiele. Seine Reaktion: Wut. Er warf sich auf den Boden und machte erst einmal richtig Radau. Als ich versuchte, ihm klar zu machen, daß ich mich vor den anderen jetzt wirklich schämte, rührte ihn das gar nicht. Immer wieder versuchte er, die Küchentür aufzuschieben und zu den anderen zu rennen. Ich hielt ihn aber fest und sagte ihm, er dürfe erst gehen, wenn er ruhig sei. Ihm war aber gelungen, was er beabsichtigt hatte. Er stand im Mittelpunkt, wenn auch »nur« bei mir in der Küche, aber meine Aufmerksamkeit hatte er völlig für sich.

Zwei Tage später hatte Peter einen Freund zu Besuch, was sehr selten vorkommt. Sie hatten zu dritt draußen gespielt. Dann machten wir alle zusammen Schularbeiten. Michael hat dazu verschiedene Hefte mit kleinen Aufgaben für sich, oder er malt dabei. Dann gingen die drei ins Kinderzimmer, und ich zog mich zum Musizieren zurück. Schon bald kam Peter und beklagte sich, daß Michael sie ärgere. Da ich mich nicht gerne in Streitereien einmische, gab ich ihm nur einige Ratschläge. Ohne Erfolg, denn das große Gebrülle ging bald wieder los. Michael nahm in seiner durchaus verständlichen Eifersucht den beiden großen Jungen immer gerade das weg, was sie zum Bauen benötigten. Auch mein Angebot, mit ihm allein zu spielen, nahm er nicht an. Er rannte sofort wieder ins Kinderzimmer, um die beiden zu ärgern. Ich nahm ihn auf den Arm und brachte ihn ins Schlafzimmer. Das kannte er schon: »Wenn du ruhig bist, kannst du wiederkommen.« Eine Minute später war er wieder im Kinderzimmer, aber nicht beruhigt, sondern mit derselben Wut im Bauch. Er war durch die Schlafzimmertür ins Freie gelaufen, und glaubte, meiner Anforderung entgehen zu können. Türen knallten, und er rannte raus und rein, weinte und brüllte. Da es schon spät am Nachmittag war, schlug ich den beiden Großen vor, zu gehen. Peter durfte seinen Freund nach Hause bringen und noch etwas da bleiben. Hatte Michael erreicht, was er wollte? Er hatte Peters Spielkameraden vergrault. Noch hat er selber nicht genug Freunde, die wir gleichzeitig mit Peters Freunden einladen können. Das wird sich hoffentlich ändern, sobald er ab September in die Vorschule kommt.

Die letzte Brüllerei ereignete sich vor zehn Tagen. Ich mußte zum Elternabend von Peter. Der Papa war gerade dabei, die Kinder ins Bett zu bringen, als ich mich verabschiedete. Michael hatte wohl vergessen, daß ich weggehen mußte, oder ich hatte ihn nicht gut genug darauf vorbereitet. Ich gab also beiden ein Küßchen, als Michael – sich fest an mich klammernd – schrie: »Mama, ich will immer bei dir bleiben, du darfst nie weggehen!« Dieses Verhalten ist sehr typisch für ihn, und wir haben Ähnliches schon häufig erlebt. Ich setzte mich auf sein Bett, tröstete ihn, erklärte ihm noch einmal, wo ich hingehen wollte und warum. Alles völlig nutzlos. Er klammerte weiter: »Mama, du sollst nicht weggehen!« – »Ja, aber Michael, ich muß doch. Das tue ich doch für Peter. Ich kann nicht hierbleiben, ich muß zu dem Elternabend.« – »Dann gehe ich mit, ich war noch nie in meinem Leben auf einem Elternabend.« Sein unfreiwilliger Witz entwaffnete mich und veranlaßte mich, ihm zuzustimmen. »Gut, Michael, dann ziehe dich schnell wieder an. Du kannst mitkommen. Du mußt mir aber versprechen, ganz still neben mir zu sitzen.« Das schien ihm nicht so schwierig zu sein. Er strahlte und war so schnell wie noch nie wieder angezogen. So erschien ich mit einem fünfjährigen Kind an der Hand beim Elternabend. Natürlich mußte ich dort dieses etwas ungewöhnliche Vorhaben erklären. Ich glaube aber, niemand von den Eltern wird je wieder etwas auf meine pädagogischen Kommentare geben, da ich es ja nicht einmal schaffte, ein fünfjähriges Kind ins Bett zu bringen. Ich erhoffte mir aber einiges von diesem Erlebnis. Der Abend war für Michael furchtbar langweilig. Das sonst so unruhige Kind saß bis gegen 21.30 Uhr still auf seinem Stuhl, bis er bat: »Nun will ich ins Bett.« So reichte ich ihn dem Papa über den Zaun, da die Schule hinter unserem Haus liegt. Nun war er zufrieden und ging problemlos ins Bett. Er hatte einen Begriff davon bekommen, was ich tue, wenn ich weg bin, so daß er mein Verschwinden mit konkreten Vorstellungen verbinden kann. Zwei Abende später ließ er uns ohne Probleme zum Musizieren aus dem Haus gehen. Gelöst zog er mit der Babysitterin und Peter ins Kinderzimmer zum Vorlesen.
Zwei Wochen später fuhren wir über das Wochenende nach Berlin, und die Kinder sollten die Tage bei Oma und Opa in Buchholz verbringen. Die ganze Woche davor bereitete ich Michael darauf vor. Wieder hieß es: »Du sollst nicht gehen, du sollst immer bei mir bleiben! Oder ich fahre mit.« – »Ja«, antwortete ich ihm ehrlich, »wenn du nicht zu Opa und Oma willst, kannst du mitkommen. Dann mußt du aber zwei Tage lang beim Singen neben mir auf dem Stuhl sitzen und ganz still sein.« Ich erklärte ihm auch, daß ich – wenn er darauf bestünde – hierbleiben würde, das aber nicht gerne täte. Ich ließe den Chor im Stich, und jeder würde sehr gebraucht. Ich versuchte nicht, ihn unter Druck zu setzen,

was bei ihm sowieso nur das Gegenteil bewirkt. Er verstand schließlich meine Situation und mit Peters Hilfe entschloß er sich, doch nach Buchholz zu fahren. Wie zu erwarten war, kamen sie begeistert und beglückt zurück. An diesem Punkt scheinen wir also einen kleinen Fortschritt verbuchen zu können. Sonst sind wir aber noch weit davon entfernt, eine Methode zu sehen, wie wir ihn davon abbringen können, Probleme durch Szenen zu lösen.
Frank hat es besonders schwer, die emotionalen Ausbrüche von Michael zu verstehen und auf ihn einzugehen. Sein barscher Ton verschlimmert die Sache noch. Aber auch ich greife, wenn meine Nerven zu strapaziert sind, zu völlig indiskutablen Mitteln, auch schon mal zu ein paar Klapsen auf den Po.
Die Erfahrung hat uns gezeigt, wie wichtig es ist, sich überhaupt über ein Problem im klaren zu sein, nach Lösungen zu suchen und immer daran zu arbeiten. Irgendwann zeigt sich ein Weg. So lange müssen wir mit unserem Haustyrann leben.

Ferien: Zeit zum Suchen

Juli 1986
So schwer wie in unseren vier Wochen Ferien in Dänemark hatten wir es noch nie mit Michael. Wir waren teilweise völlig ratlos und suchten verzweifelt nach einem Weg, daß sich die Aggressionen der Kinder, insbesondere Michaels, nicht immer wieder auf uns übertrugen. Da er uns den ganzen Tag um sich hatte, konnte er uns nach Strich und Faden tyrannisieren. Und wir hatten die Möglichkeit, uns einmal intensiv mit diesem Problem zu befassen. Nach etwa drei Wochen glaubten wir, um eine Erkenntnis reicher zu sein, und konnten Michaels Verhalten in der letzten Woche sehr viel besser verkraften.
Das Hauptvergnügen in diesen meist kühlen Ferien war das Drachensteigen. Papa und die Kinder waren stundenlang mit großer Begeisterung dabei. Als Frank eines Tages nach Stunden aufhören wollte, vermutete Michael zu recht, daß der Papa was für sich allein machen wollte und fühlte sich weggedrängt. Er rastete aus, heulte, schrie und stampfte auf. Da ich frisch vom Mittagsschlaf kam und den Vormittag lesend und strickend verbracht hatte, war meine Geduld zunächst grenzenlos. Ich bat, ihn einzusehen, daß Papa auch mal etwas lesen wollte – es war in der Zwischenzeit 15.30 Uhr geworden –, und Frank hatte sich seit dem Frühstück mit den Kindern beschäftigt. Ich verteilte Eis, Kuchen, ohne Erfolg. Dann brachte ich ihn immer noch ruhig in sein Schlafzimmer und sagte: »Solange du tobst und brüllst, bleibst du hier, du kannst wieder-

kommen, wenn du dich beruhigt hast.« Darauf trampelte er wütend und schreiend auf den beiden Drachen herum, mit denen sie alle doch so viel Freude hatten. Mit meiner grenzenlosen Geduld war es aus. Er bekam seine ersten Ohrfeigen von mir, worüber ich fast in wütende Tränen ausbrach, da ich mir fest vorgenommen hatte, mich durch ihn nicht mehr reizen zu lassen. Vor Wut über meine Wut schmiß ich ihn aufs Bett und versohlte ihm den Hintern. Er hatte eine Lederhose an, so daß meine Hand wahrscheinlich mehr weh tat als sein Hinterteil.

Pausenlos grübelten wir darüber nach, wie wir aus dem Teufelskreis der Aggressionen herauskommen sollten. Da die Kinder – besonders Michael – uns dauernd tyrannisierten, hatten wir ständig das Gefühl, uns ihrer erwehren zu müssen.

Nach etwa zwei Wochen öffnete mir ein Ereignis die Augen. Frank hatte wieder mit unseren beiden und den Nachbarkindern Drachen steigen lassen. Dabei passierte es Peter und Michael, daß sie nacheinander ihre Schnur losließen. Beide zögerten aber einige Minuten, bis sie etwas sagten. Da die Drachen schon weit weg waren, mußte eine lange Suchexpedition eingeleitet werden, die übrigens mit großem Spaß verbunden war. Als zum Schluß dem kleinen Nachbarjungen dasselbe Mißgeschick zustieß, schrie er gleich um Hilfe, und alle rannten hinter dem Drachen her, der in wenigen Minuten wieder eingefangen war.

Warum meldeten unsere beiden nicht gleich den Verlust ihrer Drachen? Hatten sie Angst vor Strafe? Fehlte ihnen das Vertrauen zu uns? Oder fühlten sie sich durch unser Verhalten nicht angenommen? Kämpften und wehrten wir uns zu sehr gegen ihre Empfindlichkeiten und Aggressionen? So viele Fragen. Aber sie führten mich langsam weiter. Die Grundlage meines Verhaltens anderen Menschen und so auch den Kindern gegenüber war immer Freiheit und Gleichheit. Weder die Eltern sollen die Kinder, noch die Kinder die Eltern tyrannisieren, so wie es Art. 2 unseres Grundgesetzes ausdrückt: »Jeder hat das Recht auf die freie Entfaltung seiner Persönlichkeit, soweit er nicht die Rechte anderer verletzt...« D. h. die Freiheit des einzelnen findet seine Grenzen in der Freiheit seiner Mitmenschen. Diese Grenze überschritt Michael gewaltig. Dagegen wehrten wir uns heftig und versuchten, ihm seine Grenzen deutlich zu machen. Sobald wir ihn am Schlawittchen packten und z. B. in unser Schlafzimmer verfrachteten, dachte ich an die Methode in Summerhill, wo kleine Störenfriede bei der Schulkonferenz einfach vor die Tür geschoben wurden. Ich schaffte dieses Abschieben allerdings nur selten ohne Unmutsäußerungen meinerseits und ließ mich dadurch doch immer wieder in einen Machtkampf ein. Da die Methode nicht zog, mußte sie falsch sein. Anscheinend fühlte sich Michael abgeschoben, nicht geliebt durch unser Verhalten. Wir nahmen ihn nicht so an,

wie er wirklich ist. Ich wollte ihn verändern, wie ich ihn als Objekt zu meinem Gebrauch benötigte. Von Achtung ihm gegenüber war unser Verhalten nicht geprägt.
Aus dieser Einsicht heraus ging ich nach einem langen und ereignisreichen Tag beim Abendbrot ganz ernsthaft auf Michaels Proteste ein. Zu meinem Erstaunen lief ich auf keine Klippe auf. Frank fiel es furchtbar schwer, das zu ertragen. Michaels Art, sich emotional gehen zu lassen, ist ihm einfach unerträglich.

Ferien: Zeit zum Lernen

Juli 1986
Auch der nächste Vormittag verlief ohne Wutanfall. Am Nachmittag mußten wir unsere Feuerprobe bestehen. Wir machten einen langen Spaziergang. Es war wärmer als erwartet. Michael bekam Durst und warf sich wütend mitten auf der Heide hin. Ich schaffte es, das zu ignorieren, bedauerte ihn und versprach ihm etwas zu kaufen, wenn wir ein Geschäft finden würden. Natürlich hielt Michael sich weiterhin dran. Da wir ihm aber keinen Widerstand entgegensetzten, sondern ihn immer nur bestätigten, bedauernd auf den Arm nahmen und ein Stückchen trugen, wurde der Protest langweilig. Da er schon fast so schnell laufen konnte wie Peter, waren wir bald zu Hause, und er bekam viel zu trinken. Sollten wir es nach zwei Jahren endlich geschafft haben, Michael gegenüber den richtigen Ton anzuschlagen? Wir hatten es endlich geschafft, uns seinem Machtkampf zu entziehen. Wir hatten seine Wutanfälle genommen, als das was sie sind, sein persönliches Problem und nicht unseres. Wir hatten ihn geachtet, indem wir ihn ernst nahmen.
Abends im Bett liegend versuchte ich, mir noch einmal bewußt zu machen, was wir anders gemacht hatten. Folgendes wurde mir klar: In der Kommunikationstheorie geht man davon aus, daß Personen, die miteinander sprechen, auf verschiedenen Ebenen Kontakt miteinander aufnehmen. Stellt man sich das einmal bildlich vor, so wären Sprecher und Zuhörer mit mindestens zwei Drähten miteinander verbunden. Über einen der Drähte würden die Mitteilungen laufen und über den anderen die Beziehungen. Der Mitteilungsdraht macht die objektive Sprechabsicht deutlich, z. B. mach bitte das Fenster zu. Jeder weiß aber, wie unterschiedlich der Tonfall bei einer so einfachen Bitte sein kann, und dieser Tonfall liefe in unserem Bild über den Beziehungsdraht. Wie unterschiedlich kann es sein, ob diese Bitte an einen Arbeitskollegen, an den Chef oder an einen Auszubildenden gerichtet wird. Die Bitte kann autoritär, schüchtern, unbestimmt, provozierend usw. vorgebracht werden.

Das Bemerkenswerte ist, daß die subjektive Information, die über den Beziehungsdraht läuft, unabhängig von der objektiven Aussage ist, die über den Mitteilungsdraht lief. Bin ich schlecht zu sprechen auf denjenigen, den ich bitte, das Fenster zu schließen, transportiere ich das unbewußt – manchmal auch bewußt – neben der sachlichen Information zu meinem Gegenüber. Der Mitteilungsdraht endet – vereinfacht gesagt – im Kopf, der Beziehungsdraht im Herzen. Eine weitverbreitete Eigenschaft des Menschen ist es, diese beiden Drähte nicht auseinanderzuhalten, bei der Sprechabsicht, aber auch bei der Reaktion.
Wir machten bei Michael auf jeden Fall immer den Fehler, fast ausschließlich über den Beziehungsdraht zu kommunizieren. Setzte er sich meckernd an den Tisch, bekam er bestimmt zu hören, daß er aufhören oder rausgehen solle. Aber es war ihm bereits gelungen, uns zu verärgern, von seiner Stimmung tyrannisieren zu lassen. Nun hatte ich plötzlich bei Michael gelernt, was ich in der Schule schon so gut konnte, auch den Beziehungsdraht am Kopf anzuschließen und alle Mitteilungen, die hierüber laufen, erst einmal zu filtern. Ich versuchte, zunächst nur auf und über den Mitteilungsdraht zu reagieren, also nur auf den sachlichen Teil der Aussage zu hören und nicht auf den emotionalen.
Eine Situation wie oben beschrieben sieht jetzt so aus: »Michael, es tut mir wirklich leid, daß du aufhören mußtest mit dem Spielen. Aber das Essen ist jetzt fertig, und wir haben alle Hunger. Deinen Ärger kann ich wirklich verstehen.« Kein Bereden oder Überreden, sondern Achtung vor seinem Problem. Wichtig ist, daß wir den heißen Beziehungsdraht durch unsere Hitze nicht zum Glühen bringen, sondern daß er durch die ernsthafte Kommunikation auf dem Mitteilungsdraht langsam abkühlt.
Die letzte Ferienwoche lief dann um vieles besser. Wie immer mit Erkenntnissen im Leben, war die Einübung dieses neuen Verhaltens mit Rückfällen und Mißerfolgen verbunden. Wir waren aber sicher, auf dem richtigen Weg zu sein.

Michael

Die bösen Männer

September 1986
Endlich kann Michael auch von seinen Träumen berichten. Ich freue mich sehr darüber, da wir ihm nun helfen können, bewußt seine Probleme aufzuarbeiten. Es ist eine Serie mit immer dem gleichen Inhalt. Erschreckend für mich ist, daß er davon zum erstenmal vor unseren Ferien in Dänemark erzählte. Da monatelang Ruhe herrschte, stellte ich keine Verbindung zwischen diesem ersten Traum und seinem schwierigen Verhalten her. Jetzt, wo sich der Inhalt wiederholt, wird mir der Zusammenhang bewußt. Schon vor etwa drei Monaten tauchten Männer in seinem Traum auf, die ihn aus unserem Haus wegholen wollten. Und was besonders schlimm war, Papa versuchte Michael festzuhalten und ihm zu helfen, aber es gelang ihm nicht. Jetzt folgte dieser Traum drei Nächte nacheinander. Der helfende Papa fehlte allerdings. So stand Michael plötzlich nachts weinend an meinem Bett: »Da wollten mich Männer im Traum wegnehmen.« Glücklich krabbelte er auf meine Aufforderung hin schnell ganz dicht an mich heran.
Am Morgen, als ich ihm davon erzählte, erklärte er mir: »Ja, ich habe mich immer ganz doll an dich herangedrängelt, damit mich keiner wegnehmen kann.« Der Traum schien mir »reduktiven« Charakter zu haben, da er »zerstörerisch, destruktiv, herabsetzend« wirkte und keine Lösungsmöglichkeiten anbot.[25] Noch schaffte es Michael nicht, im Traum um Hilfe zu rufen oder sich zu wehren. Am Abend fragte mich Michael ängstlich: »Darf ich heute nacht wieder zu dir kommen, wenn ich böse träume.« Natürlich durfte er. Als ich abends im Bett noch las, hörte ich ihn schon weinen. Da der Papa nicht da war, holte ich ihn gleich in dessen Bett. Wieder schlief er sehr unruhig. Zweimal schreckte er auf. Dann streichelte ich ihn und redete ihm ruhig zu. Am Morgen wußte er nicht mehr, warum er am Abend geweint hatte. Die Männer wären erst am Morgen gekommen. Gestern, in der dritten Nacht, hörte ich um dieselbe Zeit Geräusche im Kinderzimmer. Ich fand ihn neben seinem Bett stehend mit der Bettdecke kämpfend. Er war wohl aus dem Bett gefallen. Schnell trug ich ihn wieder in das immer noch leere Bett vom Papa.
Vor dem Einschlafen hatte er mich, wie Peter früher, gefragt: »Mama,

warum träume ich so was Böses?« Ich versuchte, es ihm zu erklären. »Michael, du hast doch schon zweimal ein Zuhause verloren, einmal das deiner ersten Eltern und einmal das Heim. Nun hast du Angst, daß das noch einmal passiert.« Er fügte etwas Interessantes hinzu: »Ich bin schon dreimal weggenommen worden, das erste Mal aus dem Bauch von der Mama.« Der Gedanke lag nahe, da eine Nachbarin gerade zur Geburt des zweiten Kindes ins Krankenhaus gefahren war und wir uns daraufhin das Kinderbuch ›Vater + Mutter = Kind‹ ansahen. Dabei hatte ich u. a. versucht, ihnen zu erklären, daß einmal die Geburt für die Mutter schmerzhaft ist, aber besonders das Kind eine riesige, schmerzhafte und unangenehme Umstellung erfährt, aus der Geborgenheit und Wärme in Kälte und Licht. Michael hatte nur sprachlos zugehört, und Peter hatte mich so mit Fragen überschüttet, daß ich mit den Antworten gar nicht nachkam. Jetzt sah ich an der Bemerkung von Michael, daß ihn der Vorgang der Geburt doch sehr beschäftigt hatte. Er konnte sich und seine Trennungserlebnisse mit dem Geburtsvorgang identifizieren.
Um die Angst nach den Träumen abzubauen, machten wir morgens im Bett kleine Spiele. Er krabbelte immer von mir weg und sagte dabei: »Jemand will mich wegholen.« Dann hielt ich ihn fest und zog ihn wieder zurück. Dabei lachte und gluckste er vor Freude. Schon immer hatten beide Kinder es sehr gern, wenn ich sie ganz fest drückte und dann sagte: »Ich laß euch nie wieder los!« Dann lachten sie und wehrten sich gleichzeitig.
Heute nacht ist nun das Bett vom Papa wieder besetzt. Vorsichtshalber werde ich aber ein Klappbett aufstellen, da wir sicher die bösen Männer noch nicht vertrieben haben.

Anstrengende Monate

August–November 1986
Zu Michaels Angstträumen in der Nacht gab es tagsüber ein Korrelat, davon soll nun die Rede sein. Die erste schwierige Phase setzte mit der Einschulung von Michael in die Vorschule ein. Nicht nur seine Wutanfälle häuften sich, auch sein sonst zärtliches Verhalten hörte plötzlich auf – ein großer Verlust für mich. Dickköpfig ging er allein seinen Weg. Uns war klar, daß es etwas mit der neuen Schulsituation zu tun hatte. Zu unserer Freude und Erleichterung ging er strahlend und glücklich hin, kam aber im Gegensatz zum Kindergarten ungern zurück, da die Vorschule ihm nicht lang genug dauerte. Nachmittags konnte er nichts Rechtes mit sich anfangen, er schien nur darauf zu warten, daß er wieder zur Vorschule gehen konnte. Ihm gefiel die neue Rolle als Vorschulkind gut. Es

gelang ihm aber nicht, sie am Nachmittag abzustreifen. Sie bedeutete große Selbständigkeit für ihn, er mußte und muß Entscheidungen und Emotionen allein tragen. Die dadurch entstehenden Spannungen entluden sich am Nachmittag. Wie mir die Vorschullehrerin berichtete, schloß er sich erstaunlicherweise auch nicht besonders eng an sie an, wie es manche andere Kinder tun. Dabei wird aus seinen Erzählungen deutlich, wie sehr er sie liebt, und alles, was sie sagt, nimmt er an und führt es auch zu Hause aus. Aber diese schwierige Phase ging vorbei. Sie dauerte bis zu den Herbstferien. Dann beherrschte er wohl seine neue Rolle. Zur Harmonisierung trugen sicher unsere gemeinsamen schönen Ferien in Bayern bei. Nach langer schwerer Zeit konnten wir aufatmen. Hatten wir es geschafft?

Aber dann kam ein heftiger Rückfall, der durch ein langes Wochenende bei den Großeltern in Buchholz ausgelöst wurde. Zum ersten Mal bekam Michael bei den Großeltern einen Wutanfall. Die Ursache bekam ich gar nicht mit. Ich hörte nur, wie die Oma sagte: »Laß das doch endlich mal, Michael.« Da war er nicht mehr zu halten. Er schrie, warf sich auf den Boden, rannte hinaus, knallte die Tür zu. Zu Hause hätte ich versucht, Michael durch ein Gespräch zur Ruhe zu bewegen. Das dauerte mir hier zu lange, immerhin wurden fünf friedliche Menschen durch seine Toberei beim Essen gestört. So packte ich ihn und trug ihn in das Gästezimmer. Diese Prozedur mußte ich leider mehrfach wiederholen, der Machtkampf lief auf vollen Touren. Die Großeltern waren sprachlos. Daß der liebe Michael so eine Seite hatte, kannten sie nur vom Erzählen.

Neu waren neben den Tobsuchtsanfällen verbale Wutausbrüche, bei denen ich mich besonders hilflos fühlte. Schlimm war es, als er dabei einmal tätlich wurde. Er ergriff ein Holzschiff, das Peter gebaut hatte, ging auf mich los und brüllte: »Ich schlag dich tot, ich schlag dich tot!« Mir blieb vor Schrecken die Luft weg. Wieviel Zerstörungswut steckte in dem Kind. Tief getroffen liefen mir die Tränen über die Backen. Ich ging auf ihn zu und rief: »Ja, dann tue es doch, schlag mich doch tot, schlag zu, tu es doch.« Da wich er zurück und fing heftig an zu weinen, herzzerreißend. Zu meinem Entsetzen brach auch Peter in Tränen aus. Beide Kinder wurden geschüttelt von Weinkrämpfen. Ich war in dem Moment nicht in der Lage, sie zu trösten. Ich konnte nur versuchen, zu erklären: »So was kann man doch nicht einfach sagen, da muß ich doch annehmen, du willst das wirklich, Michael.« Peter rief immer wieder: »Nein Mama, du sollst nie totgehen.«

Aber auch dieser Ausbruch brachte uns nicht weiter. Michael war auch bei der geringsten Kleinigkeit nicht zum Einlenken bereit. Dann aber halfen uns seine Träume weiter.

Der Riese

November 1986
Nach einigen ruhigen Nächten hörten wir Michael eines Morgens gegen sechs Uhr weinen. Frank lief schnell hin: »Die wollten mich totmachen. Der Mann und die Frau von nebenan. Und der Hund wollte mich fressen. Da habe ich die Polizei angerufen, und die bringt sie wieder ins Gefängnis. Die sitzen jetzt noch im Taxi.« Auf Franks Frage, wo wir denn gewesen seien, antwortet er: »Ja, aber die Polizei, das warst du doch Papa.« Wie häufig in Träumen, werden auch hier dem Vater ordnende Kräfte zugeschrieben. Und Michael kann jetzt im Traum um Hilfe rufen.
Fünf Nächte später kommt Michael weinend in mein Bett. »Die Mopedfahrer wollten mich totmachen. Wir sind dann schnell ins Auto gestiegen.« Auf die Frage, wo wir waren, kommt die Antwort: »Wir waren doch alle vier da, Papa, Mama, Peter und ich. Ihr habt mir dann geholfen.«
Noch einmal fünf Nächte später kommt er wieder zu mir ins Bett gekrochen. »Ein Riese wollte mich auffressen. Er schimmerte in allen Farben. Dann habe ich die Polizei gerufen. Die ist gekommen und hat ihn ins Gefängnis gesperrt. Aber alleine in ein Gefängnis, damit er niemand anderes auffressen kann.« Auf meine mich immer beschäftigende Frage, wo wir denn waren, sagte Michael: »Ihr wart einkaufen.« Am Frühstückstisch erzählte er noch einmal ausführlich seinen Traum. Ich fühlte mich ratlos. Zwar glaubte ich, daß es nun an der Zeit war, etwas mit diesem Traummaterial anzufangen, aber was, wie? Peter war sechs und sieben Jahre alt, als wir seine Träume besprachen, Michael ist erst fünf Jahre. Außerdem hatte Peter Erinnerungen, die die Gespräche erleichterten.
Ganz vorsichtig versuchte ich es. »Weißt du, Michael, die Träume erzählen uns immer eine ganz wahre Geschichte. Auch in deinem wachen Leben gibt es einen Riesen, der dich auffressen will. Im Leben hat er nicht eine so eindrucksvolle Verkleidung. Was frißt dich denn immer wieder auf?« Michael schien mir nicht einmal zugehört zu haben. Peter aber gab sofort eine Antwort. Er versteht die Bildersprache der Träume. »Deine Wut, Michael.« Für mich verdeutlicht der Riese, wie in den anderen Träumen die bösen Männer, der Hund, der Mopedfahrer, die Gefahr, daß das Unbewußte das Ich »verschluckt«. Es ist die Gefahr, daß seine Wutausbrüche und Emotionen ihn völlig beherrschen. Bisher ist er ja mit Erklärungen nicht erreichbar.[26]
Seine Träume zeigen uns, daß seine Wunden noch offen sind, die ihm die Trennung und vielleicht andere Erlebnisse zugefügt haben. Er hatte er-

fahren, daß er sich nicht auf andere Menschen verlassen kann. Ein Kind muß, um Selbstbewußtsein zu entwickeln, den aktiven Charakter der Liebe zunächst an sich erfahren haben. Es muß erlebt haben, daß es für die Eltern so wichtig ist, daß sie sein Wohl über ihr eigenes stellen. So wird dem Kind sein eigener Wert deutlich. Michael und auch Peter hatten aber die Erfahrung gemacht, daß ihre engsten Bezugspersonen so mit sich selber beschäftigt waren, daß sie für das Wohl der Kinder nicht mehr sorgen konnten. Wie sollen sie da ein Selbstwertgefühl entwickelt haben. Daher ist auch Michaels Frustrationstoleranz, seine Fähigkeit und Bereitschaft, Unlust zu ertragen, so gering. Das ist es, was ihn auffrißt, ihn zu einem Nichts macht.

Erschrocken war ich darüber, was wir, die Eltern, im Traum machten. Wir gingen einkaufen, also unseren Alltagsgeschäften nach, während er gefressen wurde. Sagt uns so sein Traum, daß wir ihn zu wenig beachtet haben und ihn in seiner Wut so häufig ausschlossen? Zum Glück half sich Michael im Traum selber. Er rief die Polizei und war der Gefahr nicht mehr hilflos ausgeliefert. Noch kann er sich nicht allein helfen, noch braucht er zusätzliche Hilfe.

Am Frühstückstisch sitzend verkündete er laut: »Das nächstemal, wenn der Riese kommt, nehme ich aus der Küche ein großes Messer und schneide ihm die Kehle durch.« Peter gab zu bedenken: »Der ist aber doch viel zu groß für dich, da kommst du oben doch gar nicht dran!« Lebhaft wandte Michael sich an mich: »Mama, wir haben doch die hohe Leiter, die ist doch da draußen, nicht?« Ich bestätige ihm, daß er die nehmen kann. Peters erneuter Einwurf, die sei nicht hoch genug, wird abgeschmettert. Sie paßt bis oben in den Apfelbaum, größer ist der Riese auch nicht.

Von Peters und meiner Interpretation schien Michael allerdings nichts verstanden zu haben. Seine Fähigkeiten, etwas über den Kopf aufzunehmen, sind noch zu gering. Er ist eben noch nicht schulreif und lernt wohl fast ausschließlich über Erfahrung. Meinen Erklärungen blieb er verschlossen, aber seine Phantasie spielte von ganz allein weiter mit dem Traum. So versuchte ich hierüber einen Weg der Verarbeitung. Als er aus der Vorschule kam, spielten wir Riese. Ich machte mich ganz groß, beugte mich über ihn und rief mit lauter, tiefer Stimme: »Ich will dich auffressen.« Er schrie halb vor Angst, halb vor Vergnügen. Plötzlich rief er aus: »Ich habe dich ganz klein gezaubert, guck mal, der Riese ist ein Zwerg und sitzt auf meiner Hand.« Ich legte sanft meinen Kopf auf sein kleines Händchen, und er wurde ganz zärtlich: »Jetzt ist der Riese ganz lieb«, und streichelte mich. Gespannt war ich, wie sich diese Intuition des Kindes im Ernstfall bewähren würde.

Bei der nächsten Gelegenheit, bei der ersten schwachen Unmutsäuße-

rung von Michael, machte ich mich ganz groß und ging stampfend auf ihn zu: »Der Riese will dich fressen!« Sofort hielt er mir lachend sein Händchen hin. Er verzauberte seine schlechte Stimmung in eine fröhliche Geste. Dieser Zauber hält nun schon bald eine Woche an. Jeder Wutanfall konnte seitdem umgangen werden. Erstaunlich ist, daß seine Fähigkeit, wütend zu werden, nachgelassen hat. Kündigt sich ein Wutanfall an, muß ich nur das Riesengesicht machen, dann streckt er mir schon mit befreiendem Lachen sein Händchen hin. Plötzlich konnte er wieder frei und ausgelassen lachen. Diese so typische, erfrischende Eigenschaft von ihm war in den letzten Monaten verschwunden.
Aber auch ohne Riesengesicht und Zauberei kann er sich in bisher kritischen Situationen helfen. Als Frank vor einigen Tagen abends Peter beim Zähneputzen half, mußte Michael beide ärgern. Immer wieder knipste er im Badezimmer das Licht an und aus, statt sich auszuziehen. Als Frank ihm daraufhin beim Zähneputzen nicht half, sondern sich zu Peter ans Bett setzte und schon anfing, diesem vorzulesen, schaffte es Michael ohne Wutanfall, sich ganz schnell selber die Zähne zu putzen, um beim Vorlesen nichts zu versäumen. Für uns ein völlig neues und so entspannend normales Verhalten.

Weggeschmissen

Gestern morgen krabbelten Michael und ich, als Frank und Peter aus dem Haus waren, ausnahmsweise noch einmal zusammen ins Bett, um unsere Schnupfennasen etwas bestrahlen zu lassen. Ausführlich erzählte mir Michael einen neuen Traum: »Da waren Leute ganz böse. Die haben ihre Katzen alle in unsere Sandkiste weggeschmissen. Alle waren sie in unserer Sandkiste in Käfigen. Ich habe dann den Schlüssel von Frau Rau geholt und aufgeschlossen. Ihr wart Weihnachtseinkäufe machen. Aber jetzt dürfen die Kätzchen alle bei uns bleiben. Das waren böse Leute, die die Kätzchen einfach in unsere Sandkiste geschmissen haben.« Diese letzte Aussage wiederholte er immer wieder, demnach war sie ihm besonders wichtig. Außerdem betonte er mehrmals, daß er sie alle herausholte und sie nun immer bei uns bleiben dürften. Nach dem Erzählen ging er zum Spiel über. Er war ein Kätzchen, und ich mußte ihn befreien, dann kuschelte er sich ganz dicht an mich heran. Tief berührte mich die Ähnlichkeit dieses Traumes mit dem Traum, den Peter vor fast zwei Jahren hatte, in dem ihn seine leibliche Mutter in eine Mülltonne warf. Ich konnte nicht anders, ich mußte versuchen, Michael auf die Bedeutung des Traumes anzusprechen. Da er sich schon beim Spielen mit den Kätzchen identifizierte, fragte ich nach, was er im Traum war. Wie

selbstverständlich bestätigt er: »Ich war doch auch ein Kätzchen.« So fragte ich weiter: »Michael, hat dich denn wirklich schon einmal einer weggeworfen, zu uns in die Sandkiste? Zu meinem Erstaunen kam als prompte Antwort: »Ja, die Mama, wo ich zuerst war.« Auf meine nächste Frage nach der Bedeutung der Käfige wußte er keine Antwort. Mein Angebot, das wäre vielleicht das Heim gewesen, nahm er ohne sichtbares Verständnis auf. Vielleicht war der Käfig auch das Bild für Michaels innere Gefangenschaft, aus der er sich mit Hilfe des Schlüssels im Traum selber befreite, so wie seine Befreiung im Alltag nur durch ihn selbst erfolgen kann. Hat er im Kampf mit dem Drachen gesiegt? Seine Träume und sein Verhalten werden uns eine Antwort geben.
Für wen aber stand im Kätzchentraum die alte Frau Rau. Ich war erstaunt, daß Michael ihren Namen wußte. Sie ist mit weit über 90 Jahren die älteste Bewohnerin unserer Straße. Sicher hat er mal gehört, wie wir über sie gesprochen haben, und sie auch gesehen. Er hatte aber selbst noch nie Kontakt mit ihr. Hat sie die Rolle der Zauberin, der Hexe, der Fee, die in diesem Fall mit guten Gaben, dem Schlüssel, hilft? Wichtig scheint mir aber zu sein, daß er die gute Gabe annimmt und zu gebrauchen weiß. Er hat die Kätzchen befreit, er schafft es also schon, dem hilflosen Teil in sich selber zu helfen. Immer dürfen die Kätzchen jetzt bei uns bleiben. Er scheint zu Hause angekommen zu sein.

Wir bauen uns ein Haus

November 1986
Was ich fast nicht glauben kann und mich mit Staunen und Freude erfüllt, ist die Fügung, daß Michael und Peter heute nacht beide zu einem »Haus« gekommen sind. Auf verschiedenen Wegen und unterschiedlich in der Art. In der Nacht kommt Michael wieder zu uns ins Bett gekrochen. Zum erstenmal krabbelt er auf meine Bitte zu Papa ins Bett. Das Ergebnis am Morgen: Er will ihn überhaupt nicht aus seinen zärtlichen Umarmungen, aus dem Bett und später aus dem Haus lassen. Noch im Bett erzählt er dem Papa, was er in den letzten Morgenstunden geträumt hat. Es war wohl so schön, daß er gar nicht aufwachen wollte, sondern bis halb acht schlief. »Ich habe heute nacht ein Haus gebaut. Ihr habt auch geholfen, aber die meisten Steine habe ich getragen. Ihr habt einen Tisch ins Haus getragen.« Auf die Frage, ob Peter auch dabei war, antwortet er: »Ja, der hat auch Steine getragen, aber sie immer wieder fallen lassen. Sonst hat er nur Spielzeug ins Haus reingetragen. Und dann habe ich mit einer ganz großen Mühle Mehl gemahlen. Viele Säcke voll. Ganz viel Mehl habe ich gemahlen. Neben dem Haus war ein Fluß, so

breit wie die Nordsee, und ein Teich. An dem Wasser standen ganz viele schöne Blumen.«

Am Frühstückstisch erzählt Peter seinen Traum, den er zum Lachen findet. »Ich gehe im Wald spazieren und falle über einen Klotz (als wir nachfragen, sagt er Baumstamm). Da verwandele ich mich in einen gelben Vogel. Ich fliege ganz hoch und stoße gegen einen Baum, falle herunter und verwandle mich in ein Ungeheuer. Ich laufe weiter und stoße hier draußen gegen unsere Hausmauer. Da verwandle ich mich wieder in einen Menschen, gehe ins Haus hinein. Drinnen steht ein Bett. Da lege ich mich hinein. Es ist warm und weich. Das Haus ist kalt und hat kaputte Fenster.«

Wie unterschiedlich sind diese beiden Häuser, die als Symbol für die Ich-Werdung, für die Gestaltung der eigenen Persönlichkeit stehen. Das eine ist in Gemeinschaftsarbeit entstanden, eingerichtet, und es wird in ihm gearbeitet, Mehl gemahlen. Das andere Haus ist leer und kalt. Es hat zerbrochene Fenster, und es steht nur ein Bett darin. Das Korn, der Vorgang des Mahlens, stellt wohl die Schaffenskraft, die Lebensfreude dar. Das Korn ist da, aber um es brauchen zu können, muß es bearbeitet werden. Und das tut Michael ausführlich in seinem Traum. Er schleppt auch selber die Steine zu seinem Haus herbei, er kann sich sein Haus, sein Ich, tatkräftig selber bauen. Frank und ich helfen nur, einen Tisch hineinzutragen, der Tisch als Symbol für das uns Verbindende. Am Tisch sitzen und essen wir und unterhalten uns. Am Tisch wird aber auch gebastelt, gemalt, gearbeitet. Michaels Unbewußtes wird symbolisiert im breiten Fluß und im Teich. Kein bedrohendes, düsteres Wasser, sondern umwachsen von Blumen, die ihre Nahrung aus dem Wasser holen. Symbolisieren sie seine Träume?

Die Rolle, die Peter in Michaels Traum spielte, paßte gut zu seinem eigenen Traum. In Michaels Traum läßt er beim Hausbau alle Steine fallen. Er trägt das Spielzeug, dem Freude und Vergnügen anhaftet, aber dem es ein bißchen an Ernsthaftigkeit mangelt. Auch im eigenen Traum ist er kein Agierender, sondern ihm widerfährt Verschiedenes. Zunächst geht er im Wald spazieren: Laufen, Fahren, auf Reisen sein, wohl häufig ein Bild für den Lebenslauf, dabei fällt er über einen Klotz, der im Weg liegt. Mir fällt dazu der Ausdruck »Klotz am Bein« ein, ein großes Problem, das den Menschen auf seinem Lebensweg behindert. Nun folgen die Verwandlungen. Zunächst in einen goldgelben Vogel, Bild seines Versuches nach Bewußtwerdung, seiner Suche nach Wahrheit, aber auch seines Wunsches, sich über seine Probleme zu erheben. Das gelingt aber nicht. Er stößt gegen einen Baum, fällt runter und verwandelt sich in ein formloses, farblich schwer definierbares Ungeheuer. Aber auch

als triebhaft böses Wesen kommt er nicht weiter. Er stößt gegen eine Hauswand. Es ist unser Haus. Die Haustür steht offen, und er geht hinein. Ein fast unmöbliertes, kaltes, zugiges Haus, das ihm aber Schutz gibt und ein wärmendes Bett bereitstellt, aber noch recht wenig Geborgenheit bietet. So sieht sein »Ich« noch aus. Mir leuchtet die Symbolsprache des Traumes ein, besser läßt es sich nicht ausdrücken.
Was nun aber mit diesen Träumen anfangen? Wie soll man sich mit Kindern über ihre Ich-Werdung unterhalten? Auch zum Nachspielen eignen sie sich nicht. Ich lasse sie mir einfach mehrfach von den Kindern erzählen und frage nach vielen Einzelheiten. Sie sind so erfüllt von den Bildern ihrer Träume, daß sie sie immer wieder bereitwillig erzählen. So hoffe ich, daß die Sprache des Unbewußten prägend auf ihre Persönlichkeitsentwicklung wirkt. Ich selber habe viel aus den Träumen gelernt und glaube, sie nun besser zu verstehen und somit auch besser helfen zu können.
Entgegen meiner bisherigen Meinung scheint vor allem Peter unsere Hilfe zu benötigen. Seine zugigen Fenster müssen geschlossen werden. Das muß er lernen, selber zu tun. Aber vielleicht können wir ihm das Material bereitstellen oder ihn zur Arbeit anspornen. Noch gibt es viele Situationen, in denen er erwartet, daß vor allem ich ihn »trage«. Besonders gegen Abend, wenn er müde wird, wenn er erkältet ist, beim Schularbeiten machen, wenn er keine Lust zum Schreiben hat oder wenn er ein neues Klavierstück erarbeiten muß. Und dabei liegt mir das überhaupt nicht. Wenn er weinerlich wird, reagiere ich meist ärgerlich. Ich zeige ihm zwar mein Verständnis für seine Schwierigkeiten, fordere ihn aber gleichzeitig auf, selbst die Situation zu meistern. Das führt immer wieder zu heftigen Auseinandersetzungen. Peter schafft es dann meistens nur mit knirschenden Zähnen und großer Mühe. Freuen tut er sich aber selten über seinen Erfolg. Meine Ins-Wasser-werfen-Methode ist wohl nicht so gut. Natürlich werfe ich ihn nur hinein, weil ich sicher bin, daß er schwimmen kann, er kommt auch zum Rand, aber mit Magen und Mund voller Wasser. Den nächsten Sprung macht er bestimmt nicht alleine. Während unserer Auseinandersetzungen treibt es mich immer wieder dazu, Forderungen an ihn zu stellen, statt milde nachzugeben. Hinterher mache ich mir Vorwürfe, daß ich den normalen Weg des geduldigen Anspornens verlassen habe. Wenn ich wüßte, daß wir ihm so das Material für die zugigen Fenster zur Verfügung stellen, würde ich es auch anders schaffen, aber meine Intuition sagt mir immer wieder: Du mußt fordern, und dem gebe ich schließlich nach.
Michaels Kraft hingegen muß leider nur zu oft gebremst werden, da er seine psychische Energie nicht nur für die Leben erhaltenden Tätigkei-

ten wie das Mehlmahlen einsetzt, sondern seine Kraft überrollt alles ihn umgebend Lebendige wie mit einer Walze. Wir müssen ihm helfen, Betätigungsfelder zu finden, auf denen er sich entfalten kann. Obwohl er aber im Alltag für uns augenblicklich so viel schwieriger ist als Peter, scheint sein Haus schon besser eingerichtet zu sein.

Durchgefallen

9. September 1986
Wir drei sitzen gemütlich in meinem Arbeitszimmer über unsere Arbeit gebeugt. Ein Anruf von Herrn Kramp, der mich fragt, ob ich allein sei. Gegenüber den Kindern nehme ich Zuflucht zu einer Notlüge, schiebe einen verfrühten Weihnachtsmann vor und verziehe mich mit dem Telefon ins Schlafzimmer. Eine gute Nachricht hat er wohl nicht für uns, da er nicht so recht damit heraus will. Nach einigem Hin und Her sagt er ruhig und nüchtern: »Frau Wolters, der Richter hat den Ersetzungsantrag abgelehnt.« Ich weiß nicht mehr so genau, was ich darauf antworte, aber ich bleibe ruhig, fühle mich nicht getroffen. Wie soll ich es erklären? Ich weiß endlich, was ich vorher schon geahnt habe. Meine innere Stimme war aber zu unangenehm, um sie mir voll bewußt zu machen. Die Nachricht kommt für mich zumindest nicht völlig unerwartet. Die äußeren Zeichen – der Eindruck, den der Richter mit seiner Befragung auf uns gemacht hat, und die lange Zeit bis zur Urteilsverkündung – sprachen eine deutliche Sprache. Ich hatte also vor einem halben Jahr die vielsagenden Blicke, die der Richter mit der Urkundsbeamtin vor dem leeren Stenoblock austauschte, richtig verstanden, wenn auch die letzte Gewißheit fehlte. Wir haben diese Prüfung nicht bestanden.
Seit zwei Wochen liegt das Urteil schon bei Herrn Kramp auf dem Tisch, solange hat er uns mit der Nachricht verschonen wollen. Er selbst war wohl so betroffen und verwirrt von dem Ausgang des Verfahrens, mit dem er nicht gerechnet hat. Er hat Beschwerde gegen dieses Urteil eingereicht und ist wieder zuversichtlich, daß die nächste Instanz dem Ersetzungsantrag zustimmen wird. Dennoch scheint er betroffener als wir.
Kurz nach dem Anruf gehe ich in den Keller, um Wäsche aufzuhängen. Dabei wird mir plötzlich bewußt, daß ich ganz fröhlich singe. Wieso kann ich es ertragen, daß sich nicht alles nach meinen Vorstellungen gestaltet? Vielleicht hilft mir im Moment selbst, was ich versuche, den Kindern zu vermitteln. Wir unterhielten uns heute beim Mittagessen über Frederic, die Maus, die – statt Körner für den Winter zu sammeln, wie es die anderen Mäuse machen – Sonnenstrahlen einfängt. Ich frage die Kinder, was für eine Maus sie wohl seien. Beide antworten sofort, sie seien wie Frederic. »Und was sagen die anderen Mäuse zu Frederic im Sommer?« – »Du bist faul.« Wir versuchen, es auf die ruppigen Klassen-

kameraden von Peter zu übertragen. »Freuen sich die anderen Mäuse denn gar nicht über die Sonnenstrahlen?« – »Doch im Winter, wenn es kalt ist.« Ich erkläre ihnen, daß es bei den Menschen immer dann Winter ist, wenn alle nur an sich denken. Peter hat erst in der vorigen Woche von seinen Sonnenstrahlen etwas abgegeben, als er für eine Klassenkameradin, die ihren Fahrradschlüssel verloren hatte, nach Hause lief und einen Schraubenzieher holte und schnell mit seinem Fahrrad wieder zur Schule fuhr, um ihr zu helfen. Wir finden auch noch andere Beispiele. Vom Bild der Sonnenstrahlen leite ich zu Jesus, dem »Licht der Welt« über, und erkläre, daß wir ja auch versuchten, Lichter zu sein. Nur dürften wir nicht glauben, daß die anderen Menschen unser Licht immer gern sehen. Sie werden geblendet, schauen weg und versuchen sogar, es zu löschen. Jesus, das größte Licht, haben sie sogar getötet. Ich hoffe, daß diese Bilder helfen, Peter seine schwierige Stellung in der Klasse leichter zu tragen. Wichtig schien mir zu sein, daß er sieht, daß das Licht, die Wahrheit, sich nicht immer durchsetzt und auch wir darunter manchmal leiden müssen.
Beim Wäscheaufhängen fällt mir das Lied ein, ›Gerechtigkeit auf Erden, o Herr, hat dich getötet‹, aus der ›Waage der Baleks‹ von Heinrich Böll. Warum soll es uns besser gehen. Die Gerechtigkeit der Erde setzt uns böse zu, aber das passiert täglich, stündlich in dieser Welt und auf tragischere Weise. Vielleicht fühle ich mich der Wahrheit und allen leidenden Menschen durch dieses Urteil noch mehr verbunden. Darum wohl meine Fröhlichkeit.
Natürlich habe ich auch manchmal Mitleid mit mir selber. So denke ich manchmal, wozu uns die Behörden noch zusätzliche Schwierigkeiten machen, wenn wir schon keine leiblichen Kinder haben und Michael und Peter uns genug Probleme machen. Zum Glück bin ich immer wieder schnell fähig, die Subjektivität dieser Sichtweise zu erkennen. Objektiv sieht das doch ganz anders aus. Wir leben doch auf der Sonnenseite dieser Erde, leben in einem finanziellen und kulturellen Wohlstand, der nur gerechtfertigt sein kann, wenn wir uns selber existenzielle Aufgaben stellen, z. B. soziale. Da ich in diesem Bewußtsein lebe, kann ich wohl auch mit der Wirklichkeit leben.

15. September 1986
Rufe noch einmal Herrn Kramp an. Es ist zumindest erfreulich, daß ich das gern tue. Wir haben eine Wellenlänge. Uns hat unsere Lage in den letzten Tagen – leider auch in den Nächten – doch sehr beschäftigt. Neu ist sie nicht, aber es ist doch sehr belastend, zu wissen, daß kein Ende abzusehen ist, obwohl die Kinder schon über zwei Jahre bei uns sind. Ich bitte Herrn Kramp um eine Kopie des Urteils. Dazu ist er leider nicht

berechtigt. Obwohl das Urteil uns persönlich betrifft, dürfen wir nicht einmal die Begründung lesen. Netterweise fragt er nach, wie wir die Nachricht verkraftet haben. Ich erzähle ihm, daß ich damit fast gerechnet habe, stelle ihm aber noch einmal dar, wie groß die dauernde Belastung dieser unsicheren Situation für uns ist. Sie liegt mir wirklich wie ein Stein auf dem Herzen. Es vergeht kein Tag, ich schreibe keine Zeile in diesem Tagebuch, in der ich nicht an die Vergangenheit der Kinder, die leiblichen Eltern und deren Lage und die rechtlich unsichere Situation denke. Dabei brauchen wir unsere Kraft so sehr für die Gegenwart und Zukunft. Aber es ist nicht nur belastend, für mich sind auch Ängste damit verbunden. Wann wird wieder ein Brief mit »falschem« Namen kommen. Wann wird ein Lehrer die Kinder mit »falschem« Namen anreden? Bei jedem Grenzübergang fürchte ich, daß ein Zöllner uns auf die unterschiedlichen Namen anspricht, daß Peter sagt: »Papa, zeig mir mal unsere Ausweise!« Wie soll er verstehen, daß er noch immer nicht Wolters heißt. Für ihn ist diese unklare Situation doch nicht verständlich. Hinzu kommt, daß er seinen Namen vergessen hat, und Michael hat ihn erst gar nicht gewußt. Solange die Kinder nicht unseren Namen tragen, ist auch das Inkognito nicht sicher. Immer müssen wir fürchten, daß plötzlich die leiblichen Eltern vor der Tür stehen.
Herr Kramp weiß das und kann das gut verstehen. So sagt er etwas sehr Liebes, daß mir die Tränen kommen: »Frau Wolters, ich weiß, wie schwierig Ihre Situation ist, und es tut mir so leid, daß Sie einen so ausgesprochen schwierigen Adoptionsverlauf durchmachen. Darum freue ich mich aber besonders, daß die Kinder es bei Ihnen so gut getroffen haben.«
Abschließend deute ich noch an, daß wir überlegen, einen Rechtsbeistand zu Rate zu ziehen. Wir müssen daran denken, die Kinder erbrechtlich abzusichern, da mindestens noch ein Verfahren laufen wird (= ein Jahr), wenn nicht sogar zwei (= zwei Jahre). Leider ist eine Absicherung natürlich nur in finanzieller Hinsicht möglich. Wie würde bei einem Unfall die Verwandtschaft zu Pflegekindern stehen? Sorgen, die uns belasten, die wir aber immer wieder verdrängen. Schlimm ist für mich dabei, daß wir wie immer mit niemandem darüber sprechen können.

30. September 1986

Den ganzen Tag – mit den üblichen hauswirtschaftlichen Unterbrechungen – sitze ich am Schreibtisch und stelle Informationen für einen Rechtsanwalt zusammen, den wir aufsuchen wollen. Wie gut, daß alles im Tagebuch festgehalten ist, aber ich stelle fest, daß die Gefahr des Selbstbetrugs sehr groß ist. Man sieht nur die Fakten, die die eigene Seite in gutem Licht erscheinen lassen. Zu dem Bericht füge ich alle noch notwendigen Urkunden, Briefe und sonstige Berichte hinzu in dem festen Glauben, daß es nur notwendig ist, die Tatsachen so klar wie möglich darzustellen, um die Ersetzung zu erlangen. Ich muß mich jetzt allerdings bemühen, auch die Rechte der anderen Seite zu sehen. Das war bisher anders. Wir brauchten rechtlich und moralisch keine Stellung zu beziehen, da wir uns vor Gericht vom Vormund gut vertreten sahen. Nun ergreifen wir Partei, da wir gesehen haben, was ein guter Rechtsanwalt auf der anderen Seite erreichen kann. Wir möchten, daß die Kinder – und damit auch wir, das ist nicht zu trennen – optimal vertreten werden. Zum erstenmal fangen wir an, Minuspunkte für die andere Seite zu sammeln und für uns Pluspunkte. Uns ist nicht wohl dabei. Bisher habe ich nicht einmal negative Äußerungen, die wir über die Eltern der Kinder von verschiedenen Seiten hörten, notiert, da auch niemand von ihren guten Seiten sprach. Es ging uns immer nur darum, Informationen zu sammeln, um den Kindern später ein Verständnis ihrer Vorgeschichte zu ermöglichen. Wertungen müssen sie selber fällen. Ihr eigenes Leben, ihre Erfahrungen sprechen ihre eigene Sprache. Ich will mich aber weiterhin bemühen, die andere Seite zu verstehen.

8. Oktober 1986
Sehr unsicher gehen wir zu unserem ersten Termin mit dem Rechtsanwalt. Vielleicht schickt er uns wieder nach Hause, da rechtlich keine Möglichkeit besteht, uns zu vertreten. In diesem Bewußtsein betreten wir seine Kanzlei. Frank berichtet in groben Zügen, ich ergänze und berichte Details. Es ist für uns beide eine Erleichterung, endlich einmal offen mit einem kompetenten Partner über die uns bedrängende rechtliche Seite zu sprechen. Rechtsanwalt Tannenburger kann uns in einer Hinsicht beruhigen. Da wir im ersten Verfahren gehört wurden, haben wir ein Anhörungsrecht – wenn auch kein Antragsrecht –, und er kann uns dabei vertreten. Er hat das Recht, die Gerichtsakte anzufordern, und wir können somit zum erstenmal Einsicht in die Akte bekommen. Zu bedenken ist, daß unser Name in den Schriftstücken nicht auftaucht, damit das Inkognito bewahrt bleibt. Auskunft über unsere rechtlichen Chancen kann er uns natürlich erst nach Studium der Gerichtsakten geben.
Wir verlassen beschwingt die Kanzlei. Wie gut, daß wir uns zu diesem Schritt entschlossen haben. Wir müssen zwar die Kosten selber tragen, da wir nicht wie die andere Seite Rechtsmittelhilfe beanspruchen können. Wichtig ist heute aber nur das Gefühl, in guten Händen zu sein.

2. November 1986
»Pflege und Erziehung der Kinder sind das natürliche Recht der Eltern und die zuvörderst ihnen obliegende Pflicht.« (GG Art. 6,2) Auf uns

trifft das nicht ganz zu. Die Pflegeeltern haben keine Rechte, sondern nur Pflichten. Frau Westendörfer, die Sozialarbeiterin, die uns gestern besucht hat, fand das nicht so gravierend. So mußte ich mich wieder rechtfertigen und Argumente für die Adoption vorbringen. Ich will mich nicht vor jeder Reise abmelden müssen, was ihrer Ansicht nach doch nicht schlimm sei. Es komme ja nur darauf an, mit wem man telefoniert. Ich kann mir aber den Partner nicht aussuchen. Belastend ist es so oder so. Ich erkläre ihr außerdem das Namensproblem. Wenn die Kinder mit ihren Trennungsängsten auch noch mit der unsicheren juristischen Situation belastet würden, wie sollen ihre Wunden heilen? Frau Westendörfer meint, es laufe im Moment doch ganz gut und später würden die Kinder den Namen sowieso erfahren und evtl. Kontakte mit den Eltern aufnehmen wollen. Das kann ich nur bestätigen. Es läuft aber nur so gut, weil wir die Unsicherheiten von ihnen fernhalten. Um ihr unser Problem deutlicher zu machen, spreche ich davon, daß wir nicht einmal wissen, ob Michael getauft ist und wir ihn nicht einmal taufen lassen können, da wir dazu die Einwilligung der leiblichen Eltern brauchen, Herr Kramp die Anfrage aber für sinnlos hält. Für dieses Problem hat sie überhaupt kein Verständnis, und dagegen argumentieren kann und will ich nicht. Für mich gehört es zwar zu den Elternrechten, daß sie die Konfession der Kinder und deren religiöse Erziehung bestimmen können. Es scheint mir unser natürliches Recht zu sein, da wir doch alle Pflichten wahrnehmen. Da wir aber keine natürliche Familie sind, haben wir eben keine Rechte. Mein nächster Einwand wird ebenfalls abgetan. »Wie wird die Verwandtschaft, Bekanntschaft zu den Kindern stehen, wenn sie nicht Adoptiv-, sondern Pflegekinder sind? Was würde passieren, wenn uns mal etwas zustoßen würde? Würde die Verwandtschaft die Kinder aufnehmen? Würde die Behörde das zulassen?« – »Dann muß wieder neu entschieden werden, ob die Kinder in ein Heim oder in eine neue Pflegefamilie kommen werden.« Tröstlich! Die Behörde wird entscheiden, ich brauche mir keine Sorgen zu machen.

Ich habe mir vorgenommen, in diesem Gespräch nicht in erster Linie über die positiven Entwicklungen der Kinder zu berichten, sondern auch von ihren Schwierigkeiten, damit auch auf diesem Weg etwas in die Gerichtsakte einfließt und so im Entscheidungsprozeß eine Rolle spielen kann.

Nach dem Gespräch bin ich völlig zerschlagen und ohnmächtig vor Zorn. Ich kann und will mich nicht mehr mit mir fremden, mir nicht sympathischen Menschen über unsere intimsten Familienangelegenheiten unterhalten. Bisher haben uns die über hundert Aktivitäten, Kontakte mit Behörden, zahlreichen Personen einfach zu viel Kraft geraubt. Auch einen Tag nach diesem Besuch fühle ich mich schlapp und ent-

kräftet. Bedrückt wie noch nie, mache ich mich ans Schreiben, während Frank mit den Kindern spielt. Aus dem Nebenzimmer höre ich: »Lieber Papa, wie soll ich das machen.« Das ist Michael. Meine ganze Konzentration muß ich aufwenden, um schreiben zu können. Eigentlich hatte ich nur den Wunsch, im Bett zu bleiben und zu schlafen. Aber ich glaube, schreibend leiste ich bessere Trauerarbeit.
Beim Abschied teilt mir Frau Westendörfer noch mit, daß die Kinder hier nicht wieder wegkommen, auch wenn das Verfahren nicht zu ihren Gunsten ausgeht. »Natürlich wäre es nicht schön, wenn die Eltern die Kinder besuchen würden...« Entsetzt wende ich ein: »Aber ihnen ist doch auf unbestimmte Zeit das Besuchsrecht entzogen.« – »Wenn diese Verfahren abgeschlossen sind, können sie aber ein neues Verfahren anstrengen, aber so weit soll man jetzt nicht denken.« Nein, das sollte man allerdings nicht, aber man sollte auch den Mund halten. Was haben diese Leute für eine Ahnung von Bindungen in einer Familie. Die Bindungen der Kinder zu uns dürfen nicht belastet werden, das ist sogar bis zu ihnen gedrungen, aber wie ist es mit den Bindungen der Eltern an die Kinder, die dauernd auf die Probe gestellt werden. Die Behandlung unserer so zerbrechlichen, rechtlich gefährdeten Familie entspricht jedenfalls nicht dem Verhalten Menschen gegenüber, den uns Art. 1,1 des Grundgesetzes aufträgt: »Die Würde des Menschen ist unantastbar. Sie zu achten und zu schützen ist Verpflichtung aller staatlicher Gewalt.«

11. November 1986

Rechtsanwalt Tannenburger schickt mit der Post eine Kopie der Gerichtsakte. Frank und ich verabreden, sie am Abend gemeinsam durchzugehen. Den ganzen Tag über packt mich aber immer wieder die Neugierde, und ich blättere und lese immer wieder darin. Es ist das erste Mal, daß wir »Quellenmaterial« in der Hand haben. Alle Informationen kamen bisher aus zweiter Hand. Als Frank nach Hause kommt, muß ich noch zur Gambenstunde. Als ich wieder zurück bin, hat Frank die Kinder ins Bett gebracht, ihnen etwas vorgelesen und die Akte schon einmal durchgelesen. Dann gehen wir gemeinsam an die Arbeit. Zweieinhalb Stunden brauchen wir etwa, um die verschiedenen Schriftstücke durchzuarbeiten und Kommentare herauszuschreiben. Sechs Seiten neues handgeschriebenes Papier produzieren wir, da wir sonst das Gefühl haben, von der Fülle der Fakten, Ungenauigkeiten und der Art der Argumentation völlig erschlagen zu werden. Beide gehen wir mit brummendem Schädel ins Bett. Wie kann man bloß mal Klarheit in dieses Gewirr von Behauptungen und Gegenbehauptungen bringen?

12. November 1986
Am nächsten Morgen versuche ich, unsere Kommentare zu ordnen. Das kostet mich sechs Stunden harte Arbeit. Danach sehe ich zumindest klarer und habe das Gefühl, selber zu den verschiedenen Argumenten Stellung beziehen zu können. Noch einmal zwei Stunden zum Tippen. Das hat aber nicht nur Zeit gekostet, sondern unendlich viel psychische Kraft. Die Kinder haben in diesen Tagen meine schwachen Nerven zu spüren bekommen.

17. November 1986
Zweiter Termin beim Rechtsanwalt. Diesmal gehen wir weniger sorgenvoll hin. Er scheint recht froh zu sein, daß wir sorgfältige Vorarbeit geleistet haben, so daß wir die Akte nicht gemeinsam durchgehen müssen. Da ich viel Mühe in das Papier gesteckt habe, kann ich es nicht lassen, auf die mir wichtig erscheinenden Punkte hinzuweisen. Tannenburger läßt sich aber von meinem Eifer nicht anstecken. Er hält es für juristisch sinnvoll, wenn seine Stellungnahme ganz auf das »Wohl des Kindes« Bezug nimmt, so daß wir bzw. er auch nicht über »Pflichtverletzungen« oder »Gleichgültigkeit« der leiblichen Eltern befinden müssen. Das würde unserer Intention sehr entgegenkommen.

6. Dezember 1986
Wir erhalten die Stellungnahme des Rechtsanwaltes fürs Gericht und gehen sie gemeinsam durch.

17. Dezember 1986
Überarbeite heute unsere Einfügungen zu der Stellungnahme des Rechtsanwaltes. In Ruhe lese ich alles noch einmal durch und vergleiche es mit den schriftlichen Informationen, die der Rechtsanwalt von uns bekommen hat. Die Stellungnahme folgt völlig meinen Ausführungen, und wo etwas fehlt, war es zu schwer zu finden oder zu ausführlich.

Bindungen festigen

Trennungsängste

Januar 1987

In den Weihnachtsferien, in denen Frank zehn Tage zu Haus ist, geraten Michael und er leider täglich heftig aneinander. Frank fällt es sehr schwer, mit den Emotionen Michaels umgehen zu können. Für seine rationale Art hat Michael einfach keine Antenne. So erstrecken sich meine Bemühungen nicht nur darauf, Michael zu bändigen, ich muß auch noch vermitteln. Dabei muß ich Frank eigentlich recht geben, denn die dauernde Tyrannei von Michael ist wirklich unerträglich. Da ich Michael sehr ähnlich bin, kann ich ihn aber auch verstehen, und selbst in Konfliktsituationen fühlt er sich von mir nicht abgelehnt. Frank zeigt dagegen, daß er sein tyrannisches Verhalten nicht verstehen kann, und somit fühlt Michael sich abgelehnt. Das aber ist das Allerschlimmste. Dafür haben die Kinder einen sechsten Sinn. Wenn sie nicht akzeptiert werden, ist ihre Reaktion sofort von Angst und Verzweiflung gekennzeichnet. Die letzten Wochen und Monate haben uns gezeigt, daß ihre Angst nicht so schnell zu überwinden sein wird, wie wir angenommen hatten. Unsere optimistischen Zukunftserwartungen waren besonders dadurch genährt worden, daß beide selten ein extrem gestörtes Verhalten zeigten. Wird denn diese Angst, die im Grunde immer eine Trennungsangst ist, die beiden ein Leben lang begleiten?

Der sechste Sinn der Kinder für die sie bedrohende Gefahr zeigte sich in den letzten Wochen an zwei Ereignissen, die uns das Ausmaß ihrer Angst deutlich machten. Als mich vor Wochen der Vormund anrief, um mir die Ablehnung des Ersetzungsantrages mitzuteilen, zog ich mich mit einer Notlüge in ein anderes Zimmer zurück. Als ich wiederkam, fragte Peter in ziemlich lautem Ton, der seine Unruhe deutlich machte: »Mit wem hast du denn telefoniert? Ihr wollt uns wohl wieder loswerden?« Danach lachte er verschämt. Schnell ging ich auf den mitschwingenden scherzhaften Ton ein, klatschte in die Hände und rief so laut wie er: »Na, wenn wir euch loswerden wollten, dann wüßte ich schon wie!« Sein Schrecken verflog, und er mußte mitlachen. Zum Glück fragte er nicht noch einmal nach. Ich möchte ihn so ungern belügen, und Verschweigen ist schon eine Form der Unwahrheit. Seine besorgte Frage kam für mich dennoch völlig unerwartet. Zweieinhalb Jahre sind die Kinder nun bei

uns, und weder von uns noch von den Kindern wurden bisher ähnliche Gedanken geäußert. Zudem hätte ich derartige Befürchtungen eher Michael zugetraut, aber die Kinder sind beide betroffen, wie das folgende zeigt.
Wir erhielten wieder einen mit dem juristischen Namen der Kinder an uns gerichteten Brief, der Michaels im Sommer bevorstehenden Schuleintritt betraf. Ich war nur froh, daß die Kinder den Briefkasten nicht geleert hatten, was sie so gerne tun. Tags darauf erzählte ich Frank davon. Die Kinder zogen gerade in der Garderobe ihre Jacken an. Frank stand neben mir am Eßplatz. Leise sagte ich zu ihm: »Da ist übrigens wieder ein Brief gekommen.« Da ruft Michael aus der Garderobe: »Aber ihr sollt mich nicht totmachen.« In beiden Situationen haben die Kinder völlig richtig reagiert. Beide Male ging es um sie, um ihr Leben.
Diese Angst, uns wieder zu verlieren, war wohl schon vor Wochen die Ursache von Peters heftigem Weinen, als Michael wütend gedroht hatte, mich totzuschlagen. Ähnlich reagierte Peter bei einer anderen Auseinandersetzung. Als ich es einmal durch ein Gespräch geschafft hatte, Michaels Wut abzukühlen, versuchte ich, ihnen auch zu erklären, wie unglücklich ich darüber sei, daß sie mich so häufig in ihre Aggressionen mit hineinzögen. Ich könnte mich nicht erinnern, früher zu Hause oder in der Schule jemals ähnlich aggressiv reagiert zu haben. Ich wünschte mir so sehr, daß sie sich Mühe geben würden, sich ruhiger zu verhalten. Wir hätten sie doch lieb... Michael äußerte dazu etwas Lustiges: »Ich möchte dich auch manchmal ins Schlafzimmer bringen, wenn du wütend bist.« Darüber mußte ich und mit mir die Kinder lachen. »Ja«, antwortete ich darauf, »ich möchte manchmal am liebsten auch weggehen, z. B. in das Gästezimmer, die Tür zumachen und in Ruhe etwas lesen.« Auf diese scheinbar harmlose Aussage brach Peter in verzweifeltes Weinen aus. Eine Dreiviertelstunde lang konnte er sich nicht beruhigen: »Mama, du darfst nicht weggehen. Meine liebe, liebe Mama, ich hab dich ja so lieb...« Auch meine Erklärung, daß ich gar nicht weggehen wolle, sondern nur manchmal den Wunsch habe, mich zurückzuziehen, nützte nichts. Ich hatte ihn auf den Schoß genommen. Er drückte mich immer wieder, schluchzte, weinte und wollte mich nicht loslassen. Sobald Michael oder ich ihm Trost zusprechen wollten, weinte er um so heftiger. Er wirkte dabei wie ein kleines hilfloses Kind. Ich trug ihn zu Bett und zog ihn aus. Langsam versiegten seine Tränen.
Diese Ängste, etwas zu verlieren, bezogen sich interessanterweise auch auf Gegenstände. Wenn ich Spielsachen, die sie nicht weggeräumt hatten, für einige Zeit verschwinden lassen wollte, merkten sie das und brachen in verzweifeltes Weinen aus. »Das ist doch von uns, du kannst doch nicht unsere Sachen wegnehmen. Die gehören doch uns«, kam dann völlig fassungslos. Deutlich zeigte sich dieses Verhältnis zu Dingen bei einem Weih-

nachtsgeschenk, das wir schon im Sommer auf einer Töpferausstellung für die Oma gekauft hatten. Es war eine mit Löchern versehene tönerne Kugel, die man bepflanzen konnte. Da sie uns so gut gefiel, sollte sie bis Weihnachten unser Haus schmücken. Sobald die Oma uns besuchte, versteckten wir die Kugel. Kurz vor Weihnachten sagte ich eines Morgens zu Michael: »Wir fahren heute mit dem Auto zur Vorschule und machen vorher einen Umweg zur Gärtnerei, ich möchte jetzt die Kugel schön bepflanzen lassen.« – »Nein«, war die Antwort, »die wollen wir nicht verschenken, die schöne Kugel, die soll immer da stehen bleiben.« Ich erklärte ihm, daß wir sie doch für die Oma gekauft hätten und wir uns in der Zwischenzeit einfach nur an ihr erfreuen wollten. Aber Erklären war völlig sinnlos. Gegen seinen Protest fuhren wir zur Gärtnerei. Auch dort beruhigte er sich nicht, und ich war froh, als er zornig rauslief. Später mußte ich ihn bis in die Klasse der Vorschule bringen. Er schaffte den Abschied im Auto nicht, das war ganz ungewöhnlich. Das war auch der einzige Tag, an dem die Vorschullehrerin mir beim Abschied in der Klasse helfen mußte. Am Heiligen Abend gelang die Übergabe des Geschenkes nur dank einfühlsamen Verhaltens meiner Mutter. Als wir ein paar Tage später die Großeltern besuchten, betonte er wieder, wie schön doch die Kugel sei, und warf mir einen sehnsuchtsvollen Blick zu.
Es ließen sich noch zahlreiche Beispiele aus dem Alltag berichten, die die Trennungsängste der Kinder signalisierten. Abschließend sei jedoch nur noch ein Vorfall erwähnt, der deutlich macht, was hinter diesen Ängsten steht. Vor ein paar Wochen fuhren Frank und Michael mit unserem Kater Mischa zum Tierarzt. Wie immer bei Autofahrten wurde der Kater sehr unruhig. Frank redete beruhigend auf ihn ein. Auch Michael versuchte es auf seine Art: »Mischa, du brauchst keine Angst zu haben, wir nehmen dich wieder mit zurück, wir lassen dich nicht da, und wir machen dich auch nicht tot.« Es waren seine eigenen Ängste, die er auf unseren Mischa projizierte. So heftig, wie die Kinder von Trennungsängsten geplagt werden, so heftig sind ihre Bemühungen, die Bindungen an uns zu festigen.

Liebeserklärungen

Januar 1987
»Mama, du bist lieb!« Diesen Satz habe ich von Michael in den letzten zweieinhalb Jahren tausende Male gehört. Peter hat ihn sich in der Zwischenzeit auch zugelegt, allerdings erst seit einigen Monaten, da seine Zärtlichkeitsbeweise etwas zurückhaltender sind.
Die Liebesbedürftigkeit und Liebesfähigkeit der Kinder zeigen sich besonders bei kleinen Ereignissen, die ein wenig aus dem Alltag herausra-

gen. Im Herbst half Peter Frank beim Schleifen und zog sich dabei eine große Platzwunde an der Stirn zu. Frank und ich fuhren mit ihm ins Krankenhaus. Zunächst wurden wir zum Röntgen geschickt. Hier kannte sich Peter aus, da ihm hier vor etwa einem Jahr ein verletzter Finger geröntgt wurde. Ich sagte zu ihm: »Die lernen immer mehr von dir kennen, Peter. Nun kennen sie schon den Finger, nun kommt der Kopf dran. Aber sie sollen nicht zu viel von dir kennenlernen, du sollst dich nicht so oft verletzen.« Darauf Peter sehnsüchtig, innig zu mir: »Du sollst mich aber ganz kennen, Mama.«

Anfang November verbrachten die Kinder zum erstenmal nach viermonatiger Pause wieder eine Nacht in Buchholz bei Oma und Opa. Am Freitagnachmittag fuhr ich sie hin, die Großeltern würden sie am Samstagabend zurückbringen. Als ich am Vormittag anrief, bat mich Michael mit sehnsüchtiger, trauriger Stimme: »Mama, du sollst sofort kommen, nicht erst heute abend.« Die Oma hat es verständlicherweise nicht so gern, wenn Michael so etwas sagt, da es den Anschein erwecken könnte, er sei nicht gern bei Oma und Opa, was nicht der Fall ist. Ich beziehe seine Äußerungen nur auf unsere besonderen Bindungen und die damit verbundenen Trennungsängste. Als wir am Samstagabend nach Hause kamen, waren die Kinder schon da. Sie freuten sich unbändig und sprangen uns auf den Arm. Michael rief aus: »Du bist so schön heute, Mami, aber Papi auch.« Auch der Satz: »Mama, du bist sooo lieb!« durfte nicht fehlen. Dann krabbelt er zu Frank auf den Arm: »Lieber Papi. Ich will nie mehr weg von unserer Straße, auch nicht zur Vorschule!« – »Nein«, frage ich ungläubig, »auch nicht zur Vorschule?« – »Nein, auch nicht zur Vorschule. Ich möchte nie mehr weg von dir.« Natürlich ging er am nächsten Montag strahlend und glücklich wieder hin. Peter mußte ich bei der Begrüßung ganz kräftig drücken. Im Bett sagte er: »Morgen bleibe ich den ganzen Tag bei dir und laß dich nie allein. Wenn du in den Keller gehst, gehe ich mit, auch wenn du auf den Boden gehst.« Beim Beten sagten beide auf die Frage, was heute besonders schön gewesen sei: »Daß wir wieder zusammen sind.«

War es nun falsch, daß sie weg waren? Ich glaube nicht. Die empfundene Sehnsucht und die große Wiedersehensfreude machen doch den Kindern und uns noch mehr bewußt, wohin sie gehören und wie sehr wir aneinander hängen. Das versuchen wir den Kindern auch zu sagen. Für die Großeltern ist es sicher bitter, die überschwengliche Freude bei der Begrüßung mitzuerleben, da sie den Eindruck haben müssen, daß es bei ihnen nicht so schön war. Davon kann aber nicht die Rede sein. Beide Kinder erzählen immer beglückt von den schönen Stunden bei Oma und Opa, und es wird ihrer häufig und immer lieb gedacht. Ihre Stimmung, ihr Verhalten, wenn sie von Oma und Opa zurückkommen, zeigen beson-

ders deutlich, wie sehr der Besuch ihnen gefallen und wie gut er ihnen getan hat. Sie erscheinen uns dann außergewöhnlich lebendig und fröhlich. Das ist bei Peter besonders auffällig. Die herzliche, lebendige, kommunikationsfreudige und liebevolle Art der Großeltern öffnet in den Kindern viele verschlossene Türen. Dennoch wissen wir jetzt, daß für Michael die Trennung nicht zu lang sein darf. Er hat dann wohl das Gefühl, daß ihm der Boden unter den Füßen entzogen wird, auf dem er gerade erst anfängt, fest zu stehen.
Michaels Wutanfälle treten inzwischen nicht mehr so häufig auf. Eigentlich hätten sie mit seinem Hausbautraum verschwunden sein müssen, aber es dauert meistens einige Zeit, bis das Bewußtsein die Sprache des Traumes verstanden hat. So fragte mich Michael vor ein paar Tagen beim Abendbrot: »Wie haben wir uns eigentlich kennengelernt?« Die Frage war zwar klar gestellt, mir aber schon zu klar und erwachsen formuliert, so daß ich ungläubig nachfrage. Er weiß doch, wie wir uns kennengelernt haben, da wir oft darüber gesprochen haben. Unser letzter Heimbesuch lag zwar fast ein Jahr zurück, aber er müßte sich doch noch erinnern. Da er aber seine Frage wiederholte, antwortete ich: »Michael, Papa und Mama hatten keine Kinder, da haben wir uns an die Adoptionsbehörde gewandt. In einem großen Haus in der Stadt arbeiten Leute, an die sich alle wenden können, die wie wir gerne Kinder hätten. Wie ihr wißt, gibt es auf der anderen Seite Kinder, die in einem Heim leben, weil sie aus verschiedenen Gründen nicht mehr zu Hause leben können, die hätten gerne neue Eltern. Helga, die Heimleiterin, meldet nun die Kinder, die neue Eltern suchen, an die Adoptionsbehörde.« Frank erzählt weiter: »Und dort in dem Haus haben sie uns von euch erzählt. Wir sind dann ins Heim gefahren und Helga hat auf euch gezeigt und gesagt: ›Da sind Peter und Michael.‹« Darauf Michael spontan: »Wie gut, daß ihr gekommen seid, du bist nämlich die liebste Mama von der Welt, ich hab dich so lieb!« Er küßte und umarmte mich zärtlich, ich ebenso. Auch Peter hatte im Mai vergangenen Jahres auf einer Fahrradtour etwas ähnliches gesagt: »Mama, ich hab dich von allen Menschen am liebsten auf der Welt. Ich möchte nicht, daß mich jemand anderes aus dem Heim geholt hätte.« Etwas später kam Michael noch mal in die Küche gelaufen. »Mama, ich will dich nie totschlagen, auch wenn ich das sage. Du brauchst nicht zu sagen: Tu es doch! Ich tue es bestimmt nicht.« Dieser Vorfall lag etwa zwei Monate zurück und hatte sich vor seinem Hausbautraum ereignet. Er hatte sich tief in ihm eingegraben, obwohl wir nie wieder darüber gesprochen hatten. Nun war er so weit, daß er sich unser Verhältnis bewußt machen konnte. Sein Selbstbewußtsein mußte gewachsen sein. Diese Stärkung seines Ichs zeigt sich auch an seiner neu erwachten Malfreude. Er malt ein Bild nach dem anderen mit vielen farbenfrohen Häusern.

Namensirritationen II

2. Januar 1987
Telefonisch informiere ich Herrn Kramp über unser Gespräch beim Rechtsanwalt und bitte ihn noch in einer anderen Sache um Hilfe. Da Michael vom Einwohnermeldeamt zur Einschulung gemeldet ist und wir wieder einen Brief an Herrn und Frau... bekamen, taucht wieder das Problem mit dem Schülerbogen auf. Auf Peters Schülerbogen steht: Peter..., genannt Wolters, Inkognitoadoption.
Wir hätten gern gehabt, daß auf dem Schülerbogen nur Peter Wolters steht und ein Blatt mit entsprechendem Hinweis beigelegt wäre. Das hat die Schulbehörde der Schulleitung vor 1½ Jahren freigestellt. Vielleicht kann Herr Kramp jetzt, wenn Michael zur Schule kommt, etwas erreichen. Ich fühle mich von der Schulleitung nicht ernst genommen. Sie ging wohl davon aus, daß ich mit der Verdrängung des Namens auch die Vergangenheit der Kinder verdrängen wollte, das aber sind zwei verschiedene Sachen.

20. Januar 1987
Anruf bei der Schule. Ich bitte darum, die Schülerakte zur Vorschule zu schicken, und erkläre, warum Michael dort unter dem Namen Wolters gemeldet ist.
Spreche ebenfalls mit der Sekretärin der Vorschule und erkläre ihr den Sachverhalt. Sofort will sie den Namen Wolters streichen. »Wir machen uns sonst strafbar.« Ich kann sie nur mit dem Hinweis davon abhalten, daß die Adoptionsbehörde sich auch für diesen Fall noch einmal mit der Schulleiterin in Verbindung setzen will.

23. Januar 1987
Anruf der Schulsekretärin. Sie entschuldigt sich, daß wir von ihr einen Brief an Herrn und Frau... bekommen haben. Die Behörde hat wohl reagiert. Ich beruhige sie, da sie ja nichts davon wissen konnte. Dieses Problem müßte generell gelöst werden.
Frau Holthusen, die Leiterin der Adoptionsbehörde, ruft an. Sie hat mit der Schulleiterin gesprochen. Michaels Schülerbogen würde genauso sorgfältig behandelt werden wie der von Peter. Das reicht mir aber nicht. Damit Frau Holthusen meinen Wunsch besser versteht, erzähle ich ihr etwas über die Trennungsängste der Kinder. Sie meint, daß uns die Ver-

gangenheit der Kinder nicht mehr beunruhigen wird, wenn die juristische Seite des Falles abgeschlossen ist. Darum geht es mir aber nicht. Die Sorge um die Entdeckung des alten Namens entspringt nicht aus dem Wunsch, die Vergangenheit zu verdrängen, sondern aus der Erkenntnis, daß es den Kindern unmöglich wäre, ihre Vergangenheit zu verarbeiten, wenn sie um die Unsicherheit ihrer Rechtssituation wüßten. Aber auch Frau Holthusen ist der Meinung, daß es ganz unüblich sei, das zu versuchen. Sie erzählt von dem Fall eines jetzt 20jährigen Mädchens, mit der sie seit zwei Jahren Kontakt hat. Sie wurde im Alter von sieben Jahren adoptiert, durfte aber nie über ihre Vergangenheit sprechen, sondern ihr wurde immer gesagt, daß dies alles vorbei sei, sie solle es vergessen. Heute weiß man aber, daß man sein Leben mit unverarbeiteten Erlebnissen nicht optimal bewältigen kann. Wieso soll und kann das nicht für Kinder gelten?
Vielleicht sind die dreifachen Anforderungen, die an Adoptiveltern gestellt werden, zu viel: Familiengründung, Vergangenheitsbewältigung und Leben mit einer zeitweise juristisch unklaren Situation. Bei Familien, die einen Säugling adoptiert haben, bringt die Vergangenheitsbewältigung nicht so große Probleme. Das Kind sollte aber erfahren, daß es nicht das leibliche Kind seiner Eltern ist, und die Eltern sollten nie verdrängen, daß es nicht ihr leibliches Kind ist. Laut Frau Holthusen ist das häufig der Fall, wenn Eltern Kinder als Säugling adoptiert haben. Der Wunsch, Kinder zu haben, ist aber doch ein zweifacher. Es ist der Wunsch nach biologischer Elternschaft, der Wunsch, ein Baby zu erwarten und auf die Welt zu bringen, und es ist der Wunsch, mit Kindern zusammenzuleben, die soziale Elternschaft. Diesen zweiten Wunsch können Adoptivkinder sehr wohl erfüllen. Den Schmerz um die nicht erlebte biologische Elternschaft können sie den Eltern nicht nehmen. Es ist aber gerade dieser gemeinsame Schmerz, das gemeinsame Wissen um eine zu bewältigende und irgendwann bewältigte Vergangenheit, die Adoptivkinder und -eltern verbindet. Dieses gemeinsame Zurückholen ins normale Leben ist es, was beide Teile verbindet.
Die Vergangenheitsbewältigung – besonders bei den Kindern – erfolgt in größeren oder kleineren Intervallen und kann sehr schmerzhaft verlaufen. Dazwischen liegen viele entspannte, »normale« Familiensituationen. Es ist wie bei den Wehen einer Geburt, als ob die Kinder noch einmal für ein »normales« Leben geboren werden müßten, nachdem sie aus diesem ausgestoßen wurden. Ermöglichen aber die Adoptiveltern ihren Kindern diese Wiedergeburt nicht, können die Kinder nicht zu einem »normalen« Leben finden. Auch die Bindungen zwischen Adoptiveltern und -kindern bleiben dann sehr viel schwächer, da unter idealen Bedingungen als ge-

meinsames Band anstelle der biologischen Geburt die soziale Wiedergeburt – die Vergangenheitsbewältigung – tritt.
Adoptiveltern, die sich ihrer doppelten sozialen Elternschaft nicht bewußt sind, bringen sich selbst um eine ganz wesentliche Bindung zu ihren Kindern, ganz abgesehen von dem Schaden, der den Kindern zugefügt wird. Außerdem haben alle Menschen ein Recht auf ihre eigene Geschichte. Sie ist ihre Wirklichkeit, ob wir darüber sprechen oder nicht. Wir Adoptiveltern sind doch nur die Verwalter dieser Geschichte, bis die Kinder lernen, selbst mit ihr zu leben.
Frau Holthusen ist für diese Überlegungen sehr aufgeschlossen und hat die Folgen jahrelangen Verdrängens anscheinend häufig erlebt. Dabei läßt sich der Schmerz von Adoptivkindern und -eltern viel besser zusammen tragen. Beide Seiten trauern um die nicht gemeinsam erlebten Jahre, und diese gemeinsame Trauer ist ein so enges Band, daß es sich wohl mit dem natürlichen Band der biologischen Elternschaft vergleichen läßt.

11. Mai 1987
Richter Hansen ruft uns an. Die Kinder sollen im Ersetzungsverfahren vor dem Landgericht gehört werden. Er will uns deshalb besuchen und meint dazu: »Wir müssen entscheiden, ob von seiten der Eltern Gleichgültigkeit nachzuweisen ist oder nicht. Dazu sollen die Kinder gehört werden. Ich muß ihnen dazu ein paar Fragen stellen.« Ich hole tief Luft. Hat es Sinn, dagegen Einwände vorzubringen? Ich versuche es: »Herr Hansen, ich finde es sehr gut, daß alle Seiten gehört werden. Aber sehen Sie, Peter, der jetzt neun Jahre alt ist, hat bisher – außer mit uns – noch nie über seine Vergangenheit gesprochen, obwohl er schon drei Jahre bei uns ist. Es hat auch bei uns Monate gedauert, bis er etwas von seinen leiblichen Eltern erzählte. Zunächst bestand die Vergangenheit nur aus Heimerlebnissen. Kurz vor den Ferien hat er zum ersten Mal in der Schule erzählt, daß er adoptiert ist. Dabei hat er geweint und sich geschämt, weil auch die Kinder in der Klasse, die er nicht leiden mag, alles mitbekommen haben. Wir haben daraufhin besprochen, daß er alles erzählen kann, was er will, aber nur Menschen, bei denen er weinen kann, die er also kennt und gern hat. Nun wollen Sie für eine halbe Stunde kommen und ihn kurz mal zu seinen intimsten Problemen befragen. Was soll dabei für Sie und das Kind herauskommen? Michael weiß sowieso nichts mehr von seinen leiblichen Eltern. Er erinnert sich nicht einmal mehr an das Heim, trotz mehrerer Besuche.«
Herr Hansen reagiert sehr nett. Er sähe das Problem auch so und wäre nicht glücklich, daß das Oberlandesgericht auf eine Befragung so kleiner Kinder dränge. Befrage er die Kinder aber nicht, könne das Verfahren wegen eines Formfehlers angefochten werden.

13. Mai 1987
Rufe den Vormund an, um ihn vom Besuch des Richters zu informieren und die Telefonnummer des Landgerichts zu erfahren.
Nehme mir ein Herz und telefoniere mit Richter Hansen. Der Besuch macht mir doch Sorgen. Ich informiere ihn darüber, daß die Kinder über den gegenwärtigen Stand der Adoption nicht unterrichtet seien. Die Probleme der Vergangenheit wären zwar immer wieder Gegenstand unserer Gespräche, aber vor den Unsicherheiten, die das laufende Verfahren mit sich bringen würde, würden wir die Kinder schützen. »Das kann ich verstehen«, kommt für mich der beruhigende Kommentar. Wir hätten zunächst erwogen, ob wir nicht jetzt endlich mit der Geheimniskrämerei Schluß machen sollen, aber die Kinder seien in einer so guten Verfassung und das doch nur dadurch, daß sie in einem adoptionsähnlichen Verhältnis aufwachsen würden. Wir seien nicht gewillt, ihnen diese Sicherheit zu nehmen. Zu meiner großen Erleichterung zeigt Herr Hansen volles Verständnis für unser Anliegen. Meine konkrete Bitte an ihn ist, ihnen gegenüber nichts vom Gerichtsverfahren zu erwähnen. Damit ist er einverstanden und betont, daß er es für sehr gut halte, daß ich ihn darüber informiert habe. So wage ich, auch noch mein zweites Anliegen vorzutragen, das Namensproblem. Michael habe seinen Familiennamen nicht gekannt, als er zu uns kam, und Peter habe ihn vergessen. Ich hätte vielleicht übertriebene Sorgen, aber ich fürchtete doch, daß durch Bekanntwerden des Namens das Inkognito gefährdet sei. Das sei doch selbstverständlich, der Name würde bei seinem Besuch nicht erwähnt. Wie erleichternd für mich, so viel Verständnis zu finden.

14. Mai 1987
Besuch von Richter Hansen. Zu fünft sitzen wir um den Eßtisch. Nur schleppend kommt ein Gespräch in Gang. Peter ist wie immer offen, wenn auch still. Michael sitzt verschämt auf meinem Schoß und will nichts sagen. Frank fordert ihn nach kurzer Zeit auf, mit ihm im Garten Fußball zu spielen. So kann Richter Hansen in Ruhe mit Peter sprechen. Er fragt ihn, ob er noch wisse, in welchem Heim er vorher war? Peter kann sich an den Namen nicht erinnern. Daran, wieviele Kinder im Heim gewesen seien und wer gekocht habe, kann sich Peter noch erinnern. Dann kommen die wesentlichen Fragen. »Peter, hast du im Heim auch Besuch bekommen?« – »Ich weiß nicht«, ist die einsilbige Antwort. »Weißt du denn noch, wo du gewohnt hast, bevor du ins Heim kamst?« – »Weiß ich nicht«, lautet die mich erstaunende Antwort. »Jetzt willst du aber immer hierbleiben?« ist die abschließende Frage, auf die die vielsagende Antwort ja erfolgt. Dann wieder Schweigen. Ich erzähle, daß wir

zusammen in den ersten zwei Jahren fünfmal das Heim besucht haben, die Kinder dann nicht mehr wollten.
Zum Abschluß weiht Richter Hansen Frank und mich noch in den weiteren Gang des Verfahrens ein. Zunächst müssen die leiblichen Eltern gehört werden. Dann müsse man sehen, ob noch weitere Anhörungen stattfinden. Auf jeden Fall würde sich die Entscheidung etwas hinziehen. Wir weisen darauf hin, wie schwer diese lange Wartezeit für uns sei. Zudem müßten wir damit rechnen, wie immer das Verfahren ausginge, daß noch ein weiteres stattfinden würde. Entweder würden die leiblichen Eltern oder wir noch einen letzten Versuch unternehmen. So hätten wir wohl noch Jahre vor uns, in denen wir nicht zur Ruhe kämen. (Dieses Verfahren läuft schon fast elf Monate.)
Richter Hansen meint, die Entscheidung, die ein Gericht in so einem Fall zu treffen habe, sei auch nicht leicht zu fällen. Mit der erfolgten Ersetzung sei für die leiblichen Eltern wirklich alles vorbei. Jeder sehe nur seine Seite, das Gericht müsse aber abwägen.
Die nächsten Monate werden wir jetzt wohl wieder Ruhe haben. Darüber sind wir froh, denn auf sehr viel mehr hoffen wir schon gar nicht mehr.

29. Mai 1987
Wir erhalten durch unseren Rechtsanwalt eine Abschrift des Berichtes von Richter Hansen über seinen Besuch bei uns. Ich lese ihn in den nächsten Tagen immer wieder, da er wie Balsam auf meine Wunden wirkt. Er ist liebevoll und einfühlsam geschrieben. Ich muß selber staunen, daß mir das Urteil dieses mir fast fremden Mannes guttut. Bei einer so schwierigen Rechtslage und bei so schwierigen Kindern lechzt man wohl manchmal nach Streicheleinheiten.

10. August 1987
Frau Westendörfer von den sozialen Diensten ruft an. Sie möchte uns besuchen, da die Adoptionsbehörde um einen Bericht gebeten habe. Ich muß tief Luft holen. Dann teile ich ihr mit, daß ich nicht mehr gewillt bin, unsere Familiengeschichte in einem persönlichen Gespräch mitzuteilen. Ich wäre eher bereit, schriftlich kurz über die Entwicklung der Kinder im letzten halben Jahr zu berichten. Als sie nach dem Grund meiner Ablehnung fragt, erkläre ich ihr, daß normalerweise Besuche von der Sozialbehörde doch wohl den Sinn einer Beratung hätten. Die Kinder seien jetzt über drei Jahre bei uns, und die Behörde müßte doch gesehen haben, daß es bei uns liefe und wir weder Hilfe noch Kontrolle brauchten. Frau Westendörfer entgegnet, wir seien nun einmal eine Pflegefamilie und wären wirklich nur sehr wenig besucht worden. Dieser

Besuch sei erst der neunte in dreieinhalb Jahren, und Besuche seien nun mal üblich. Wie fast immer bei Diskussionen mit Behörden oder Institutionen siegt zuletzt ein formales Argument, also schlage ich vor: »Kommen Sie uns besuchen, spielen Sie mit den Kindern und machen Sie sich so ein Bild.« Wir einigen uns auf einen Termin.

14. August 1987
Dieser Besuch stand wirklich unter einem schlechten Stern. Zwar hatte ich das Datum in meinen Kalender eingetragen, hatte ihn aber vergessen, weil mir der Termin wohl so unangenehm war. Peter war bei einem Klassenkameraden spielen, und ich mußte mit Michael bald aus dem Haus, als Frau Westendörfer mit einer Stunde Verspätung kam. Meine Vergeßlichkeit versuchte ich damit gutzumachen, indem ich doch etwas von den Kindern erzählte. Da unser Verhältnis aber gestört war, zog sich das Gespräch zähe dahin, zum Glück begrenzt durch die kurze Zeit, die uns blieb.
Beim Abschied bemerkte Frau Westendörfer versöhnlich, daß es ja wirklich schrecklich wäre, wenn das laufende Verfahren nicht zu unseren Gunsten ausginge und die Kinder hier weg müßten. Aber daran dürfe man ja nicht denken. Diesmal trafen mich ihre Spekulationen nicht mehr persönlich, ich rechnete nicht mehr mit Taktgefühl.

Offene Fragen

Ist Michael schulreif?

April 1987
Vor einigen Wochen bat mich die Vorschullehrerin zu einem Gespräch. Ich hatte gehofft, daß sie sagen würde, Michael ist noch nicht schulreif, lassen Sie ihn noch ein Jahr zu Hause. Sie war leider in derselben Lage wie wir, es nicht zu wissen. Er versteht alle Arbeitsblätter, geht nur etwas zögernd an sie heran und braucht sehr lange, um sie fertig zu bekommen. Zudem ist er noch sehr verspielt.
Heute konnten wir aber guten Gewissens eine Entscheidung treffen, denn seine Entwicklung in den letzten Wochen und Tagen sprach eine deutliche Sprache. Vor vier bis fünf Monaten hatte er sich mittels seiner Träume von den bösen Männern, dem Hund, dem Mopedfahrer, dem Riesen und den weggeschmissenen Kätzchen mit seiner Vergangenheit auseinandergesetzt. Daraufhin konnte er sich im Traum sein Haus bauen. Nachdem er sich außerdem vor etwa drei Monaten erkundigt hatte, wie wir uns kennengelernt haben, berichtete er zunächst von keinen Träumen mehr und schlief bedeutend ruhiger. Dafür tauchten jetzt tagsüber Ängste auf, und er war unruhig. So fand er z. B. während des Essens unzählige Gründe, wieder aufzustehen und hin und her zu laufen. Es wurde zu einer Strapaze, mit ihm irgendwo hinzugehen, da seine zappelige Unruhe kaum zu ertragen war. Nachdem ich am Vormittag das Kapitel »Liebeserklärungen« geschrieben hatte, holte ich Michael von der Vorschule ab. Als wir unsere Fahrräder in die Garage stellen, drückt er sich an mich heran und sagt leise: »Mama, ich hab so Angst, daß uns der Mann wegholt!« – »Welcher Mann?« fragte ich zunächst verständnislos. »Da war eben einer auf der Straße und ging in ein Haus. Wenn er kommt und dich fragt, ob du Kinder hast, mußt du nein sagen. Der darf uns nicht wegholen.« Obwohl ich ihn natürlich zu beruhigen versuchte, überlegte er nach dem Mittagessen, wo er sich im Haus verstecken könnte. Wieder versuchte ich ihn zu beruhigen. »Mein Schatz, ihr kommt hier nie wieder weg. Wir bleiben jetzt ein Leben lang zusammen. Wir haben ein Papier, da steht drauf, daß Peter und Michael hierher gehören und nie wieder weg dürfen.« Natürlich zeigte ich auch Verständnis für seine Angst, aber beruhigen konnte ich Michael nicht. Er bat mich, keinen Mittagsschlaf zu machen. Die Bitte wurde selbstverständlich erfüllt.

Von diesem Tag an gab es wochenlang Probleme beim Schlafengehen. Jeden Abend hielt mich der kleine Kerl fest und sagte: »Mama, ich hab ja solche Angst.« – »Aber ich bin doch jetzt hier, da brauchst du doch keine Angst zu haben.« – »Doch Mama, ich habe eigentlich immer Angst, auch wenn du da bist. Es könnte doch jemand kommen und uns wegholen.« Oft bleibe ich dann am Bett sitzen, bis er eingeschlafen ist. Nichts in der Gegenwart kann bei ihm diese Ängste hervorrufen. Von seiner Vergangenheit weiß er nur aus unseren Berichten, und die damit verbundenen Ängste liegen im Unbewußten. Sie sprechen aber eine deutlich verständliche Sprache.

Mit seinen jetzt bewußt erlebten Trennungsängsten gingen heftige Liebeserklärungen einher, deren Funktion mir deutlich wurde: Sicherstellung des erworbenen Schatzes. »Du bist die liebste Mama. Die erste Mama war nicht lieb, und im Heim war es auch nicht schön. Hier ist es am schönsten. Ich möchte aber nie eine neue Mama mehr bekommen.«

Als er sich auf einem Kinderfest leicht verletzt hatte und ich ihn tröstete, sagte er: »Wie gut, daß ich nicht mehr im Heim bin, da könnte ich jetzt gar nicht bei dir sein. Schrecklich, die armen Kinder im Heim, es gibt doch noch Kinder im Heim?« – »Ja, es gibt immer noch Kinder im Heim. Wie schön, daß wir jetzt zusammen sind.« Michael: »Immer so hin und her ist nicht schön. Heim und erste Mama und Heim, dann zur richtigen Mama, dann vielleicht wieder Heim, immer so hin und her.« Erstaunt frage ich: »Wer ist die richtige Mama?« – »Na du. Ich will immer nur bei dir bleiben, du bist die liebste Mama von der Welt. Jetzt will ich dir ein Küßchen geben.«

Zu diesem Zeitpunkt waren die Kinder zweieinhalb Jahre bei uns, für Michael fast die Hälfte seines Lebens und die längste Zeit an einem Ort. Dies war jetzt in sein Bewußtsein gerückt, und er konnte über das Vergangene sprechen, und zwar jedesmal ohne äußeren Anlaß. Nachdem er für sich entschieden hatte, hier ist es am schönsten, hier will ich immer bleiben, änderte er plötzlich das Thema.

Als ich ihn gestern von der Vorschule abholte, bat er mich: »Ich will dir unseren Schulhof einmal zeigen.« Er zeigte mir, was sie in der Pause im Sandkasten gebaut hatten, wo sie Verstecken spielen konnten und wo sie auf Bäume klettern durften. »Das hier ist der hintere Schulhof, und dann gibt es noch den vorderen Schulhof, den zeige ich dir auch noch.« Acht Monate geht er nun schon in die Vorschule, täglich bringe ich ihn hin und hole ihn ab, also ist das alles weder für ihn noch für mich neu. Er scheint es aber erst jetzt bewußt wahrzunehmen. Auf dem Heimweg stellt er zum ersten Mal Verständnisfragen: »Wie kommen die Bilder in den Fernseher? Warum sehen wir die Sterne nicht tagsüber? Wofür hat der Bagger Stangen?« Am Abend fragt er: »Papa, wie finden die Flug-

zeuge über den Wolken den Flugplatz?« Die Verarbeitung mit der Vergangenheit scheint für diese Altersphase abgeschlossen zu sein. Nun kann er sich die Welt erobern. Als ich heute Michael von der Vorschule abhole, erklärt mir die Lehrerin: »Also Frau Wolters, die Schulleiterin hat Michael heute noch einmal allein getestet, und sie sagt, er muß zur Schule.«
Michaels Ängste haben einen Kanal gefunden. Sie konzentrieren sich jetzt auf Mopeds. Das sind allerdings panische Ängste, die ihn völlig den Kopf verlieren lassen. Hört er ein Moped, flüchtet er kopflos irgendwohin. Als er letzte Woche das »Gebrüll« eines Mopeds vernahm, flüchtete er mit seinem Fahrrad quer über die Straße, um schnell bei unserem Gemüsehändler Zuflucht zu suchen. Dabei fuhr er dummerweise fast in das Moped hinein. Sonst gibt es aber keine Einschlaf- und Schlafängste. Seine Wutanfälle sind jedoch noch nicht völlig überwunden, warum?

Kalte Wut

Juni 1987
Was bei Michael die Wutanfälle, die heiße Wut, sind, ist bei Peter die kalte Wut. Während Michael tobt, erstickt Peter an seinen Aggressionen. Vor ein paar Tagen auf dem Weg zur Vorschule, zog Michael mit einem kleinen Schmerzschrei seine Hand aus der meinen zurück: »Mir tut meine Hand hier so weh«, und zeigte mir einige kleine, entzündete Wunden. »Wo hast du die denn her?« – »Da hat mich Peter doch gestern gekniffen!« Ich konnte es erst nicht glauben und fragte mehrfach nach. Immer wieder bestätigte er seine Aussage. Typisch ist, daß ich nichts von der Auseinandersetzung der Kinder mitbekommen habe, da Peter leise zuschlägt, heftig, aber so, daß wir es nicht merken. Erst Michaels Geschrei zeigt uns, daß was nicht in Ordnung war, aber gerade durch das Geschrei ist er wieder der Schuldige. Als Peter beim Mittagessen von seinen Schulerlebnissen berichtete, fragte ich ihn, ob er bestätigen könne, daß er Michael die Wunden beigebracht habe. Wie üblich verteidigt er sich: »Michael hat mich vorher auch gekniffen.« Ich fragte Peter, wo denn seine Wunden seien? Natürlich hatte er keine. Zum wiederholten Male versuchte ich ihm klarzumachen, daß es mir nicht nur darum gehe, ihm zu sagen, daß es nicht schön sei, sich durch Gewaltanwendung durchzusetzen. Es ginge mir besonders darum, ihm deutlich zu machen, daß er sich – wenn man ihm ein bißchen wehtun würde – nicht mit wutverzerrtem Gesicht und unter Einsatz seiner ganzen Körperkraft wehren dürfe. Wie häufig kam Michael anschließend mit weißen Lippen und blauem Gesicht, vor Schmerz zitternd, zu mir gerannt. Über dieses Pro-

blem hatten wir schon unzählige Male gesprochen, aber ich befürchte, Peter hat sich nur besser unter Kontrolle, die Ursache ist nicht behoben.
Ich bin ziemlich hilflos und sage zu Peter: »Du darfst nicht in blinder Wut andere schlagen.« Da er sich am Tag zuvor bei mir über einen Rüpel in seiner Klasse beklagt hatte, dem er nicht einmal zu widersprechen wagte, aus Angst, daß dieser sofort losschlage, fragte ich ihn, warum er seine Wut nicht an diesem Jungen auslasse. Seine Antwort: »Weil ich nicht will, daß Frau Jena mit mir schimpft.« Da dieser besagte Junge dauernd in Schlägereien verwickelt war, hatte die Klassenlehrerin jedem strengstens verboten, sich mit diesem Jungen anzulegen. Das Ergebnis war, daß keiner sich mehr gegen diesen Jungen durchzusetzen vermochte – auch die meisten Lehrer nicht. Mein Ratschlag im dritten Schuljahr, nachdem ich bisher immer Sanftmut gepredigt hatte, war nun: »Lieber Peter, wenn Manfred sich das nächste Mal flegelhaft benimmt, kämpfe mit den gleichen Waffen wie er. Beschimpft er dich, tue das Gleiche, schlägt er dich, schlage zurück, verhau ihn, so gut du kannst. Auch wenn er dir wehtut, zeig ihm, daß du dir nicht alles gefallen läßt. Hab keine Angst vor Frau Jena. Am nächsten Tag bin ich in der Schule, und ein Beschwerdebrief über diesen Jungen geht an die Schulleitung. Die Lehrer sind alle so unglücklich mit diesem Kind, daß sie froh sind, wenn sie mal eine Beschwerde von Eltern in der Hand haben.«
Ich war sicher, daß mein Vorschlag richtig war. Er mußte lernen, sich Problemen zu stellen und nicht zu entziehen. Genauso sicher war ich gleichzeitig, daß er sich niemals mit besagtem Klassenkameraden schlagen würde. Vielleicht würde ihn das zumindest zum Nachdenken bringen. Die Ursache seiner kalten Wut steckt aber tiefer.
Am Abend brachte Frank wie üblich die Kinder ins Bett. Ich saß im Nebenzimmer und nähte noch an einem Clownkostüm für Peter. Seine Klasse soll nach den Sommerferien bei der Einschulung von Michael ein Zirkusspiel aufführen. Da kam Frank verärgert aus dem Kinderzimmer. »Peter wollte doch Michael gewaltsam den Zahnbürstenstiel in den Arm bohren. Nur weil ich eingriff, wurde es nicht so schlimm.« Zu recht fühlte ich mich beim Mittagessen hilflos, denn schon jetzt scheint es so, als hätte das Gespräch nicht stattgefunden. Ich ging ins Kinderzimmer und sprach Peter darauf an. Die übliche Reaktion: »Michael hat aber auch...« Dann krabbelte er auf sein Bett und zog sich beleidigt den Schlafanzug an. Ich sah ihn fassungslos an und sagte, ohne zu überlegen: »Peter, warum willst du Michael so verletzen?«
Plötzlich fällt mir ein, was er mir vor zwei Wochen auf einem Spaziergang erzählt hatte: »Mama, ich will am liebsten mal jemanden totschla-

gen oder ganz doll verhauen.« Zunächst nahm ich seine Aussage nicht besonders ernst und sagte: »Peter, daß man mal ordentlich Wut im Bauch hat, das geht wohl jedem so, aber gleich jemanden totschlagen? Jemanden mal ordentlich verhauen, das möchtest du wohl auch nur manchmal.« – »Nein«, kam die spontane Antwort, »das möchte ich immer.« – »Aber jetzt doch nicht, du bist doch ganz friedlich«, fragte ich nach. »Doch auch jetzt, das möchte ich immer.« Dieses Gespräch hatte ich fast vergessen. Vor seinem Bett stehend fiel es mir wieder ein. So drang ich mit Fragen auf ihn ein: »Peter, warum verletzt du Michael so stark, warum willst du am liebsten jemanden totschlagen? Wir tun dir doch nichts. Wir haben dich lieb. Michael ist doch schwächer als du, warum verhaust du nicht Manfred? Wir alle haben dir nichts getan. Peter, wer hat dir denn so wehgetan, daß du ihn am liebsten verhauen möchtest?« Ich stand immer noch vor seinem Bett und schaute dem weinenden Kind ganz fest in die Augen. »Peter, sage mir, wer hat dir wehgetan?« Er schluchzte ganz heftig und rang mit sich. Dann meinte er fragend: »Manfred?« – »Nein, Peter!« antwortete ich sicher, »der hat dich doch nicht so verletzt, daß du Michael weh tun möchtest, oder daß du jemanden totschlagen möchtest. Wer hat dir wirklich wehgetan?« Nun kam zögernd: »Meine Mutter.«
Zum erstenmal sprach er nicht mehr von seiner »ersten Mama«, wie er bisher seine leibliche Mutter tituliert hatte. Die Bezeichnung Mama war nun wohl zu sehr mit mir verbunden. Ich wagte nicht, seine unsicher klingende Antwort zu bestätigen: »Peter, das mußt du selbst wissen, wir haben dir nichts getan, daß du so wütend sein mußt, und Michael erst recht nicht.« Schluchzend fügte er hinzu: »Ich weiß es ja auch nicht.« – »Mein Schatz, wir müssen nach der Antwort suchen. Erst wenn sie aus dir raus ist, brauchst du nicht mehr so wütend zu sein.« Michael war in der Zwischenzeit zu Peter ins Bett gekrabbelt, um ihm beizustehen und schaltete sich nun ein: »Mama, das ist nicht Peter, das ist die Wut in seinem Bauch, die muß raus.« Das konnte ich nur bestätigen.
Nach diesem Gespräch kam der Papa zum Vorlesen. Astrid Lindgren brachte alle auf andere Gedanken. Danach durfte Peter noch sein in der Zwischenzeit fertiggestelltes Clownkostüm anprobieren. Sein Gesicht strahlte wieder vor Glück. Zum Abschluß wurde noch gebetet. Ich wagte, in das Gebet die Bitte um die Erkenntnis von Peters Wutausbrüchen einzuschließen. »Lieber Gott, hilf dem Peter zu finden, warum er andere so gern verletzen möchte. Gib ihm vielleicht im Traum die Antwort.« Prompt kam heftiger Protest von Peter. »Nein, ich will nicht, daß wieder so ein Geist kommt, der mich in den Finger beißt.« Furcht klang in seiner Stimme. Über eineinhalb Jahre ist es her, daß Peter diesen Traum erzählt hatte. Daß dieser Traum ihm jetzt noch Angst machte, zeigte, daß wir seine Bedeutung nicht erfaßt hatten.

Mit Schrecken wurde ich an einen Traum von Michael erinnert, den ich bisher nicht aufschreiben konnte, weil er mich selbst zu tief berührt hatte, als er ihn mir vor einigen Monaten erzählte. Er zeigt eine gewisse Verwandtschaft mit dem Geistertraum von Peter. Michael hatte folgendes berichtet: »Wir vier (Papa, Mama, Peter und Michael) gingen auf unserem Weg nach vorne zur Straße. In der Hecke bei Frau Neuß war eine weiße Frau, ein Geist, der rief immer wieder: Komm Michael, komm. Ihr habt mich aber festgehalten, und mir ist nichts passiert. Wir sind dann weitergegangen.« Michael wiederholte immer wieder den Ruf des Geistes, der mir so unheimlich war, daß ich nicht wagte, mich näher mit dem Traum zu befassen. Wer war dieser weiße Geist, vor dem die Kinder Angst haben. Ist es ein Geist aus der Vergangenheit, der nur noch in den Träumen lebt, oder existiert er in der Gegenwart und bedrängt die Kinder immer noch? Ich fürchte mich vor ihm! Wie müssen sich erst die Kinder fürchten?
Wie sollte ich aber im Moment Peter helfen? Ich versuchte es: »Peter, wenn jetzt noch einmal ein weißes Gesicht im Traum auftaucht, dann wirst du sicher mit ihm kämpfen oder es verjagen.« – »Ja, aber das habe ich doch auch damals versucht, aber da konnte ich mich gar nicht bewegen, und ich dachte, das weiße Gesicht beißt mir den Finger ab, so weh tat das«, gab er ganz verzagt von sich. Er scheint noch nicht so weit zu sein, daß er kämpfen könnte. Was ist es, was seine Kräfte lähmt? Noch immer liebt er so sehr den Ausgleich, die Harmonie, daß er es nicht schafft, sich durch »Kampf« zu einem höheren Glück aufzuschwingen. Noch nicht! Wann ist es so weit, daß er diese falsche Harmonie nicht mehr durch erstickende Wut kompensieren muß, wann lernt er es, nötigenfalls zu kämpfen, um wirklich glücklich zu sein?

Der Sommer

Nach den Sommerferien sind beide Kinder viel ausgeglichener. Diese glückliche Phase dauert schon seit Wochen und ist sicher darauf zurückzuführen, daß eine Pechsträhne hinter uns liegt. Anfang Mai brach Frank sich den Oberschenkelhals und wurde für neun Wochen krankgeschrieben. Zunächst sollte er zur Ruhigstellung des Bruchs ca. vier Wochen ins Krankenhaus, wogegen wir uns aber heftig und mit Erfolg wehrten. So lag er hier bei uns zu Hause vier Wochen in einem im Wohnzimmer aufgestellten Krankenbett, und wir genossen das Zusammensein. Für mich war das natürlich ein Mehr an Arbeit, aber die Kinder hatten einen zweiten Ansprechpartner, was für mich eine große Entlastung bedeutete. Aber dann wurde auch ich krank und war fast drei Wochen mit einer Wundrose an Fuß und Bein ans Bett ge-

fesselt. Frank versorgte in dieser Zeit zunächst mit Krücken den Haushalt. Die Schwiegereltern kauften ein, und die Kinder mußten kräftig mit ran. Was wir alle in diesen Wochen gelernt haben, ist die Krankheit fast wert gewesen. Wir alle spürten, wie wir einander brauchten. Frank konnte schon recht bald in der Küche stehen und etwas kochen, nachdem er das kranke Bein schon zu 50 Prozent belasten durfte, mir aber eine Tasse Tee ans Bett zu bringen, war unmöglich. Da mußten die Kinder einspringen. Sie hatten in den vier Wochen, als Frank liegen mußte, schon so viel gelernt, daß wir jetzt nie einen Mißton hörten.
Die Kinder verstanden schnell, wie schön es ist, gebraucht zu werden. Sie waren mit Feuer und Flamme bei der Arbeit, als Papa und Mama im Gleichschritt hinkten. Michael kochte Kartoffeln und Peter das Gemüse. Es ging prima. Auch Frank trug wieder seinen Teil zur Erledigung der Hausarbeit bei, was er in den letzten drei Jahren, seitdem die Kinder bei uns sind und ich nicht außer Haus arbeite, nicht mehr getan hatte. Wir wollen zumindest beibehalten, daß er auch weiterhin das Frühstück macht.
Kaum genesen fuhren wir für zwei Ferienwochen in das Wochenendhaus meiner Eltern in die Heide. Weiter konnten wir uns nicht fortwagen, da wir beide noch der ärztlichen Hilfe bedurften. Dennoch machten wir wunderschöne Spaziergänge, wobei unser Humpeltempo den Kindern sehr entgegenkam. Als Trost für die ausgefallene Pfingst- und Sommerreise schafften wir uns neben unserem alten Siamkater wieder eine zweite Siamkatze an. Und wieviel Freude haben wir bis jetzt schon an der kleinen Flora gehabt! Inzwischen sind wir alle wieder soweit hergestellt und haben trotz oder wegen der Krankheiten neue Kräfte für den Alltag getankt. Die Probleme der Kinder sind geringer geworden, aber es gibt sie noch: das Bedürfnis von Peter, sich allen Schwierigkeiten zu entziehen, dann aber plötzlich wütend loszuschlagen, und die Wutanfälle von Michael. Was hemmt die weitere Entwicklung der Kinder? Auch die mit der Adoption verbundenen Probleme hatten wir in den letzten Wochen fast vergessen. Nun sind sie wieder da.

Erleichterung

10. August 1987
Was für ein glücklicher Tag heute. Rechtsanwalt Tannenburger teilt uns mit, daß das Landgericht die Ersetzung ausgesprochen hat. Wir können es noch gar nicht fassen, aber hätte es anders ausgehen dürfen? Ich habe zwar das Gefühl, daß das Warten nun zu Ende ist. Dennoch bleibt eine vom Verstand genährte Unsicherheit. Wird die Gegenseite, so wie wir sie in vier Verfahren kennengelernt haben, nicht in Revision gehen?
Im Verwandten- und Bekanntenkreis können wir nicht einmal über dieses uns so erleichternde Urteil sprechen, da es noch nicht rechtskräftig ist. Nur meinen Eltern erzähle ich davon. Es ist so erleichternd, etwas von der Spannung loszuwerden. Sie freuen sich und zittern nun mit uns.

12. August 1987
Ich telefoniere mit Herrn Kramp, um von ihm vielleicht die Frist für die Revision zu erfahren und ihm unsere Freude über die erfolgte Ersetzung mitzuteilen. Er weiß aber noch gar nichts von unserem Glück. Behördenpost hat ihr eigenes Tempo.

Peter und die große Spinne

12. August 1987
Peter erzählt uns am Frühstückstisch einen Traum, der ihn sehr aufgeregt hat. Wie immer fällt es ihm schwer, ihn verständlich wiederzugeben. Seine erste Aussage zu dem Traum bleibt am stärksten bei mir haften. »Mama, ich bin jetzt stärker als die Spinne.« – »Stärker als die Spinne? Was für eine Spinne?« frage ich verdutzt, weil ich an eine echte Spinne denke. Und dann kommt nach und nach der Traum: »Unsere Klasse war am Meer. Dort haben wir am Strand gespielt. Auf einmal kam eine große Spinne. Die wollte uns in Bananen verzaubern. Alle hat sie verzaubert, nur mich nicht, weil ich schnell untergetaucht bin. Dann hat sie alle Bananen mit in ihr Unterwasserhaus genommen. Ich habe dann meinen Freund, ein Unterwassertier, gerufen, der war von allen Tieren, die unter Wasser leben, der Allerstärkste. Wir sind dann zusammen zu der Spinne gegangen und haben zu ihr gesagt, daß sie uns alle Bananen wiedergeben soll. Weil mein Freund so stark war, mußte die Spinne tun,

was wir wollten. Sie mußte weggehen, bis wir die Bananen an Land gebracht hatten. Dort verwandelten wir sie wieder in Zwerge. Dann haben wir die Spinne gerufen und ihr gesagt, daß sie nie wieder die Menschen in Bananen verwandeln darf. Damit sie das nie wieder tut, haben wir ihr den Zauberstab weggenommen.«
Was für ein Traum – in welchem Moment! Die Ersetzung der Adoption ist gerade erfolgt. Die Spinne, das archetypische Symbol für die destruktive Mutterbindung, ist bezwungen. Zufall? Ist Peter gerade jetzt in seiner Entwicklung soweit? Liegt also der Ursprung des Traumes in ihm? Oder gehört der Traum zu den sogenannten telepathischen oder Wahrträumen? Mußte seine leibliche Mutter jetzt vor der Stärke des »Freundes« einen Rückzieher machen? Hat sie sich entschieden, nicht in Revision zu gehen? Hat sie Peter innerlich freigegeben, was ihm sein Traum mitteilt? Gibt es so etwas? Mein eigenes Gefühl wagt, auf die aufgeworfenen Fragen mit einem leisen Ja zu antworten. Es sagt mir, daß es nun vorbei ist mit der Unsicherheit. Aber unser Verstand warnt uns davor, uns in Sicherheit zu wiegen. Warum soll die Gegenseite nicht in Revision gehen? Da Rechtsmittelhilfe gewährt wird, wird der Rechtsanwalt dazu raten, auch das letztmögliche Verfahren wahrzunehmen.
Aber noch einmal zurück zum Traum. Deutlich wurde bei Peters Erzählung, daß er sich teilweise mit dem »starken Freund« identifizierte. So sagte er z. B. eingangs: »Mama, ich bin jetzt stärker als die Spinne.« Wer ist aber der »starke Freund«? Alle Interpretationshilfen, die ich ihm anbiete, greifen nicht. Im Gegensatz zu seinen früheren Träumen findet er keine Entsprechung in der Wirklichkeit. Auch die Spinne bleibt für ihn unverständlich. Seine einzige Erklärung lautet: »Ich habe in der Schule auch keine Angst mehr vor Manfred.« So wunderbar das ist, scheint es mir doch »nur« eine Folgeerscheinung in Peters Entwicklung zu sein. Im Zentrum des Traums steht die Spinne, die nun gebannt ist. Nun kann er gelassener den kleinen Gefahren entgegentreten.

Michael und die Hexe

15. August 1987
Michael erzählt seinen Traum am Frühstückstisch: »Da war eine böse Hexe, und die wollte uns verzaubern. Einmal sind wir auf den Baum gestiegen, ich, Peter und Mama. Papa war auf hoher See, der war Pirat, der mußte Geld rauben. Auf dem Baum sägten wir den einen dünnen Zweig ab, auf dem das Haus von der Hexe war. Und dann ist sie runtergeplumpst ins Wasser, und da ist sie totgegangen. Papa kam in diesem Moment angefahren. Er hat gefragt, wer da runtergeplumpst

ist, und alle haben gesagt, daß die böse Hexe runtergefallen und jetzt tot ist.«

Diesmal dauert es einige Zeit bei mir, bis ich die Verwandtschaft zu Peters Traum erkenne. Während wir über den Traum sprechen, wird mir deutlich, daß für Michael wie auch für Peter das Gefühl der Freude über die besiegte Gefahr im Zentrum ihrer Träume stehen: Daß die böse Hexe tot ist, ist die wichtigste Erfahrung, die Michael in diesem Traum gemacht hat. Die Duplizität ihrer Träume berührt mich tief. Ist es wirklich nur Zufall, daß beide Kinder gerade in dieser Woche große Gefahren in ihren Träumen meistern? Steht diesmal bei Michael die Hexe für seine leibliche Mutter, deren Bosheit er mit Hilfe der Familie, so wie Peter mit Hilfe eines Freundes, überwindet? Mit Ungeduld erwarten wir ein Zeichen, ob unsere Vermutungen bezüglich der Träume stimmen. Wie lange ist die Revisionsfrist? Obwohl die Kinder von den laufenden Verfahren nie etwas gewußt haben, sagen ihre Träume, daß es vorbei ist. Mein Gefühl sagt mir das Gleiche, dennoch bleibt eine gewisse Angst.

20. August 1987

Herr Kramp teilt uns schriftlich mit, daß gegen den Beschluß des Landgerichts innerhalb von zwei Wochen nach Bekanntgabe Beschwerde beim Oberlandesgericht eingelegt werden muß. Ich rechne sofort nach. Spätestens am 24. August müßte die Frist verstrichen sein.

16. September 1987

Was für spannungsreiche Wochen liegen hinter uns! Täglich bin ich zum Briefkasten gerannt. Aber vier Wochen lang läßt das heiß ersehnte Schreiben auf sich warten. Tagsüber half nur Verdrängen. Die von uns errechnete Frist ist längst abgelaufen. Oder ist sie doch länger? Unsicherheiten und Fragen. Seit heute sind sie vorbei. Wir erhalten von der Adoptionsbehörde einen Brief mit der Aufforderung, einen Notar zur Beurkundung des Adoptionsantrages aufzusuchen, da die Adoption nun abgeschlossen werden könne.

Außer großer Freude und Erleichterung stellt sich bei Frank und mir ein neuer, ganz unerwarteter Gedanke ein: Nun gehören die Kinder uns. Keiner darf mehr mitreden. Keiner zerrt mehr an den Kindern. Wir müssen nicht mehr kämpfen, ihr »Besitz« ist uns sicher. Erstaunt sind wir beide über diesen Besitzanspruch den Kindern gegenüber. Wir glaubten, über so ein Gefühl weit erhaben zu sein. Auch untereinander legten wir gefühlsmäßig auf die Begriffe »mein Mann« oder »meine Frau« nie Wert. Wir dachten, derartige Besitzansprüche nicht zu kennen. Nun gehören sie für uns zu dem Gefühl der Geborgenheit, das unser Familienleben auszeichnet.

Die Erleichterung, die Frank und ich empfinden, wurde für uns durch das

Schreiben der Adoptionsbehörde ausgelöst. Die Kinder haben dieses Gefühl schon Wochen vorher in ihren Träumen empfunden. Wir rational denkende Erwachsene haben die Sprache des Unbewußten verlernt.

17. September 1987
Nachdem ich gestern mehrmals vergeblich versucht hatte, mit Herrn Kramp telefonisch Verbindung aufzunehmen, spreche ich heute mit ihm. Diesmal ist er über den neuesten Stand der Dinge informiert, da er sie veranlaßt hat. Nachdem die Revisionsfrist längst verstrichen war und er nichts hörte, hat er bei allen zuständigen Stellen nach einer eventuell eingegangenen Beschwerde angefragt. Niemand wußte etwas. Nachdem auch die Suche nach der Akte ergebnislos verlief und sich herausstellte, daß sie schon im Archiv des Landgerichts gelandet war, veranlaßte er das Schreiben der Adoptionsstelle. Er will sich nun bemühen, so schnell wie möglich bei einem Notar einen Termin zu erhalten.

18. September 1987
Herr Kramp ruft erneut an. Er hat noch einen Termin für den 25.9.87 bekommen.

21. September 1987
Ich gehe zum Ortsamt und besorge die notwendige Aufenthaltsbescheinigung.

24. September 1987
Frank besorgt eine beglaubigte Abschrift aus dem Familienbuch über unsere Eheschließung vom Standesamt.

25. September 1987
Endlich haben wir alle Papiere zusammen. So sehr wir uns auf diesen Termin gefreut haben, so wenig spektakulär ist die Angelegenheit. Wenn man nach fast dreieinhalb Jahren Wartezeit einen Adoptionsantrag stellt, ist das nicht mehr aufregend, sondern längst überfällig. Dennoch gehen wir anschließend mit Herrn Kramp ein bißchen feiern. Für ihn ist dieser Tag wichtiger als für uns, da er von heute ab in diesem Fall nicht mehr aktiv werden kann und muß. Es liegt jetzt beim Notar, beim Amtsgericht und bei uns. Für uns drei ist es eine Erleichterung, einmal ohne Verfahrensdruck über die Erfahrungen mit »unseren Kindern« sprechen zu können. Für uns bleibt noch eine Wartezeit von sicher acht Wochen, bis die Adoption endgültig ausgesprochen werden kann. Aber das ist eine Zeit ohne Sorgen, in der wir geduldig abwarten müssen, und darin sind wir ja nun geübt.

Zwischenzeit

Ein altes Thema einmal ganz neu

November 1987

Leider war der September wieder eine schwierige Zeit. Uns schien es, als hätte Michael mit seinen sechs Jahren die Trotzphase immer noch nicht hinter sich. Wir hatten nicht damit gerechnet, daß die Einschulung mit solchen Kämpfen verbunden sein würde. Es hatte den Anschein, daß er gewillt war, zu lernen, und zwar nicht nur in der Schule. Noch immer hatte er den Wunsch, nur bei Mama zu bleiben. Mehr wollte er nicht. Wenn wir sonntags überlegten, ob und wohin wir einen Ausflug machen wollten, wollte er lieber zu Hause bleiben. Ganz im Gegensatz zu Peter. Sobald er Zukunftswünsche entwickelt, wird er einen Schritt weiter sein, sagten wir uns. Wir glaubten immer noch, nachholen zu müssen, was in den Heimjahren versäumt wurde.

In den einige Wochen zurückliegenden Herbstferien wollten wir nicht verreisen, weil sich Michael von einer Leistenbruchoperation erholen mußte und ich Zeit zum Schreiben brauchte. Da die Kinder im Haus waren, kostete mich das unendlich viel Konzentration und Nerven. In der zweiten Woche nahm Frank Urlaub, und ich konnte, soweit es unser offenes Haus zuläßt, ungestört schreiben.

Als sich in der ersten Woche die Wutanfälle bei Michael gehäuft hatten, hatte ich mir fest vorgenommen, beim nächsten Mal mit Peter, der darunter nicht leiden sollte, aus dem Haus zu gehen. Am Freitagvormittag war es so weit, aber es war anders als üblich und hat mir die Augen für die Ursache unseres Problems geöffnet. Die Kinder hatten sich vorgenommen, in der ersten Ferienwoche ihr Zimmer aufzuräumen, jeden Tag ein bißchen. Freitag sollte alles fertig sein, da die Reinmachefrau kam. So schlug ich morgens, bevor ich ans Schreiben ging, ganz freundlich vor, erst fertig aufzuräumen und dann zu spielen. Michael gefiel dieser Vorschlag nicht und überschüttete mich mit den schlimmsten Schimpfwörtern. Mich schwer zusammenreißend verließ ich das Zimmer und ging den Tränen nahe in die Waschküche. Ich dachte nur, du darfst doch nicht zulassen, daß dich Michael so sehr verletzt. Was sollte ich nur tun? Heute konnte ich mit Peter nicht das Haus verlassen, da zum ersten Mal eine neue Reinmachefrau zu uns kommen sollte, also muß Michael gehen, beschloß ich. Als ich aus dem Keller kam, lief mir Peter heulend entgegen. »Mama, das mache ich nicht mehr mit, der brüllt und schlägt mich.« Daraufhin ging ich ins Kinderzimmer, ergriff Michael, zog ihn in die Garderobe, gab ihm seinen Anorak und schob ihn mit den Worten aus der Haustür: »Ich kann das Haus heute nicht verlassen, wie ich es mir vorgenommen hatte, da Frau Günther zum erstenmal kommt. Darum mußt du jetzt gehen. Du kannst zum Mittagessen wieder da sein.« Es war etwa neun Uhr. Michael war so verdutzt, daß er kaum protestierte: »Ich komme den ganzen Tag nicht wieder.« Ich antwortete nur: »Das ist mir auch egal. Hauptsache, ich habe Ruhe.« Darauf verließ er das Haus.

Er kam tatsächlich nicht zum Mittagessen. Ich hatte in der Zwischenzeit in Erfahrung gebracht, daß er bei meiner Schwägerin spielte und dort mitgegessen hatte. Gegen 14.30 Uhr verließ ich mit Peter – wie schon am Vormittag geplant – das Haus. Wir fuhren ins Einkaufszentrum und machten verschiedene Besorgungen. Ausnahmsweise spendierte ich einen Eisbecher. Dabei empfand ich keine Schadenfreude, ich hatte einfach das Bedürfnis, ihn nicht so schnell wiedersehen zu müssen. Ich fühlte mich im Innersten verletzt und mußte meine Fassung wiedergewinnen. Gegen 18 Uhr, es war schon fast dunkel, kam er nach Hause: »Wo wart ihr denn, ihr wart gar nicht zu Hause, als ich kam.« Ruhig erklärte ich ihm, daß er sich nicht an unsere Abmachung gehalten habe, zum Mittagessen zu Hause zu sein. Wenn sich alle Familienmitglieder so verhalten würden, könnten wir besser alle alleine leben, da wir uns dann ja nicht einmal mehr zum Essen treffen würden. Wir wären heute nachmittag einkaufen gewesen und hätten Eis gegessen. Das hätten wir doch schön zusammen machen können. Dabei half ich ihm, seine durchnäßten Sachen auszuziehen, und gab ihm einen Trainingsanzug. Er war ruhig, vernünftig und sichtbar traurig. Später sagte er in irgendeinem Zusammenhang: »Ich hatte gar keinen schönen Tag.« Er war nicht wütend und blieb auch bis zum Ins-Bett-Gehen ruhig, aber traurig und ernst.

Ich aber war auch noch am Tag darauf sehr niedergeschlagen. Bei der Bearbeitung des Tagebuches stieß ich auf einen Traum, mit dem ich vor etwa einem Jahr, als Michael ihn träumte, nichts anzufangen wußte. Plötzlich fiel es mir wie Schuppen von den Augen. Das ist ja genau die Situation, in der ich mich gerade befunden habe. »Eine Spinne wollte mich mit einem Faden fangen und fressen. Papa hat mich gerettet. Böse Tiere haben die Spinne totgemacht. Dabei ist der Faden gerissen. Vorher waren die in einem Käfig, da hat Papa sie rausgelassen, er hat das Gitter geöffnet. Hinterher waren die bösen Tiere ganz lieb. Darauf habe ich ein Loch in die Erde gemacht und unter der Erde ein Haus gebaut. Genau wie dies (unser Haus). Mit allen Sachen drin, die hier auch drin sind. Dann haben wir alle drin gewohnt.« Die Spinne als ein Symbol des

Archetyps der Mutter, die die Gefahr des mütterlichen Festhaltens deutlich macht. Sie will das Kind mit ihren vielen Armen und Beinen umklammern, mit ihrem Faden fangen und »aus Liebe« fressen. Aus der Geborgenheit einer Umarmung wird in diesem Bild eine Bedrohung für das Kind. Aber Michael wird in seinem Traum nicht aufgefressen, sondern die wilden Tiere fressen die Spinne auf. Die Spinne – Ursache seiner Angst – wird von destruktiven Teilen seines Unbewußten – von den wilden Tieren –, von denen immer die Gefahr ausging, daß sie sein Bewußtsein verschluckten, aufgefressen. Seine Wut ist seine Waffe gegen die Angst, gegen das Bedrohliche im Leben. Frank übernimmt wieder wie im Traum mit dem Riesen und wie der Vater häufig in Träumen eine gewisse Ordnungsfunktion. Schon vor Monaten, als Michael von dem Traum berichtete, freute ich mich über seine prospektiven Teile. Die Wandlung der bösen Tiere, der negativen Kräfte des Unbewußten, in gute Tiere, nachdem die Spinne tot ist, schien mir schon damals eine Vorausdeutung dafür zu sein, was passiert, sobald die Wutanfälle überflüssig werden. Auch in diesem Traum baute sich Michael wieder ein Haus, er baute an seinem Ich. Ich wünschte mir, daß der Traum wahr werden möge, obwohl ich mich darin noch nicht erkennen konnte.
Nun ist er wahr geworden. Die bösen Tiere haben mich getötet. Ich kann das Bild für meine Situation annehmen. Die Mutter, die ich bisher für Michael war, bin ich nicht mehr. Die Angst vor neuen Wunden hilft mir, meine Mutterrolle ihm gegenüber neu zu lernen. Als die Kinder zu uns kamen, brauchten wir beide zunächst diese enge Bindung, er, um Versäumtes aufzuholen und Durchlittenes zu verkraften, ich, um meine Sehnsucht nach einem Kleinkind zu befriedigen. Dadurch entstand eine für Michaels Alter viel zu späte, sehr enge Mutterbindung, begünstigt durch seine besondere emotionale Veranlagung. Nachdem er sich im Traum ein Haus gebaut hatte und alle Gefahren gemeistert hatte, hätte er der engen Beziehung nicht mehr bedurft. Sichtbare Zeichen verstand ich nicht zu deuten, wie z. B. seine dauernde Beteuerung, daß er mich, wenn er groß sei, heiraten wolle und niemals einen Beruf ergreifen würde, sondern mir im Haushalt helfen würde. Auf der einen Seite genoß ich die enge emotionale Beziehung, auf der anderen Seite schränkte mich seine Abhängigkeit in meiner persönlichen Freiheit ein. Michael wiederum wurde durch diese zu starke Bindung an mich in seiner Entwicklung gebremst, während ich immer Angst hatte, seine Zuneigung zu verlieren. Im Traum haben die bösen Tiere die Spinne getötet, so setzte sich Michael gegen meine ihn umgarnende Fürsorge durch seine Wutanfälle zur Wehr. Im Traum konnte er erst danach sein Haus bauen. Möge er es nun können, nachdem ich erst so spät die Bedeutung des Traumes erkannt habe.

Ich habe den Traum wohl auch damals nicht verstehen können, da mich die juristisch zu unsichere Situation der Kinder zu sehr belastete. Das kostete mich unendlich viel Kraft, die einfach den Kindern abging. Ich glaube, daß auch aus dieser Angst mein Bedürfnis nach starker Bindung entsprang. Michaels Zärtlichkeiten waren für mich eine Entschädigung für allen mich treffenden Ärger. Seine Wutanfälle führte ich auf seine Vergangenheit zurück, ohne zu merken, daß sie längst eine andere Ursache hatten.

An einem der folgenden Wochenenden äußerte Frank plötzlich, daß es doch schön sei, mal einfach ohne Aggressionen zusammenzusein. Seit zwei Wochen hat Michael keine Wutanfälle mehr bekommen. Wie selbstverständlich teilt er plötzlich seine Zärtlichkeiten, dessen Adressat ich hauptsächlich war, gleichmäßig auf Frank und mich. Er würde auch Peter miteinbeziehen, der aber Küsse von Michael wütend ablehnt.

Über das Phänomen Fürsorge, das Erich Fromm zu den Grundelementen der Liebe zählt, haben wir jetzt viel gelernt: »Wahre Mutterliebe besteht darin, für das Wachstum des Kindes zu sorgen, und das bedeutet, daß sie selbst wünscht, daß das Kind von ihr loskommt... Eine Frau, die nicht fähig ist, in diesem Sinn zu lieben, kann zwar, solange ihr Kind noch klein ist, eine fürsorgliche Mutter sein, aber sie ist keine wahrhaft liebende Mutter. Die Probe darauf ist ihre Bereitschaft, die Trennung zu ertragen, und auch nach der Trennung noch weiter zu lieben.«[27]

Mir hätte es eigentlich nicht schwerfallen dürfen, Michael in die Selbständigkeit zu entlassen, da mein Fürsorgebedürfnis nicht besonders stark entwickelt ist, aber seine und meine persönliche Vergangenheit machten es sogar mir schwer, auf diese enge Bindung zu verzichten. Mir scheint, daß es erst eines gewissen Reifeprozesses bedarf, um sich aus dieser ersten engen Mutter-Kind-Beziehung zu lösen. Bestimmt haben Michael und ich schwere Wochen des Lernens vor uns.

Der neue Kopf

November 1987

Am Ende der zweiten Ferienwoche kam Michael eines Morgens freudig an den Frühstückstisch: »Mama, ich habe einen neuen Kopf! Heute nacht habe ich geträumt, daß sie mir einen Kopf angenäht haben. Ich war im Krankenhaus und ging in mein Zimmer hinein. Da hat mich ein Mann am Kragen genommen und aufs Bett gezogen, da wollte der mit mir was anfangen, vielleicht mich töten. Da war noch ein zweiter Mann, die sahen beide so wie Lars und Timm (Michaels Freund und dessen Bru-

der) aus. Da bin ich aber nach hinten aus dem Zimmer rausgegangen. Dann war ich wieder im Zimmer, und dann haben die mir schnell den Kopf abgeschlagen, und dann bin ich wieder aus dem Zimmer gegangen. Ich konnte reden und sehen, das war ja das Komische. Da habe ich eine Schwester gefragt, wo ich wieder den Kopf anmachen lassen kann. Das war im selben Zimmer, das wechselte immer. Dann wurde mir wieder der Kopf angemacht. Dieselben, die ihn mir abgemacht haben, haben den angenäht, dabei waren noch Ärzte und Schwestern. Hinterher wollten sie mir den Kopf wieder abmachen. Da war ich aber klug und hab schnell gesagt, ich muß nach Hause, meiner Familie Essen bringen, da haben sie mich gelassen. Da hab ich Essen geholt. Dann ging ich zur Kasse am Eingang und hab bezahlt und bin dann nach Hause gefahren.«
Erstaunt war ich beim Zuhören, daß Michael im Traum zunächst seinen Kopf verlieren mußte, um dann einen neuen zu bekommen. Einleuchtend erschien mir, daß Lars beim »Abmachen« des Kopfes beteiligt ist. Wenn Michael mit ihm zusammen ist, handelt er völlig unkontrolliert und impulsiv, ganz in der magischen Kinderwelt lebend, eben kopflos. Da er in seiner ersten Kurzfassung nur den neuen Kopf erwähnte, schien dies die wichtigste Aussage des Traumes zu sein, nicht die Zerstückelung beschäftigte ihn, sondern der Wandlungs- und Erneuerungscharakter des Traumes. Möge er nun lernen, diesen Kopf zu gebrauchen, um über die destruktiven Kräfte in sich zu gebieten.
Einige Tage später kam Michael zu mir in die Küche und sagte: »Mama, du kannst ruhig totgehen, das ist nicht schlimm. Ich gehe dann mit Papa in die Firma, der muß mir dann nur noch das Haus zeigen, dann kenne ich das auch!« Über diese Äußerung war ich verständlicherweise zumindest etwas verdutzt. »So, so«, versuchte ich mich über seine Aussage etwas lustig zu machen, »ich kann ruhig totgehen?« – »Ja«, kommt ganz ernsthaft die Bestätigung, »dann gehe ich mit Papa.« Damit war für Michael das Thema beendet. Er kann sich jetzt eine Zukunft auch ohne mich vorstellen, ein großer Fortschritt für ihn, wenn auch für mich diese Art von Zukunftsplänen nicht besonders erfreulich ist.

Zum letzten Mal Papierkrieg

24. Februar 1988
Nach über fünf Monaten scheint mir die uns genannte Wartezeit von acht Wochen verstrichen zu sein, so daß ich mich berechtigt fühle, Erkundigungen einzuziehen, was aus unserem »Antrag auf Annahme als Kind« geworden ist. Die Sekretärin des Notars rät mir, selber beim Amtsgericht anzurufen, und gibt mir Telefonnummer und Aktenzeichen. Die Sachbearbeiterin im Amtsgericht hält aber einen Zeitraum von fünf Monaten für völlig normal, sie wolle aber gerne einmal schauen, wo die Akte sei, die – wie sich herausstellt – seit sieben Wochen in der Schreibstube liegt. Um die Sache zu beschleunigen, erzähle ich ihr von unserer in den Frühjahrsferien geplanten Flugreise nach Mallorca und den Schwierigkeiten, die wir bei zwei vorangegangenen Flugreisen ins Ausland mit den Kinderausweisen hatten. Die Kinder seien jetzt so groß, daß sich die Fragen der Paßbeamten nach unserer Berechtigung, mit »fremden« Kindern ins Ausland zu reisen, nicht mehr vor ihnen verheimlichen lassen. Fast vier Jahre sei es uns geglückt, daß die Kinder nichts davon erfahren haben, und das sollte jetzt schon gar nicht sein. Die junge Frau hat zum Glück Verständnis, da besonders die »84« im Aktenzeichen sie erstaunt hat, und verspricht, die Akte mit »Eilt« zu versehen.
Die Sekretärin des Notars, die ich über den Stand der Dinge in Kenntnis setze, ist fassungslos. Sie könnten ihre Kanzlei zumachen, wenn eine schon bearbeitete Akte eineinhalb Monate liegen würde.
Alle haben schnellste Bearbeitung versprochen. Wird es für uns schnell genug sein? Warum habe ich nicht schon früher angerufen? Nachdem der Beschluß getippt ist, geht ein Vorbescheid an den Notar. Etwa eine Woche später erhält er den rechtsgültigen Bescheid. Gleichzeitig werden Standesamt, Jugendbehörde, Adoptionsbehörde usw. benachrichtigt, und wir können neue Kinderausweise beantragen, die aber sicher auch eine Woche Bearbeitungszeit brauchen. Ob da dreieinhalb Wochen bis zum Reiseantritt genügen?

1. März 1988
Wie abgemacht, frage ich beim Notar nach, ob der Bescheid über den Beschluß des Amtsgerichts da ist. Er ist es nicht.

3. März 1988
Frage wieder nach. Der Bescheid ist noch nicht da. Ich hole einmal tief Luft und rufe noch einmal beim Amtsgericht an. Eine Woche ist seit meinem ersten Anruf vergangen. Diesmal ist eine andere Sachbearbeiterin am Apparat. Sie ist sehr umständlich und langsam, meint, sich zu erinnern, sucht, findet, blättert und redet. Beklagt sich über Arbeitsüberlastung, sie müsse ihre Zeit damit verbringen, Aktenordner zu suchen und Leute zu beruhigen. Nach langem Hin und Her machen wir aus, daß sie mich anruft, wenn der Bescheid vom Notar zurückkommt. Wir können ihn dann bei ihr abholen und gleich zum Standesamt bringen. Um das vorzubereiten, rufe ich schon einmal das Standesamt an und frage, ob eine besonders schnelle Bearbeitung möglich ist. Ja, ich kann vorbeikommen, aber ein Tag zur Bearbeitung ist nötig.
Beim Ortsamt frage ich wegen der Bearbeitung der Kinderausweise nach. Dauert üblicherweise drei Wochen. In unserem Fall soll es schneller gehen. Reicht die Zeit? Noch sind es zweieinhalb Wochen bis zur Abreise. Fünf Bearbeitungsvorgänge müssen noch gemacht werden.

6. März 1988
Unglaublich, zwei Vorgänge sind schon erledigt. Die Sekretärin des Notars ruft an. Der Bescheid ist bei ihnen eingegangen und schon wieder auf dem Weg zum Gericht. Ab heute ist die Adoption rechtsgültig. Obwohl ich seit über einer Woche wußte, daß der Bescheid vorlag, kann ich erst jetzt richtig glauben, daß es stimmt, und wage, die Familie zu informieren. Dennoch ist dieser Tag nicht so aufregend wie der 16. September des letzten Jahres, als wir aufgefordert wurden, einen Notar zur Beurkundung des Adoptionsantrages aufzusuchen.

9. März 1988
Schon kurz vor 9 Uhr geht das Telefon, der dritte Schritt ist getan, der Bescheid ist abholbereit. Frank erledigt das Weitere. Netterweise darf er im zuständigen Standesamt auf die mit den neuen Namen ausgestellten Geburtsurkunden warten. Endlich haben wir die Urkunde in der Hand, auf die wir, seitdem wir uns für die Kinder entschieden haben, fast vier Jahre gewartet haben.
Als die Kinder im Bett liegen, zeige ich ihnen die neuen Geburtsurkunden und erzähle, daß sie nun rechtlich genauso gestellt wären wie leibliche Kinder. Als sie auf der Geburtsurkunde unter dem Eintrag »Eltern« unsere Namen finden, sagen beide wie aus einem Mund: »Das stimmt doch gar nicht.«

10. März 1988
Leite gleich gegen 8 Uhr den fünften Schritt ein, indem ich beim Ortsamt die Kinderausweise beantrage. Sie sollen einen Tag vor dem Urlaub fertig sein. Es ist wirklich so, wie der Sachbearbeiter betont: »Bei uns geht es ja nicht bürokratisch zu.«
Schicke gleich heute ein Schreiben an meine Besoldungsstelle und an das Kirchenbüro mit der Bitte um Namenslöschung, -umschreibung und um eine neue Taufurkunde. Als Legitimation lege ich Kopien der neuen Geburtsurkunden bei.

18. März 1988
Letzter Schultag vor den Osterferien. Heute will ich die Namen der Kinder in der Schule ändern lassen. Ich habe mir fest vorgenommen, darauf zu achten, daß auf den Schülerbögen der alte Name nicht mehr erkennbar ist. Beim Nachnamen ist das kein Problem, da er bei beiden nur mit Bleistift geschrieben ist und wegradiert werden kann. Bei Peter stehen jedoch noch zwei zusätzliche Vornamen, die sich geändert haben. Ich bin damit einverstanden, daß sie einfach durchgestrichen werden. Leider hat die Schulleiterin unter Bemerkungen mit Kuli eine Eintragung über die laufende Adoption gemacht. Die Sekretärin versucht, es so gut wie möglich mit einem harten Radiergummi auszuradieren. Ich habe nicht die Kraft, darum zu bitten, einen neuen Aktendeckel anzulegen. Mir fällt es immer schwer, andere um einen Gefallen zu bitten. Sicher liegt das auch daran, daß ich in dieser Hinsicht schon schlechte Erfahrungen gemacht habe. Als ich vor ein paar Tagen mit der Leiterin der Adoptionsbehörde über diese Erfahrungen mit der Schulleiterin berichte, als es um die Namen auf den Schülerakten ging, lacht sie und sagt, das hätte ich richtig beobachtet. Ihr gegenüber hätte die Schulleiterin geäußert, ich sei wohl zu empfindlich in dieser Angelegenheit. Sie konnte sich eben kein Bild von der Gefahr machen, die mit dem juristischen Namen verbunden war, und sah in meiner Sorge fälschlicherweise immer den Wunsch, die Vergangenheit zu verdrängen, obwohl ich immer wieder versuchte, ihr den eigentlichen Grund klarzumachen. Sie hatte aber immer nur ein mitleidiges, aber verständnisloses Lächeln für mich, das jede innere Anteilnahme ausschloß. So stößt auch jetzt die Bitte um Löschung der Zeichen der Vergangenheit im Grunde auf Unverständnis, nicht aus Böswilligkeit, sondern einfach aus Unwissenheit. Als die Sekretärin einen Vermerk in die Schülerakte machen will, daß eine Namensänderung der Kinder erfolgt sei, kann ich das zum Glück verhindern. Die Kinder soll kein äußeres Zeichen ihres persönlichen Schicksals durch die Schulzeit begleiten.
Auch die neuen Kinderausweise kann ich heute abholen. Aller Papierkram ist erledigt, und wir können sorglos auf Reisen gehen.

Bestandsaufnahme

Die Eltern

Wenn ich auf die hinter uns liegenden vier Jahre zurückblicke, so ist zu erkennen, daß Frank und ich inzwischen eine andere Auffassung von unserem Leben haben. Als Ursache dafür sehe ich die Schwierigkeiten an, die Frank und ich im Zusammenleben mit den Kindern zu bewältigen hatten und haben. Das erste Jahr war besonders schwierig durch die ununterbrochene Nähe, die die Kinder wünschten und brauchten. Jeder Mensch benötigt einen gewissen Freiraum, den sogar Säuglinge ihren Müttern lassen. Das taten unsere beiden nicht und machte uns wahrscheinlich für Aggressionen besonders empfänglich. Insbesondere in den ersten zwei Jahren bestand das Problem, daß sich das chaotische und aggressive Verhalten der Kinder auf uns übertrug. Ich hatte das Gefühl einer sich langsam einstellenden negativen Charakterveränderung, gegen die ich mich verzweifelt wehrte. Ich versuchte, überzeugend auf die Kinder zu wirken, versuchte, ihre Aggressionen schweigend zu ertragen oder durch Zärtlichkeiten zu überwinden. Ich habe geschimpft, geschlagen, geweint, nachgedacht, Gespräche geführt, geschrieben und geträumt. Mich beherrschte nur ein Wunsch: den destruktiven Kräften nicht zu erlauben, mich zu beherrschen. Was hat geholfen? Alles. Nur nicht aufgeben. Immer weitersuchen. Die Gefahr, daß die Aggressionen übergreifen, scheint im Moment schon dadurch gebannt zu sein, daß sie nicht mehr massiv auftreten. Erschwerend kam hinzu, daß wir noch einen Nebenschauplatz hatten, auf dem ebenfalls der Kampf tobte: die rechtliche Seite. Vier Jahre auf den Abschluß einer Adoption zu warten, ist einfach nicht zumutbar.

In den letzten beiden Jahren war für mich das Schwierigste, daß die Entwicklung bei uns allen nicht gleichmäßig verlief. Rückfälle gab es bei Eltern und Kindern, da es so schwer ist, eingeübtes Verhalten zu ändern. Es war daher immer wieder notwendig, sich die Familiensituation erneut bewußt zu machen. Nur so war Wandel erreichbar. Es schien eine Sisyphusarbeit zu sein, aber wir wuchteten den Stein doch auf den Berg. Für mich persönlich war die Erziehungsarbeit häufig so schwierig, weil ich das unausgeglichene Verhalten der Kinder an einem harmonischen Menschenbild gemessen habe, von dem selbst nicht verletzte Kinder weit entfernt sind. Sobald ich mir bewußt machte, daß auch ich weit davon entfernt bin, wurde es leichter.

Erschwerend kam hinzu, daß die Probleme der Kinder im Grunde nur von Frank und mir gesehen wurden. Wenn sie wild, aggressiv oder vorlaut waren, wurde das von anderen nie von ihrer besonderen Situation her verstanden. Häufig wurde ich mit neugierigem, ja sensationslüsternem Unterton gefragt, wie es denn mit den Kindern gehe. Hätte ich so »aufregende« Sachen erzählen können, wie auf den Teppich kacken, Feuer legen oder Bettnässen, hätte ich wohl Zuhörer gefunden. Aber was ich zu berichten hatte, war dem Alltag zu ähnlich. Wie schwer die innere Verletzung von Kindern ist, die eine Trennung von Bezugspersonen erlebt haben – das ist ja nicht nur bei Adoptivkindern, sondern z. B. auch bei Kindern aus getrennten Ehen der Fall –, ist für die meisten Menschen nicht nachvollziehbar. Das schwierige Verhalten der Kinder wurde daher einfach nur als schlechtes Benehmen eingestuft. Das konnte aber weder uns noch den Kindern weiterhelfen.
Weitergeholfen hat uns unser unaufhaltsames Bemühen, das Verhalten der Kinder und unser eigenes zu verstehen, die dauernde Bewußtmachung schwieriger Situationen und die nicht nachlassende Suche nach Lösungsmöglichkeiten. Wenn uns die Kraft verließ, haben wir Fehler gemacht. Zum Glück war das immer nur kurzfristig. Beschrieben habe ich allerdings überwiegend die schwierigen Phasen, da sich der Alltag nicht mitzuteilen lohnt. Aber immer wieder floß uns Energie zu, die uns half, uns erneut den Problemen zu stellen. Wir haben uns selbst in dieser Zeit besser kennengelernt, d. h. wir haben gelernt, wie wichtig es ist, sich seine Schwächen, Fehler, ja seine persönliche Schuld bewußt zu machen.
Weitergeholfen hat uns auch die Beschäftigung mit den Träumen der Kinder und mit unseren eigenen, die aber nicht hierhergehören. Über die wichtigsten Träume der Kinder habe ich berichtet, bin mir aber dabei bewußt, daß ich sie nicht erschöpfend analysiert habe. Für eine erschöpfende Analyse fehlt mir im übrigen das notwendige Wissen und die Erfahrung. Ich hoffe aber, deutlich gemacht zu haben, daß auch für den Laien eine Auseinandersetzung mit Träumen eine Hilfe sein kann. Vielleicht wäre es auch ohne Traumanalyse gegangen. Es kann sein, daß einfach das Zusammenleben den Kindern hilft, ihr inneres und äußeres Chaos zu überwinden. Sicherlich würden dann aber einzelne Entwicklungsphasen sehr viel länger dauern.
Wesentlich geholfen hat mir aber auch das Schreiben des Tagebuches und die im vergangenen Jahr erfolgte Überarbeitung. Sobald in den letzten zwei Jahren die Kinder vormittags aus dem Haus waren, habe ich geschrieben. Mein Haushalt verlor dadurch schnell die anfängliche Perfektion, aber ich war glücklicher, und davon profitierten auch die Kinder. Anfang des neuen Schuljahres werde ich wieder – zunächst mit hal-

ber Stundenzahl – in die Schule gehen, damit Kopf und Herz nicht nur mit den Kindern beschäftigt sind.
In einer Hinsicht haben wir uns ganz wesentlich gewandelt: im Glauben. Die kirchlichen Dogmen, der Kult und die Moral schienen mir immer unwichtiger, ja häufig hinderlich zu sein, während unser Glaube an Jesus Christus täglich stärker wurde! So ist für unsere Kinder und mehr und mehr auch für uns der traditionelle Gottesdienst nur schwer verkraftbar. Michael weigert sich hinzugehen. Für ihn läuft ein Ritual ab, das er nicht versteht. Das widerspricht völlig dem, was sie zu Hause erleben. So passierte vor ein paar Wochen etwas sehr Lustiges beim Beten. Mitten in unseren Überlegungen, was der Tag uns gebracht hatte, unterbricht mich Michael plötzlich, hebt seine gefalteten Hände in einer flehenden Gebärde nach oben und sagt mit pathetischem Unterton: »Herr Gott, hilf uns, steh uns bei...« Ich starre ihn fassungslos an. Schon senkt er seine Hände wieder und sagt trocken: »Mama, so beten sie in der Kirche, und Familie Dürkopp betet auch so, das finde ich schrecklich. So wie wir es machen, ist es doch viel schöner,« und er setzt nahtlos unser Gebet fort. »Heute war es so schön bei Lars, morgen möchte ich da auch wieder spielen. Danke lieber Gott.«
So wie sich unser Glaube gewandelt hat, so nimmt auch das Beten langsam eine andere Form an. Bestand es zunächst aus Bitten und Danken, so versuchen wir nun, auch unsere Sorgen, Ängste, Fehler, aber auch unsere Freuden Jesus zu geben.
Betonen möchte ich noch, daß Beten für unsere Kinder kein Zwang ist. Das Beten läßt uns alle, auch wenn die Stimmung vorher fürchterlich gespannt war, friedlich werden. Ihre Lieblingsbücher, die sie mit Feuereifer betrachten und lesen, sind bei beiden die »Jesusbücher«. Selbstverständlich haben sie daneben einen Schrank voller Astrid Lindgren und sonstiger Verfasser, Technik-, Biologie- und weitere Sachbücher. Kein Buch aber übt so eine Faszination auf die Kinder aus wie die »Jesusbücher«.

Die Kinder

Mai 1988
»Ich gehe in ein Haus, das Peter und ich früher mal selbst gebaut haben, es war klein und zerfallen, ohne Fenster und Türen. Und da sind lauter Kackwürste auf dem Boden. Und da haben ich dreifachig Papier draufgelegt, und Peter hat mir geholfen, zehnfachig Teppiche draufzulegen. Und da haben wir Tische draufgestellt und sie gedeckt mit Kerzen und Teller und Messer und Gabel. Und dann kamen viele Leute, mit denen

haben wir gefeiert. Überall waren Seerosen, drinnen auf den Tischen, draußen im Garten und am Meer. Danach haben wir alles wieder abgeräumt. Dann haben Peter und ich erst die Teppiche zehnfachig weggemacht, dann Papier dreifachig wieder weggemacht, und dann hab ich darunter ganz viel Geld gefunden. Die Kackwürste und das Pipi waren alle in Gold verwandelt. Die Goldklumpen habe ich alle in Mehlsäcke getan, wir hatten nämlich Kuchen gebacken. Das Tollste war das Gold... und dann die Feier und die Kackwürste.« Im Traum verwandelt sich der Unrat seines Hauses, der mit Papier und Teppichen bedeckt wird, in Gold, aber erst nachdem darauf gelebt wurde. Dieses Leben war eine Feier in schönstem Rahmen. Möge auch dieser Traum eine Vorausdeutung für Michaels Leben sein. Hat er nicht so seinen Hort – »die schwer erreichbare Kostbarkeit « aus seinem früheren Traum – gefunden?

Nicht nur wegen diese Traumes glauben wir heute, daß wir es geschafft haben, die größten Schwierigkeiten der Kinder, die aus der Vergangenheit resultierten, zu überwinden. Unser Miteinanderleben ist friedlicher geworden. Das aggressive Verhalten der Kinder ist kein Problem mehr, das uns gefangen hält. Michael brauchte länger, um die Vergangenheit aufzuarbeiten, da er keine bewußten Erinnerungen hatte. Außerdem mußte er die Phase der engen Mutter-Kind-Bindung nachholen, die in eine Zeit fiel, in der sich Kinder eigentlich lösen und selbständiger werden. Es ist also durchaus nicht immer leichter, ein kleines Kind zu adoptieren.

Wie ich es Peter versprochen hatte, hat er tatsächlich nach seinem Spinnentraum nie wieder von einem, ihn so erschreckenden gesichtslosen Geist geträumt. Heute erzählt er munter von seinen Träumen, die aber – wie mir scheint – nicht mehr das Adoptionsproblem betreffen. Michael fürchtet seit seinem Hexentraum nicht mehr, daß jemand kommt, ihn wegzuholen. Natürlich sind die typischen Verhaltensweisen der Kinder geblieben, d. h. Peter wird Schwierigkeiten immer eher aus dem Wege gehen und Michael den Stier immer gleich bei den Hörnern packen, auch wenn gar kein Stier da ist. Aber Peter ist doch ein Stück weitergekommen. Durch meine Hartnäckigkeit hat er zu häufig erfahren müssen, daß Probleme, denen man aus dem Weg geht, nicht bewältigt werden können. Inzwischen ist er fähig, Fehler und Versäumnisse seinerseits einzugestehen und die Folgen zu tragen. Er hat erfahren, daß für uns die Sache damit erledigt ist.

Zu unserer großen Freude kann er inzwischen auch Gefühle offen zeigen, sei es Glück, Mitgefühl oder auch Schmerz. Trotz unserer gegensätzlichen Veranlagung kommen wir jetzt gut miteinander aus, da jeder die Stärken des anderen schätzen gelernt hat. Die Schwierigkeiten, die

er zunächst in der Schule mit seinen Klassenkameraden hatte, sind bewältigt. Er hat in der Klasse und im Religionsunterricht einen guten Freund gefunden, geht immer noch gerne zur Schule, wobei er die Pause, glaube ich, am meisten schätzt.
Michael hingegen geht immer noch ungern zur Schule. Ihm fällt es unendlich schwer, etwas zu machen, was ihm vorgeschrieben wird. Er hat einen dicken Freund, spielt aber auch mit anderen Kindern. Seine Schaffenskraft ist ganz ungewöhnlich. Wenn er sich zu einer Arbeit entschlossen hat, kann er stundenlang dranbleiben. Sei es Schreiben, Rechnen, Weben, Hecke schneiden, im Haus aufräumen und vieles mehr. Allerdings zieht er den Schularbeiten die praktischen Arbeiten vor. Zu unserer Erleichterung hat er auch gelernt, seinen Kopf zu gebrauchen. Wenn es ihm auch immer noch sehr schwer fällt, Erklärungen zu folgen, so stoßen sie nicht mehr auf taube Ohren. Besonders erfreulich ist es, daß er seit neuestem versucht, seine Probleme mit Worten statt mit Brüllen und Türenknallen zu regeln. Da er sehr sprachgewandt ist und überaus treffend formulieren kann, wird er das zunehmend lernen.
Da unser Miteinanderleben kaum noch von Spannungen beherrscht wird, könnte man annehmen, daß wir eine »normale« Familie geworden sind. Es könnte auch angenommen werden, daß nach Abschluß der Adoption die Vergangenheit ruht, wie es uns vorausgesagt wurde. Ich glaube jedoch, daß noch nicht einmal die soziale Wiedergeburt abgeschlossen ist. Zwar ist der Geburtsvorgang schon sehr weit fortgeschritten, mir scheint aber die Nabelschnur noch nicht abgetrennt zu sein. Ich denke auch, daß die Kinder größere Hilfe von unserer Seite benötigen als andere in ihrem Alter. Aber jeder, der mit Kindern zu tun hat, weiß, wie schwer ein Vergleich ist. Sicher werden wir aber immer eine Familie besonderer Art bleiben.
Als Michael im Frühjahr mit einem Leistenbruch im Krankenhaus lag, hatte er abends keine Angst vor dem Alleinsein und war offen und freundlich zu den Schwestern. Am fünften Abend, einem Freitag, als es ihm eigentlich schon recht gut ging, weinte er zum erstenmal herzzerreißend, als ich mich verabschieden mußte. »Alle Mütter schlafen hier im Krankenhaus. Du sollst heute nacht auch hier schlafen.« (Von sechs Müttern aus dem Zimmer schliefen zwei im Krankenhaus.) Ihn hatte das Heimweh ganz schlimm gepackt. An diesem Abend, in der Nacht und beim Aufwachen ließ mich der Gedanke an das weinende Kind nicht los. Frank war mit mir einer Meinung: Michael sollte nicht noch einmal umsonst nach seiner Mama weinen. Samstagmorgen ging Frank ins Krankenhaus, damit ich schreiben konnte. Ich sollte am Nachmittag kommen, damit er etwas Zeit für sich hätte. Erstaunlicherweise gelang es

ihm jedoch ohne Probleme, Michael mit nach Hause zu nehmen. Unser Patient mußte noch zwei Tage im Bett bleiben. Der kleine Kerl war überglücklich.
Am Abend vor dem Einschlafen erzählte ich ihm, warum wir ihn schon aus dem Krankenhaus geholt hatten. »Wir wollten nicht, Michael, daß du noch einmal vergeblich nach einer Mama weinst!« Er sah mich erstaunt, aber interessiert an. »Wann habe ich denn schon mal nach einer Mama geweint?« – »Als sie dich von deiner ersten Mama weggeholt haben, hast du sicher auch nach ihr geweint.« – »Woher weißt du das?« – »Das weiß ich nicht, Michael, aber da bin ich ganz sicher. Auch wenn ein sehr kleines Kind von seiner Mama weggenommen wird, ist es ganz traurig und weint. Dein Kopf weiß es nicht mehr, aber sicher dein Herz. Das hat es behalten.« Und dann brach eine Trauer und eine Sehnsucht aus ihm heraus, mit der ich nicht gerechnet hatte. »Und ich weiß überhaupt nicht, wo meine Mama und mein Papa sind. Ich möchte sie so gerne einmal sehen. Ich stelle mir vor, die Mama ist eine ganz alte Frau. Wo wohnt sie denn? Und das Haus kenne ich auch nicht, wo sie wohnt. Nur Peter. Hatten wir da auch ein eigenes Spielzimmer? Ich bin so traurig, daß ich sie nicht sehen darf. Warum muß ich so lange warten, bis ich sie kennenlerne?« Ich zeige Verständnis für seine Trauer und versuche ihm zu erklären, daß es für seine leiblichen Eltern zu schwer wäre, sie nur kurz zu sehen, und daß sie, die Kinder, wissen müßten, wohin sie gehören. Das scheint für ihn sehr schwer verständlich zu sein. »Vielleicht habe ich sie sehr lieb, vielleicht mag ich sie aber auch gar nicht leiden«, überlegt er weiter. Es ist nicht nur einfach Neugierde, die aus ihm spricht, es ist mehr, zumindest eine sehnsüchtige Neugierde. Wie ich angenommen hatte, scheinen ihn sein Heimweh nach uns und der zurückliegende Trennungsschmerz gleichermaßen zu beschäftigen. Ich frage mich, ob die Kinder ihre Vergangenheit, ihren Trennungsschmerz besser aufarbeiten könnten, wenn sie ihre leiblichen Eltern kennen würden.
Es wird also auch in Zukunft entsprechend dem Alter und Entwicklungsstand der Kinder immer wieder Gespräche über die Vergangenheit geben. Die Kinder werden immer in dem Bewußtsein einer »doppelten Elternschaft«[28] leben müssen, sie haben biologische Eltern und soziale Eltern. Die Adoptiveltern haben dadurch eine schwierige Aufgabe, die der Hilfe beim Selbständigwerden im Leben und die der sozialen Wiedergeburt. Wird das nicht gesehen oder gelingt letztere nicht, stellt sich die Vergangenheit der Kinder wie eine Barriere vor ihre weitere Entwicklung. Das ist auch bei Kindern der Fall, die als Säuglinge adoptiert werden, wenn auch nicht so eklatant, wie aus Interviews mit Adoptierten oder mit Adoptiveltern deutlich wird.

Vor ein paar Tagen fragte Peter plötzlich ruhig und ernsthaft: »Mama, warum mußten wir noch mal ins Heim?« Ich versuchte also, ihnen – ihrem Alter gemäß – ihre Familiengeschichte zu erklären. »Peter und Michael, ich habe euch ja schon früher einmal erzählt...« und schilderte, was mir von der Familiensituation ihrer leiblichen Eltern bekannt ist. »Schon einige Jahre wurden eure Eltern von einer Sozialarbeiterin besucht, die ihnen geholfen hat. Eines Tages sah diese, daß es so nicht weiterging. Da hat sie euch ins Heim gebracht. Eurer Mama und eurem Papa hat man gesagt, sie sollten ihre Probleme lösen, dann könntet ihr wieder zu ihnen. Das aber haben sie leider nicht geschafft. Und weil ihr nicht noch länger im Heim warten konntet, sind wir eine Familie geworden.« Peters Reaktion, von Michael heftig unterstützt: »Bei ihnen hätten wir es sicher nicht so gut gehabt wie bei euch.« Das versuchte ich etwas zu objektivieren: »Das weiß man nicht, sie hatten euch wohl auch lieb, aber die Schwierigkeiten, die sie im Leben hatten, standen ihnen im Wege.«

Meinen Informationen über die Familiengeschichte hatte ich den Vorschlag vorausgeschickt, alles, was sie über ihre leiblichen Eltern wüßten, nicht weiterzuerzählen. Zwei Gründe gab ich dafür an: Erstens möchten wir nicht, daß andere über ihre leiblichen Eltern Schlechtes denken, und zweitens gäbe es viele Menschen, die glaubten, daß die Fehler der Eltern auch bei den Kindern wieder auftauchen könnten. Die Leute könnten vergessen, daß wir auch ihre Eltern wären.

Ich könnte mir vorstellen, daß wir den Kindern später etwas aus dem Tagebuch vorlesen und ihnen irgendwann einmal die Akten und unsere Notizen über die Familiengeschichte zu lesen geben. Langsam kann so altersgemäß ihr Selbstbewußtsein – ihr Wissen um sich selbst – wachsen. Besonders in der Pubertät wird erneut die Notwendigkeit bestehen, die Vergangenheit, den Trennungsschmerz und damit den Verlust der Identität und der biologischen Familie zu verarbeiten. Die Kinder haben aber dann schon gelernt, mit diesem Stoff umzugehen, er ist nicht neu und erschreckend für sie. Der sicher schwerste, aber notwendige Schritt wird es irgendwann einmal für Peter und Michael sein, ihre leiblichen Eltern aufzusuchen und kennenzulernen.

Zumindest einen Tag im Jahr wird es immer geben, an dem regelmäßig der Adoption gedacht wird. Das ist unser Familiengeburtstag, der schönste Geburtstag, den wir im Jahr feiern dürfen. So war es auch in diesem Jahr am 4. Jahrestag, dem ersten, an dem der Bestand der Familie auch juristisch gesichert war. Zuerst waren wir alle vier im Kindertheater und gingen anschließend auf Wunsch von Peter eine Paella essen. An diesem Tag wollten sie mal wieder unsere gemeinsame Familiengeschichte erzählt haben. »Mama und Papa, wie war das noch, als ihr uns aus dem Heim geholt habt?« Dann hören zwei Kinder mit strahlenden Augen zu, wenn wir zum xten Mal erzählen, wie wir Peter und Michael zum erstenmal auf der Schaukel sahen.

Anmerkungen

1 Hoffmann-Riem, Christa: Das adoptierte Kind. München 1985, S. 185ff.
2 Bei vielen Fragen geholfen hat mir das Buch von Schulz, Heinz Manfred: Was macht Gott den ganzen Tag? Mainz 1978
3 Fromm, Erich: Die Kunst des Liebens. Berlin 1980, S. 36
4 Nach unserem Grundgesetz ist die »Pflege und Erziehung der Kinder das natürliche Recht der Eltern« aber auch »die zuvörderst ihnen obliegende Pflicht.« (GG Art. 6,2) Wenn jedoch die Eltern diese Pflicht gegenüber dem Kind grob verletzt haben, kann in letzter Konsequenz das Gericht die Einwilligung der Eltern zu einer Adoption ersetzen. BGB § 1748 (1) Das Vormundschaftsgericht hat auf Antrag des Kindes die Einwilligung eines Elternteils zu ersetzen, wenn dieser seine Pflichten gegenüber dem Kind anhaltend gröblich verletzt hat oder durch sein Verhalten gezeigt hat, daß ihm das Kind gleichgültig ist, und wenn das Unterbleiben der Annahme dem Kind zu unverhältnismäßigem Nachteil gereichen würde. Die Einwilligung kann auch ersetzt werden, wenn die Pflichtverletzung zwar nicht anhaltend, aber besonders schwer ist und das Kind voraussichtlich dauernd nicht mehr der Obhut des Elternteils anvertraut werden kann.
5 Dreikurs, Rudolf/Soltz, Vicki: Kindern fordern uns heraus. Stuttgart 1983, S. 204ff.
6 Fromm, a. a. O., S. 18
7 Fromm, a. a. O., S. 39: »Die Erkenntnis, die ein Aspekt der Liebe ist, bleibt nicht an der Oberfläche, sondern dringt zum Kern vor... So kann ich zum Beispiel merken, daß jemand sich ärgert, selbst wenn er es nicht offen zeigt; aber ich kann ihn auch noch tiefer kennen, und dann weiß ich, daß er Angst hat und sich Sorgen macht, daß er sich einsam und schuldig fühlt. Dann weiß ich, daß sein Ärger nur die Manifestation von etwas ist, was tiefer liegt, und ich sehe in ihm dann den verängstigten und verwirrten, das heißt den leidenden und nicht den verärgerten Menschen.« Die Übersetzung gebraucht den Begriff Erkenntnis, mir scheint der Begriff Verständnis passender, da er über die geistige Verarbeitung hinausgeht und die Notwendigkeit ausdrückt, sich in jemanden hineinzuversetzen, um ihn zu verstehen.
8 Weidlich, Hansjürgen: Der Knilch und sein Schwesterchen. Hamburg 1968, S. 89
9 Rutschky, Katharina: Schwarze Pädagogik. Berlin 1977
10 Fromm, a. a. O., S. 29
11 Ebertz, Beate: Adoption als Identitätsproblem. Freiburg 1987, S. 30f.: In der psychoanalytisch orientierten Adoptionsforschung wird »die Gefahr hervorgehoben, daß Adoptiveltern auf eine gestörte Ich-Entwicklung des Kindes mit Ablehnung reagieren und damit in der Logik eines circulus vi-

tiosus ungewollt weiterhin dessen Identitätsfindung behindern oder erschweren«. Genau das trat bei uns ein, wie es auch noch andere Beispiele im Buch zeigen.

12 Dreikurs/Soltz, a.a.O., S. 149ff.

13 Dieckmann, Hans: Träume als Sprache der Seele. Fellbach-Oeffingen 1984, S. 93

14 Jung, C. G.: Typologie. Olten/Freiburg 1972, S. 921

15 Denken, Fühlen, Empfindung, Intuition: Diese vier Funktionen sind Hilfsmittel, mit denen das Bewußtsein sich in der Wirklichkeit orientiert. Bei jedem Menschen ist eine dieser vier Funktionen in seinem Handeln richtungsweisend. Eine zweite dieser Funktionen wirkt dabei unterstützend. Es gibt somit eine Haupt- und eine Hilfsfunktion. Die beiden übrigen Funktionen sind mehr oder weniger entwickelt. Je mehr eine Funktion unterdrückt wird, desto infantiler, archaischer wird sie. Desto stärker können aber auch die Handlungen von ihr bestimmt werden. Darum muß erst gesehen werden, welches die bewußte = entwickelte und welches die unbewußte = nicht entwickelte Einstellung ist. Negatives, Neurotisches stammt aus den verdrängten, minderdifferenzierten Funktionen. Die unbewußte Persönlichkeit (negative Seite des Menschen) wird von der verdrängtesten Funktion bestimmt. Z. B. wäre das Schattenbild eines introvertiert Intuitiven der extravertierte Empfindungstyp, das sich minderdifferenziert als Egozentriker zeigt, der durch persönliche Voreingenommenheit nichts neben sich bestehen läßt.

Extraversion	*Introversion*
Der extravertierte Mensch hat ein anscheinend offenes und bereitwilliges Wesen, findet sich leicht in jede gegebene Situation.	Der introvertierte Mensch hat ein zögerndes, reflexives, zurückgezogenes Wesen, versteckt sich hinter mißtrauischer Beobachtung.
Völliges Aufgehen im Objekt (außerhalb der eigenen Person), leugnet sich selber.	Begnügt sich mit seinem bloßen Vorhandensein. Subjektbezogen (Beschäftigung mit inneren Vorgängen).
Er gibt sich aus, verbreitet sich: Geltungsdrang.	Er verteidigt sich gegen Ansprüche und enthält sich Energieausgaben. Schafft sich gesicherte, mächtige Position: Machtstreben.
Versucht, immer guten Eindruck zu machen.	Versucht immer Recht zu behalten.
Handelt erst, denkt dann. Keine Bedenklichkeit, kein Zögern.	Verlangsamtes Handeln durch Besinnen und Nachdenken.

Entsprechend der extravertierten oder introvertierten Einstellung beziehen sich die oben genannten Funktionen auch auf die Innenwelt (Subjekt) oder auf die Außenwelt (Objekt) eines Menschen. So kann ein introvertierter, intuitiver Mensch ein Träumer, Phantast, Seher oder Künstler sein, der extravertierte, intuitive hingegen jemand, der eine feine Witterung für Keimendes

und Zukunftversprechendes hat. Der Blick des einen ist nach innen, der Blick des anderen nach außen gerichtet.
Dem Menschen sind beide Einstellungsmöglichkeiten und alle vier Funktionen (und darüber hinaus noch andere) gegeben. Höchste Lebenskunst ist es, in harmonischer Abfolge von Extraversion und Introversion einen Rhythmus zu erreichen, so daß Überlegung und praktisches Handeln einander ergänzen.
Kurzerklärung nach: C. G. Jung: Typologie. Olten/Freiburg 1981; ders.: Über die Psychologie des Unbewußten. Frankfurt 1983; ders.: Der Mensch und seine Symbole. Olten/Freiburg 1981

16 Dieckmann, a. a. O., S. 31

17 Ebertz, a. a. O., S. 166, schreibt dazu: Verschiedene Autoren nehmen an, »daß selbst bei frühen Adoptionen eine problematischere Mutter-Kind-Beziehung als bei leiblichen Kindern zu vermuten ist, da die Adoptivmutter oft unsicher, ängstlich und gehemmt, während der Probezeit vielleicht sogar unter Vorbehalt mit dem Kind interagiert«.

18 Hoffmann-Riem, a. a. O., S. 140f.: »Die wenigen Stunden, die häufig zwischen Angebotseröffnung und erstem Kontakt liegen, dürften die Bewerber dazu verleiten, eher prospektiv auf das Kind und die eigene Elternschaft als retrospektiv auf die leiblichen Eltern ausgerichtet zu sein. Die Informationen über die leiblichen Eltern... dürften deshalb leicht der Verdrängung anheimfallen, wenn sie nicht detailliert in schriftlicher Form wiederholt werden.«

19 Ebenda, S. 244: »... Mit der Spärlichkeit des Wissens leistet die Adoptionsvermittlung der schemenhaften Rekonstruktion der leiblichen Mutter/der leiblichen Eltern Vorschub und schafft, ohne es zu übersehen, das Potential für Identitätsbeschädigungen eines Kindes, das sich von seinem Ursprung abgeschnitten sieht.« Dazu auch Ebertz, a. a. O., S. 153: »Alle befragten Adoptierten zeigten Interesse an ihrer (genealogischen) »Vorgeschichte«; sie ist selbst ein Bestandteil ihrer besonderen Lebenswirklichkeit und sollte... weder abgewertet oder normativ verdrängt... werden.« S. 156: »Um dem... latenten Interesse des Adoptierten an der Klärung seiner Herkunft durch die Adoptiveltern nachkommen zu können, bedarf es auf ihrer Seite nicht nur einer besonderen – erlernbaren – Fähigkeit zur sensiblen Wahrnehmung dieses Interesses... Hinzukommen muß außerdem noch ein gewisser Fundus an Wissen insbesondere über die Vorgeschichte des Adoptierten, um dessen Fragen, Interessen und Bedürfnissen auch wirklich gerecht werden zu können.«

20 Jung, C. G.: Über die Psychologie des Unbewußten, a. a. O., S. 45

21 Fromm, a. a. O., S. 36

22 Ebenda, S. 39

23 Neill, A. S.: Theorie und Praxis der antiautoritären Erziehung. Reinbek 1969

24 Dreikurs, Rudolf/Blumenthal, Erik: Eltern und Kinder – Freunde oder Feinde? Stuttgart 1986, S. 147ff.

25 Dieckmann, a. a. O., S. 130

26 Einige Tage, nachdem ich diese Tagebucheintragung geschrieben hatte, fand ich die folgende Textstelle in einem Buch von Aniela Jaffe, C. G. Jung, Bild

und Wort. Olten/Freiburg 1977: »Beim Individuationsprozeß geht es um ›Integrierung unbewußter Inhalte und Bewußtmachung des Selbst‹ (des Unbewußten, F. W.). Wegen der dem Bewußtsein drohenden Gefahr, von den archetypischen Bildern überwältigt und ›verschluckt‹ zu werden, wird jener Prozeß oft als ein Heldenweg verstanden, als ein Heldenkampf mit dem Drachen, dem Unbewußten, um die Selbstwerdung zu verwirklichen. Im zweiten Band seines Werkes ›Mysterium Coniunctiones‹ (1956) schreibt Jung: »Im Mythus ist dieser der Held, welcher den Drachen überwindet, und eben gerade nicht jener, der von ihm gefressen wird. Und doch haben es beide mit demselben Drachen zu tun. Auch ist nicht jener der Held, welcher dem Drachen nie begegnet ist, oder, als er ihn doch einmal sah, nachher behauptete, er hätte nichts gesehen. Ebenso entdeckt und gewinnt nur jener den Hort, das heißt die ›schwer erreichbare Kostbarkeit‹, welcher die Auseinandersetzung mit dem Drachen wagt und dabei nicht zugrunde geht. Ein solcher hat wahrhaftes Anrecht auf Selbstvertrauen, denn er hat sich dem dunklen Untergrund seines Selbst gestellt und damit sein Selbst gewonnen. (...) Damit hat er eine gewisse innere Sicherheit, die ihn zur Selbständigkeit befähigt, erlangt... In der Regel wird dieser Zustand bildlich durch das *Mandala* dargestellt.« (GW XIV/2, 309f.)

27 Fromm, a. a. O., S. 63f.

28 Hoffmann-Riem, a. a. O., bes. Kapitel V

Literaturverzeichnis

Bücher, die für mich in den letzten Jahren wichtig waren und die für dieses Buch eine Rolle spielen:

Dericum, Christa: Fritz und Flori. München 1981
Dieckmann, Hans: Träume als Sprache der Seele. Fellbach-Oeffingen 1984
Dreikurs, Rudolf/Vicki Soltz: Kinder fordern uns heraus. Stuttgart 1983
Dreikurs, Rudolf/Blumenthal, Erik: Eltern und Kinder – Freunde oder Feinde? Stuttgart 1986
Ebertz, Beate: Adoption als Identitätsproblem. Freiburg 1987
Fromm, Erich: Die Kunst des Liebens. Berlin 1980
Hoffmann-Riem, Christa: Das adoptierte Kind. München 1985
Jaffe, Aniela: C. G. Jung, Bild und Wort. Olten/Freiburg 1977
Jung, C. G. u. a.: Der Mensch und seine Symbole. Olten/Freiburg 1981
Jung, C. G.: Typologie. Olten/Freiburg 1972
Jung, C. G.: Über die Psychologie des Unbewußten. Frankfurt 1983
Kort, Kees de (Zeichnungen): Reihe: Was uns die Bibel erzählt, Die Bibelgesellschaften im deutschsprachigen Raum. Stuttgart 1971
Neill, A. S.: Theorie und Praxis der antiautoritären Erziehung. Reinbek 1969
Rutschky, Katharina: Schwarze Pädagogik. Berlin 1977
Schulz, Heinz Manfred: Was macht Gott den ganzen Tag? Mainz 1978
Weidlich, Hansjürgen: Der Knilch und sein Schwesterchen. Hamburg 1968
Zulliger, Hans: Helfen statt strafen. Frankfurt 1974

Bitte umblättern:

Ratgeber: Leben mit Kindern

Joan Wilkins Anderson
Bewußter fernsehen
Ein Vier-Wochen-Programm für die Familie
Band 3243

Renate und Gerd Biermann
Die Angst unserer Kinder im Atomzeitalter
Band 4280

Monica und Manfred Borchert/ Wilfried Kunstmann/ Karin Derichs
Erziehen ist nicht kinderleicht
Ein Arbeitsbuch für Eltern und Lehrer
Band 1870

Ekkehard von Braunmühl
Zeit für Kinder
Band 6705

Ingeborg Bruns
Das wiedergeschenkte Leben
Tagebuch über die Leukämieerkrankung eines Kindes
Band 3247

Christian Büttner (Hg.)
Spielerfahrungen mit Kindern
Sinnvolles Lernen oder pädagogischer Trick?
Band 3350

Elisabeth Dessai
Erziehung ohne Elternstreß
Band 3351

Kinderfreundliche Erziehung in der Stadtwohnung
Band 3330

Wohnen mit Kindern – heute und morgen
Band 3367

Ratgeber: Leben mit Kindern

Beate von Devivere/
Ulrich Wemmer (Hg.)
Umweltschutz für Kinder
2 Bände
Bd. 1: Atemluft
Band 4110
Bd. 2: Radioaktivität
Band 4125

Martin Doehlemann
Die Phantasie der Kinder und was Erwachsene daraus lernen können
Band 3362

Petra Dreyer
Ungeliebtes Wunschkind
Eine Mutter lernt, ihr behindertes Kind anzunehmen
Band 3252

Mechthild Firnhaber
Legasthenie
Wie Eltern helfen können
Band 3327

Marianne Grabrucker
»Typisch Mädchen ...«
Prägung in den ersten drei Lebensjahren
Band 3770

Friedrich Hagedorn (Hg.)
Kindsein ist kein Kinderspiel
Band 3347

Theodor Hellbrügge
Das sollten Eltern heute wissen
Band 3331

Christine Hofmann
Stunden, die zählen
Ein Kind findet ein Zuhause
Band 3296

Gitta Lambinet
Kleinkindkost vom eigenen Herd
Band 4105

David Mark Mantell
Familie und Aggression
Zur Einübung von Gewalt und Gewaltlosigkeit
Band 3876

Gerd Reiber
Eltern helfen lernen
Band 3319

Ratgeber: Leben mit Kindern

Anne Rosenberg
Die Verweigerung
Bericht über ein Adoptivkind
Band 3266

Deborah Rozman
Mit Kindern meditieren
Band 3383

Kathryn Seidick
Mit den Anforderungen wächst der Mut
Der Kampf einer Mutter um ihr schwerkrankes Kind
Band 3283

Nina und Michael Shandler
Mit Yoga zur sanften Geburt
Ratgeber für werdende Mütter und künftige Väter
Band 3322

Barbara Sichtermann
Leben mit einem Neugeborenen
Ein Buch über das erste halbe Jahr
Band 3308

Karin Spielhofer
Sanfte Ausbeutung
Lieben zwischen Mutter und Kind
Band 3759

Rosmarie Stüssi
Aufzeichnungen aus dem Leben mit einem blinden Kind
Band 3295

Tine Thevenin
Das Familienbett
Geborgenheit statt Isolation
Band 3337

Sven Wahlroos
Familienglück kann jeder lernen
Band 3302

Gerlinde M. Wilberg
Zeit für uns
Ein Buch über Schwangerschaft, Geburt und Kind
Band 3307

Franziska Wolters
Abenteuer Adoption
Leben mit verletzten Kindern
Band 3398 *(in Vorbereitung)*

Persönliche Erfahrungen mit Krisen

Renate Anders
Grenzübertritt
Eine Suche nach geschlechtlicher Idendität
Band 3287

Sigrid Borst
Weniger als ein Jahr...
Unser Kampf gegen den Krebs
Band 3248

Ingeborg Bruns
Das wieder-geschenkte Leben
Tagebuch über die Leukämieerkrankung eines Kindes
Band 3247

Sue Cooke
Zerzaustes Käuzchen
Die Emanzipation
einer Epilepsiekranken
Band 3245

Petra Dreyer
Ungeliebtes Wunschkind
Eine Mutter lernt, ihr behindertes Kind anzunehmen
Band 3252

Claudia Erdheim
Herzbrüche
Szenen aus der psycho-therapeutischen Praxis
Band 3256

Jacqueline Fabre
Die Kinder, die nicht sterben wollten
Band 3289

Sarah Ferguson
Die Stimme und das Schweigen
Brief an einen toten Psychoanalytiker
Band 3284

Josef Gabriel
Verblühender Mohn
Aids - die letzten Monate einer Beziehung
Band 3249

Andrea Graf
Die Suppenkasperin
Geschichte einer Magersucht
Band 3294

Renate Gussmann
Todessehnsucht und Lebensgier
Aufzeichnungen einer krebskranken Ärztin
Band 3272

Luise Habel
Umarmen möcht ich dich
Briefe an einen Thera-peuten. Band 3299

Torey L. Hayden
Kevin
Der Junge, der nicht sprechen wollte
Band 3253

Fischer Taschenbuch Verlag

fi 26 / 13 a

Persönliche Erfahrungen mit Krisen

Ursula Heilborn-Maurer/ Georg Maurer
Nach einem Suizid
Gespräche mit Zurückbleibenden
Band 3250

Ilse van Heyst
Das Schlimmste war die Angst
Geschichte einer Krebserkrankung und ihrer Heilung
Band 3902

Christine Hofmann
Stunden, die zählen
Ein Kind findet ein Zuhause
Band 3296

Ruth van Leeuwen
Rückkehr zur Offenheit
Eine Frau lernt ihr Leben wieder lieben
Band 3271

Christiane Lenker
Krebs kann auch eine Chance sein
Zwischenbilanz oder Antwort an Fritz Zorn
Band 3288

Marlene Lohner
Plötzlich allein
Frauen nach dem Tod des Partners
Band 3290

Helene Merz
Die verborgene Wirklichkeit
Geschichte einer Verstörung
Band 3265

Hiltrud Minwegen
Mario
Von der Sucht zur Hoffnung
Band 3282

Bertram Münker
Schmerzlose Entwicklung
Ein Krebstagebuch
Band 3275

Heide Nullmeyer
Ich heiße Erika und bin Alkoholikerin
Band 3808

Elisabeth Opitz
Horch in das Dunkel
Ein Bericht über eine Depression
Band 5193

Regina Pickel-Bossau/ Walter Bachmann
Ich will – laßt mich
Ein Leben mit Rollstuhl und Krücken
Band 3270

Nina Rempp
Schichtbarrieren
Von den Verständigungsschwierigkeiten in einer Psychoanalyse
Band 3254

Anne Rosenberg
Die Verweigerung
Bericht über ein Adoptivkind
Band 3266

Fischer Taschenbuch Verlag

fi 26/6b

Geist und Psyche
Begründet von Nina Kindler 1964

Kinderpsychologie

Gordon W. Allport
Werden der Persönlichkeit
Band 42127

Bruno Bettelheim
Die Geburt des Selbst
Band 42247

Gerd Biermann (Hg.)
Handbuch der Kinderpsychotherapie
Band 42299

John Bowlby
Trennung
Band 42171
Bindung
Band 42210
Verlust
Band 42243

Urie Bronfenbrenner
Die Ökologie der menschlichen Entwicklung
Band 42312

Dorothy Burlingham
Labyrinth Kindheit
Band 42256

Anna Freud
Einführung in die Technik der Kinderanalyse
Band 42111

Herbert Goetze / Wolfgang Jaede
Nicht-direktive Spieltherapie
Band 42262

Hans Gustav Graber
Pränatale Psychologie
Band 42123

Klaus E. Grossmann (Hg.)
Entwicklung der Lernfähigkeit in der sozialen Umwelt
Band 42177

David Kadinsky
Die Entwicklung des Ich beim Kinde
Band 42242

Fischer Taschenbuch Verlag

fi 347 / 6a

Geist und Psyche
Begründet von Nina Kindler 1964

Psychologische Ratgeber

Gesellschaft für wissenschaftliche Gesprächstherapie
Die klientenzentrierte Gesprächspsychotherapie
Band 42149

Herbert Goetze / Wolfgang Jaede
Nicht direktive Spieltherapie
Band 42262

Gustav Hans Graber
Pränatale Psychologie
Band 42123

Martin Grotjahn
Kunst und Technik in der Analytischen Gruppentherapie
Band 42270

Annelise Heigl-Evers / Franz Heigl
Gelten und Geltenlassen in der Ehe
Band 42128

Lieben und Geliebtwerden in der Ehe
Band 42118

Robert Heiss
Allgemeine Tiefenpsychologie
Band 42088

Werner W. Kemper
Der Traum und seine Be-Deutung
Band 42184

Christa Kniffki
Transzendentale Meditation und autogenes Training
Band 42197

Fischer Taschenbuch Verlag

fi 356/6b

Geist und Psyche
Begründet von Nina Kindler 1964

John Bowlby

Der heute über 70jährige Psychologe John Bowlby hat 1980 eines der anspruchsvollsten wissenschaftlichen Projekte der letzten 15 Jahre realisiert: Er hat den Entwurf einer vollständigen Theorie der Persönlichkeitsentwicklung beendet. Bowlby hat mit seiner Arbeit nicht nur die Erziehungsarbeit mit normalen Kindern, sondern vor allem auch die Behandlung gestörter Kinder wesentlich beeinflußt. Sein Gedankengut ist so allgemein geworden, daß man darüber den Urheber, John Bowlby, fast vergessen hat.

Bindung
Band 42210

John Bowlby untersucht in diesem Band die Mutter-Kind-Beziehung bzw. die Trennung des Kindes im Alter von sechs Monaten bis zu drei Jahren. Das Bemerkenswerte daran ist, daß Bowlby eine Verbindung herstellt zwischen der psychoanalytischen Theorie und der Verhaltensforschung.

Trennung
Band 42171

In diesem Band beschreibt John Bowlby die Trennung von Mutter und Kleinkind, die Trennungsangst, den Trennungsschmerz und die dadurch verursachten psychischen Schäden.

Verlust, Trauer und Depression
Band 42243

Der Verlust eines geliebten Menschen ist stets ein schmerzliches Ereignis, das nicht selten zu langdauernden emotionalen Störungen, vor allem zu Angst und Depression führt. Bowlby ist neben seinen Pionierarbeiten über die Auswirkungen fehlender mütterlicher Zuwendung auf das Kind auch für seine kühnen Neuformulierungen der psychoanalytischen Theorie bekannt.

Fischer Taschenbuch Verlag

fi 330/1